आत्मकथा।

प्रभावी लेखक बनने की सटीक रणनीतियाँ

महेश शर्मा

क्रम-सूची

क्रम-सूची

प्रस्तावना

"प्रभावी लेखक बनने की सटीक रणनीतियाँ" पुस्तक में आपका स्वागत है। इस साहित्यिक यात्रा के साथ आप एक ऐसी दुनिया में कदम रख रहे हैं जहाँ शब्द विचारों को कहानियों में बदलने की शक्ति रखते हैं, और कहानियाँ दिल और दिमाग को लुभाने वाली यात्राओं में बदलने की शक्ति रखती हैं। चाहे आप लेखन के क्षेत्र में अपना पहला कदम उठा रहे हों या अपनी कला को निखारने का प्रयास कर रहे हों, यह पुस्तक आपका विश्वसनीय साथी बनने के लिए डिज़ाइन की गई है—एक मार्गदर्शक प्रकाश जो एक कुशल, आत्मविश्वासी और निपुण लेखक बनने का मार्ग प्रशस्त करती है।

लेखन एक ऐसी खोज है जो कल्पना और वास्तविकता के बीच की दूरी को पाटती है। यह एक कैनवास है जिस पर भावनाएँ चित्रित की जाती हैं, विचार व्यक्त किए जाते हैं और ब्रह्मांड बनाए जाते हैं। प्रत्येक लेखक एक अद्वितीय शैली है, एक कहानीकार है जिसमें दृष्टिकोण को आकार देने, विश्वासों को चुनौती देने और समय और स्थान पर प्रतिध्वनित होने वाली भावनाओं को जगाने की शक्ति है। लेकिन एक अच्छा लेखक बनने की यात्रा केवल तकनीक में महारत हासिल करने के बारे में नहीं है—यह अपनी रचनात्मकता को पोषित करने, अपने कौशल को निखारने और अपने शिल्प के विकास को अपनाने के बारे में है।

इस पुस्तक द्वारा प्रदान की जाने वाली असंख्य तकनीकों, रणनीतियों और अंतर्दृष्टि पर विचार करने से पहले, यह पहचानना महत्वपूर्ण है कि प्रत्येक लेखक की यात्रा अलग है। आपकी यात्रा आपकी शैली की तरह ही अनोखी है। आपके अनुभव, जुनून और दृष्टिकोण आपकी लेखन पहचान के निर्माण खंड हैं। चाहे आप काल्पनिक, गैर-काल्पनिक, कविता, या लिखित अभिव्यक्ति के किसी अन्य रूप की ओर आकर्षित हों, याद रखें कि आपकी यात्रा एक व्यक्तिगत अन्वेषण है—जो आपकी व्यक्तिगत आकांक्षाओं द्वारा निर्देशित, आपकी अपनी गति से सामने आती है।

इस पुस्तक के पन्नों के भीतर, आपको लेखन-ज्ञान की एक समृद्ध चित्रपट्टिका मिलेगी, जो आपको लेखन की कला और शिल्प के लिए एक व्यापक मार्गदर्शिका प्रदान करने के लिए सावधानीपूर्वक एक साथ बुनी गई है। अपनी कल्पना शक्ति का उपयोग करने से लेकर विभिन्न शैलियों की पेचीदगियों को समझने तक, अपने ड्राफ्ट को बेहतर बनाने से लेकर एक आजीवन लेखक की यात्रा को अपनाने तक—प्रत्येक अध्याय चित्रकारी का एक ऐसा नमूना है जो एक लेखक के रूप में आपके विकास की बड़ी तस्वीर में योगदान देता है।

अध्याय मात्र निर्देश नहीं हैं; वे आपके क्षितिज का पता लगाने, प्रयोग करने और उसका विस्तार करने के लिए आपको आमंत्रित करते हैं। वे अनुभवी लेखकों के सामूहिक ज्ञान, साहित्यिक परंपराओं और कहानी कहने के उभरते परिदृश्य से ली गई अंतर्दृष्टि प्रदान करते हैं। ये शब्द आपको सीमित करने के लिए नहीं हैं, बल्कि आपको आज़ाद करने के लिए

हैं—आपकी अनोखी शैली को खोजने, आपकी क्षमता को प्रकट करने और रचनात्मकता के उत्साहजनक क्षेत्र में भ्रमण करने में आपकी मदद करने के लिए हैं।

एक अच्छा लेखक बनना चिंतन और क्रिया दोनों की यात्रा है। यह एक विकास मानसिकता विकसित करने के बारे में है जो चुनौतियों और सीखने के अवसरों पर पनपती है। यह सृजन के आनंद को परिष्कृत करने के अनुशासन के साथ संतुलित करने के बारे में है। यह शब्दों के जादू के माध्यम से पाठकों से जुड़ने, ऐसी कहानियाँ गढ़ने के बारे में है जो दिल को छूती हैं और बुद्धि को उत्तेजित करती हैं।

याद रखें कि एक अच्छा लेखक बनना केवल कौशल के बारे में नहीं है; यह यात्रा के बारे में ही है। यह देर रात तक चली बातचीत, प्रेरित सफलताओं, आत्म-संदेह के क्षणों और स्पष्टता की जीत के बारे में है। यह कलम के कागज से मिलने, या कीबोर्ड पर उँगलियों के नाचने, विचारों को उन कहानियों में अनुवाद करने की खुशी की खोज करने के बारे में है जो गूँजती है।

लेखन अपनी चुनौतियों से रहित नहीं है—संदेह के क्षण, लेखक का अवरोध, और आलोचनात्मक आंतरिक शैली जो उसके शब्दों पर सवाल उठाती है। हालाँकि, प्रत्येक चुनौती विकास का एक अवसर है। यह पुस्तक बाधाओं को स्वीकार करती है और आपको उनसे पार पाने के लिए रणनीतियों से सुसज्जित करती है। यह आपको प्रयोग, पुनरीक्षण और अपने शिल्प की गतिशील प्रकृति को अपनाने के लिए आमंत्रित करती है।

चुनौतियों के बीच, जीतें भी हैं—एक अच्छी तरह से निर्मित वाक्य का उत्साह, एक पूर्ण प्रारूप की संतुष्टि, और पाठक की सहभागिता का रोमांच। जैसे-जैसे आप इन पृष्ठों के माध्यम से आगे बढ़ते हैं, प्रत्येक सफलता को अपनी यात्रा में एक सीढ़ी मानें। चाहे आप एक उपन्यास प्रकाशित करने, निबंधों के माध्यम से अपने विचार साझा करने, या व्यक्तिगत संवर्धन के लिए अपने लेखन में सुधार करने का सपना देखते हों, आपकी उपलब्धियाँ वैध और जश्न मनाने लायक हैं।

“प्रभावी लेखक बनने की सटीक रणनीतियाँ“ पुस्तक एक गंतव्य नहीं बल्कि एक मार्गदर्शक है—एक दिशा सूचक यंत्र जो आपको संभावनाओं की ओर इंगित करता है। एक लेखक के रूप में आपकी यात्रा विशिष्ट रूप से आपकी है, और यह पुस्तक आपको इलाके को तलाशने, अज्ञात क्षेत्रों का पता लगाने और आपकी रचनात्मक आकांक्षाओं के अनुरूप एक पाठ्यक्रम तैयार करने में मदद करने के लिए एक रोडमैप के रूप में कार्य करती है।

और आखिर में:, यह पुस्तक जिज्ञासा, साहस और प्रतिबद्धता के साथ लेखन की दुनिया में कदम रखने का निमंत्रण है। यह शब्दों द्वारा प्रदान की जाने वाली अनंत संभावनाओं को अपनाने, अपने पाठकों से जुड़ने और साहित्यिक परिदृश्य पर एक अमिट छाप छोड़ने का आह्वान है। एक लेखक के रूप में आपकी यात्रा विकास, अन्वेषण और आत्म-खोज में से एक है, तो आइए इस यात्रा को शुरू करें—रचनात्मकता की पाल खोलें और कहानी कहने के असीमित समुद्र में आगे बढ़ें। आपकी कलम स्वतंत्र रूप से प्रवाहित

हो, आपकी कल्पना की उड़ान ऊँची हो और आपके शब्द दूर-दूर तक गूँजें। शुभकामनाएँ और अभिनंदन।

—महेश शर्मा

भूमिका

एक सपने की शुरुआत

वह गर्मियों की एक अनोखी दोपहर थी जब मुझे पहली बार लिखित शब्द से प्यार हुआ। मैं एक युवा लड़का था, शायद बारह साल से अधिक उम्र का नहीं, भारत के मध्य में स्थित एक साधारण शहर में रहता था। मेरी दुनिया प्रकृति के जीवंत रंगों और हमारी पुश्तैनी कहानियों की गूँजती गूँज के इर्द-गिर्द घूमती थी। मुझे अपने पिता की याद आती है, जो एक शानदार कहानीकार थे, जो घर के बरामदे में चाय की चुस्कियों के बीच मनमोहक कहानियाँ सुनाया करते थे, जिससे मेरे भीतर कल्पना की लौ जल उठती थी।

जैसे-जैसे साल बीतते गए, मेरे पिता की कहानियों से प्रज्वलित चिंगारी और भी तेज होती गई। मुझमें किताबों के प्रति एक अतृप्त भूख विकसित हो गई थी, मैं हमारे शहर की लाइब्रेरी में आने वाली हर नई किताब को पहले ही दिन उत्सुकता से पढ़ जाता था। जितना अधिक मैंने पढ़ा, उतना ही अधिक मुझे मानवीय अभिव्यक्ति की निरंतर बढ़ती बुनावट में अपने शब्दों का योगदान करने की प्रबल इच्छा महसूस हुई।

प्रथम लेखन

लिखने का मेरा पहला प्रयास हमारे शहर की सुंदरता, वहाँ के लोगों की मासूमियत और हमारे त्योहारों के असंख्य रंगों पर सरल रचनाएँ थीं। एक पुरानी नोटबुक और एक घिसी-पिटी कलम के साथ, मैं अक्सर अपने दैनिक कामों से कुछ पल चुराकर अपने विचारों को कागज पर उतार देता था।

एक दिन, मैंने अपने लेखन को अपने पिता के साथ साझा करने का साहस जुटाया। उन्होंने मेरे काम पर नज़र डाली, उनकी भौंहें सिकुड़ गईं और एक लंबे विराम के बाद उन्होंने एक संक्षिप्त टिप्पणी की, "तुम्हें अभी बहुत आगे जाना है, महेश बेटा।" कुचला हुआ लेकिन अविचलित, मैं अपनी नोटबुक में लौट आया, और अपनी कला में सुधार करने का दृढ़ संकल्प किया।

सपनों का पीछा

जैसे-जैसे मैं वयस्कता के करीब पहुँचा, लेखक बनने के मेरे सपने और भी जीवंत होते गए। मैं अपनी कहानियाँ दुनिया के साथ साझा करने के लिए, अपने पाठकों में वही भावनाएँ जगाने के लिए उत्सुक था जो मेरे पिता ने मुझमें जगाई थीं। लेकिन मुझे पता था कि मेरी यात्रा चुनौतियों से भरी होगी।

मैंने विभिन्न साहित्यिक पत्रिकाओं और प्रकाशकों को अपनी कहानियाँ प्रस्तुत करना शुरू कर दिया, हर बार जब मैं मेलबॉक्स में पांडुलिपि छोड़ता तो मेरा दिल आशा से धड़कने लगता। प्रतिक्रियाएँ लगभग हमेशा एक जैसी थीं—अस्वीकृति पत्र, कुछ विनम्र और उत्साहवर्धक, कुछ रूखे और उपेक्षापूर्ण। प्रत्येक अस्वीकृति मेरे दिल पर एक खंजर की तरह महसूस होती, लेकिन मैंने खुद को याद दिलाया कि अस्वीकृति हर लेखक की यात्रा का एक

हिस्सा होती है।

आजीविका के लिए संघर्ष

वास्तविकता मेरे सपनों में घुसपैठ करने का एक तरीका थी। जीवन की ज़िम्मेदारियाँ मेरे कंधों पर भारी थीं। मेरा परिवार आंशिक रूप से मुझ पर भी निर्भर था, और मैं अपना सारा समय एक अनिश्चित सपने का पीछा करने में खर्च नहीं कर सकता था। मैंने अनिच्छा से शहर में एक छोटे से निजी कार्यालय में क्लर्क की नौकरी कर ली, और एक साधारण बही-खाते के बदले में अपनी कीमती कलम का सौदा कर लिया।

जैसे-जैसे मैं कागजी कार्रवाई के ढेर से घिरा हुआ अपनी मेज पर काम कर रहा था, दिन एक-दूसरे में धुँधले होते जा रहे थे। लेखक बनने का मेरा सपना एक धुँधली स्मृति की तरह दूर होता जा रहा था। लेकिन मेरे अंदर गहरे, मेरे जुनून का अंगारा अभी भी सुलग रहा है, इसे वापस जीवन में लाने के लिए प्रेरणा के झोंके का इंतजार कर रहा था।

लौ फिर से जल उठी

एक शाम, जब मैं कार्यालय के धूल भरे अभिलेखों को छान रहा था, मेरी नज़र एक पुरानी पांडुलिपि पर पड़ी। यह एक भूली हुई कहानी थी जो मैंने वर्षों पहले लिखी थी, नौकरशाही की कागजी कार्रवाई के बीच धूल फाँक रही थी। इसे दोबारा पढ़ते हुए, मैं अपने शब्दों के कच्चेपन, उस जुनून से दंग रह गया जिसने उस समय मेरे लेखन को प्रेरित किया था।

उस रात, मैंने एक निर्णय लिया। मैं अपनी नौकरी के कठिन परिश्रम के बीच अपने सपनों को ख़त्म नहीं होने दूँगा। मैंने जब भी संभव हो लिखने का संकल्प लिया, भले ही इसके लिए मुझे नींद का त्याग करना पड़े। और इस तरह, मेरी रातें मेरा अभयारण्य बन गईं, जहाँ शब्द मेरी कलम से मानसून में नदी की तरह बहते थे।

प्रकाशन की खोज

मैं प्रकाशकों को सबमिट करने में समय बर्बाद नहीं कर सकता था जो मुझे फिर से अस्वीकार कर सकते थे। इसके बजाय, मैंने एक अलग रास्ता चुना। मैंने अपनी अल्प कमाई बचाई और अपनी पहली पुस्तक स्वयं प्रकाशित की, जो गाँव और उसके लोगों से प्रेरित लघु कहानियों और कविताओं का संग्रह था।

स्व-प्रकाशन चुनौतियों से रहित नहीं था। मुझे लेखक, संपादक और बाज़ारिया की भूमिकाएँ निभानी पड़ीं। लेकिन कवर पर मेरे नाम के साथ छपी मेरी किताब को देखना ही अपने आप में एक जीत थी। ऐसा लगा जैसे मैंने अपनी दुनिया को पाठकों के विशाल दायरे से जोड़ने वाला एक पुल बना लिया है।

आत्म-संदेह से जूझना

एक लेखक की यात्रा अक्सर एकांत होती है, और आत्म-संदेह उसका निरंतर साथी होता है। जब मैं अपनी स्व-प्रकाशित पुस्तक पर प्रतिक्रिया की प्रतीक्षा कर रहा था, संदेह ने मेरे आत्मविश्वास को कुंद कर दिया। क्या कोई इसे पढ़ेगा? क्या वे मेरी बातों की सराहना करेंगे

जैसा कि मैंने आशा की थी?

कई महीने बीत गए, और मेरी किताब की बिक्री शानदार नहीं रही। प्रारंभिक उत्साह कम हो गया, और मैंने स्वयं-प्रकाशन के अपने निर्णय पर सवाल उठाना शुरू कर दिया। लेकिन जब मैं निराशा के कगार पर था तभी एक पत्र आया।

पहला पंखा

पत्र एक पाठक का था, जो दूर शहर से आया था, जिसे एक किताब की दुकान के धूल भरे कोने में मेरी किताब मिली थी। उसने लिखा कि कैसे मेरी कहानियों ने उनके दिल को छू लिया था, कैसे उन्होंने उसे एक छोटे से गाँव में बिताए बचपन की याद दिला दी थी। उसके शब्द मेरी घायल आत्मा के लिए मरहम की तरह थे, जो मेरे ऊपर इकट्ठे हुए आत्म-संदेह के बादलों को दूर कर रहे थे।

इस अप्रत्याशित संबंध से प्रोत्साहित होकर, मैंने लिखना और स्वयं-प्रकाशन जारी रखा। अगली पुस्तक कुछ और पाठकों तक पहुँची, प्रशंसा के प्रत्येक पत्र ने आगे बढ़ने के मेरे दृढ़ संकल्प को बढ़ावा दिया।

पहचान की एक झलक

कई साल बीत गए, और मैं अभी भी क्लर्क की नौकरी पर था, लेकिन मेरे लेखन को मामूली प्रशंसक मिलना शुरू हो गए थे। मेरी कहानियों को स्थानीय अखबारों में जगह मिलने लगी और मुझे आस-पास के शहरों में साहित्यिक कार्यक्रमों के निमंत्रण मिलने लगे। ऐसे ही एक कार्यक्रम के दौरान मेरी मुलाकात एक अनुभवी लेखक से हुई, जिन्होंने मुझे अमूल्य सलाह और मार्गदर्शन की पेशकश की।

उनके मार्गदर्शन में, मैंने कहानी कहने की बारीकियों और पात्र विकास की कला सीखकर अपनी कला को निखारा। मैंने अथक रूप से लिखना जारी रखा, खुद को ऐसी कहानियाँ बनाने के लिए प्रेरित किया जो पाठकों को गहरे स्तर पर प्रभावित करती हों।

निर्णायक मोड़

एक सुखद दिन, एक प्रतिष्ठित साहित्यिक पत्रिका से एक पत्र आया। उन्होंने मेरी एक लघु कहानी पढ़ी थी और उसे अपने आगामी अंक में प्रकाशित करना चाहते थे। यह विजय का क्षण था, जिसने मेरी आँखों में खुशी के आँसू ला दिए। अंततः मेरा नाम उस प्रकाशन में छपेगा जिसकी मैं लंबे समय से प्रशंसा करता रहा हूँ।

उस कहानी के प्रकाशन ने ऐसे दरवाजे खोल दिए जिनका मैंने केवल सपना देखा था। अधिक पत्र-पत्रिकाओं ने मेरे काम पर ध्यान दिया और मेरा लेखन राष्ट्रीय और यहाँ तक कि अंतर्राष्ट्रीय प्रकाशनों में छपने लगा। यह एक अलौकिक अनुभव था, मानो कोई स्वप्न—मेरे शब्दों को मेरे शहर की सीमाओं से परे दर्शकों तक पहुँचते देखना।

बलिदान

जैसे-जैसे मेरा लेखन करियर गति पकड़ रहा था, मुझे एक कठिन निर्णय का सामना करना पड़ा। मेरी क्लर्क की नौकरी, स्थिर होते हुए भी, मेरे समय और ऊर्जा का एक

महत्वपूर्ण हिस्सा ले रही थी। मैं जानता था कि अगर मुझे अपने लेखन के प्रति पूरी तरह समर्पित होना है तो मुझे अपनी नौकरी की सुरक्षा को पीछे छोड़ना होगा।

यह विश्वास की छलाँग थी, एक ऐसा निर्णय जिसने मुझे उत्साह और भय दोनों से भर दिया। मेरे पास पालन-पोषण करने के लिए एक परिवार था, भुगतान करने के लिए बिल थे, और ज़िम्मेदारियाँ थीं जिनका बोझ मेरे कंधों पर था। लेकिन मैं यह भी जानता था कि अगर मैंने यह मौका नहीं लिया, तो मुझे हमेशा के लिए पश्चाताप से गुजरना होगा।

विश्वास की छलाँग

अपने परिवार के सहयोग से, मैंने क्लर्क की नौकरी से इस्तीफा दे दिया और पूर्णकालिक लेखन की अनिश्चित दुनिया में एक साहसिक कदम उठाया। यह विश्वास की छलाँग थी और आगे का रास्ता निश्चित नहीं था। ऐसे भी दिन थे जब मैंने अपने निर्णय की बुद्धिमत्ता पर सवाल उठाए, लेकिन मैंने खुद को याद दिलाया कि जुनून और दृढ़ संकल्प मेरे सहयोगी थे।

मैंने अथक रूप से लिखा, नई शैलियों की खोज की और अपनी रचनात्मकता की सीमाओं को आगे बढ़ाया। मैंने अपने काम में खुद को व्यस्त कर लिया, अपने आस-पास की दुनिया और जिन लोगों से मैं मिला उनकी कहानियों से प्रेरणा ली। लेखन की दुनिया अब मेरा जीवन, मेरा उद्देश्य बन गई थी।

पहला उपन्यास

जैसे-जैसे साल बीतते गए, मैंने अपना अब तक का सबसे महत्वाकांक्षी प्रोजेक्ट शुरू किया- एक उपन्यास—'चक्रव्यूह'। यह एक ऐसी कहानी थी जो वर्षों से मेरे दिमाग में चल रही थी, बदलती दुनिया की पृष्ठभूमि में प्यार और लचीलेपन की कहानी। मैंने अपने दृष्टिकोण को जीवन में लाने के लिए दिन-रात काम करते हुए, हर पन्ने पर अपना दिल और आत्मा उड़ेल दी।

उपन्यास लिखने की यात्रा उतार-चढ़ाव, उत्साह और हताशा के क्षणों से भरी थी। कई बार मुझे संदेह हुआ कि क्या मेरे पास इतने महत्वपूर्ण कार्य को पूरा करने के लिए कौशल और सहनशक्ति है। लेकिन मैं कहानी कहने की शक्ति में अटूट विश्वास से प्रेरित होकर आगे बढ़ता रहा।

प्रकाशित लेखक

महीनों की मेहनत के बाद आखिरकार मेरा उपन्यास पूरा हो गया। मैंने इसे एक प्रसिद्ध प्रकाशक को सौंप दिया, मैं उनकी प्रतिक्रिया का इंतजार कर रहा था। जिस दिन उनका स्वीकृति पत्र आया वह अत्यंत प्रसन्नता का क्षण था। एक प्रकाशित लेखक बनने का मेरा सपना सच हो गया था।

मेरे उपन्यास का विमोचन मेरी लेखन यात्रा में एक मील का पत्थर था। इसे सकारात्मक समीक्षाएँ मिलीं और यह देश भर के पाठकों के हाथों में पहुँच गया। मैंने शहरों का दौरा किया, बातचीत की और वाचन किया, उन पाठकों से जुड़ा जो मेरे शब्दों से प्रभावित

हुए थे। यह एक अवास्तविक अनुभव था, जिसने सभी वर्षों के संघर्ष और अस्वीकृति को सार्थक बना दिया।

विरासत और कृतज्ञता

जैसे ही मैं अपनी यात्रा पर पीछे मुड़कर देखता हूँ, मैं उन लोगों के प्रति कृतज्ञता से भर जाता हूँ जिन्होंने रास्ते में मेरा समर्थन किया। मेरा परिवार, मेरे पाठक, मेरे गुरु—वे मेरी सफलता के स्तंभ थे। मैं उन अस्वीकृतियों और असफलताओं के लिए भी आभारी हूँ जिन्होंने मुझे आज उस लेखक के रूप में आकार दिया है जो मैं हूँ। वे ऐसे कदम थे जो मुझे वहाँ तक ले गए जहाँ मैं अब हूँ।

लिखना अभी भी मेरा सबसे बड़ा जुनून है, और मैं नई कहानियाँ और विचार तलाशना जारी रखे हूँ। लेकिन मैं यह भी मानता हूँ कि सफलता कोई मंजिल नहीं है; यह एक सतत यात्रा है। लेखक बनने का मेरा सपना साकार हो गया है, लेकिन मैं जानता हूँ कि तलाशने के लिए हमेशा नए क्षितिज और बताने के लिए नई कहानियाँ होती हैं।

अंत तो बस शुरुआत है

एक लेखक के रूप में मेरी यात्रा ने मुझे सिखाया है कि सपने पूरे करने लायक होते हैं, भले ही रास्ता कठिन और अनिश्चित हो। इसने मुझे दिखाया है कि जुनून, दृढ़ता और आत्म-विश्वास सबसे बड़ी बाधाओं को भी पार कर सकता है। मेरी कहानी लिखित शब्द की शक्ति का एक प्रमाण है, यह याद दिलाती है कि हर अस्वीकृति और असफलता—सफलता की ओर एक कदम हो सकती है।

जैसे ही मैं ये शब्द लिख रहा हूँ, मुझे उस युवा लड़के की याद आ रही है, जिसे पहली बार घर के बरामदे में कहानी सुनने से लेखन की प्रेरणा मिली थी। उसका एक सपना था, एक ऐसा सपना जो कभी-कभी असंभव लगता था, लेकिन उसने कभी हार नहीं मानी। और आज, मैं गर्व से कह सकता हूँ कि मैं उस सपने को जी रहा हूँ—धीरे-धीरे और सावधानी से, एक बार में बस थोड़ा-थोड़ा करते हुए।

एक अध्याय का अंत हमेशा दूसरे की शुरुआत होता है, और इसलिए मेरी यात्रा जारी है। कौन जानता है कि कौन सी कहानियाँ इंतज़ार कर रही हैं, कौन सा रोमांच आगे है? मैं उन सभी को अपनाने के लिए तैयार हूँ, क्योंकि लेखन का प्यार एक ऐसी लौ है जो कभी नहीं बुझती।

और इसलिए, प्रिय पाठको, मैं आपको इस निरंतर विकसित होने वाली यात्रा में मेरे साथ शामिल होने के लिए आमंत्रित करता हूँ, क्योंकि हम—धीरे-धीरे और सावधानी से, एक बार में बस थोड़ा-थोड़ा करते हुए—के साथ कल्पना और रचनात्मकता के असीमित परिदृश्य का पता लगाते हैं।

मशाल समर्पित

प्रिय पाठको, मैंने लेखक बनने की अपनी कहानी संक्षेप में आपके साथ साझा की है। अब मुझे अपनी आत्मकथा के पन्नों के माध्यम से आपको एक अनोखी यात्रा पर ले जाने

की अनुमति दें, जहाँ मैंने अपने तीस दशक की लेखन यात्रा में जो कुछ सीखा है, वे मूल्यवान अंतर्दृष्टि और रणनीतियाँ मैं आपको सौंपना चाहता हूँ। जैसे ही मैं यह पुस्तक आपको सौंप रहा हूँ, मुझे आशा है कि मैं महत्वाकांक्षी लेखकों को अपने सपनों को अटूट दृढ़ संकल्प के साथ आगे बढ़ाने के लिए प्रेरित, शिक्षित और सशक्त कर सकूँगा।

मुझे आशा है कि यह पुस्तक महत्वाकांक्षी लेखकों के लिए प्रेरणा स्रोत और व्यावहारिक मार्गदर्शक दोनों के रूप में काम करेगी। एक छोटे से शहर से एक प्रकाशित लेखक बनने तक की मेरी यात्रा संघर्षों, अस्वीकृतियों और विजय से भरी हुई रही है, और मेरा मानना है कि प्रत्येक लेखक का मार्ग अद्वितीय और मूल्यवान है। जैसे ही आप अपनी लेखन यात्रा शुरू करते हैं, याद रखें कि कहानी कहने की शक्ति आपके भीतर निहित है। अपने जुनून को अपनाएँ, चुनौतियों का सामना करते रहें और अपनी कला को निखारना कभी बंद न करें।

इस पुस्तक के साथ, मैं प्रिय पाठकों और महत्वाकांक्षी लेखकों को मशाल सौंपता हूँ। यह आपके मार्ग को रोशन करे और आपका प्रभावी और निपुण लेखक बनने की दिशा में मार्गदर्शन करे। आपकी कहानियाँ बताए जाने की प्रतीक्षा कर रही हैं, और मुझे पूरा विश्वास है कि लेखन की दुनिया में आपको सफलता, संतुष्टि और आनंद मिलेगा।

आपके साहित्यिक साहसिक कार्यों के लिए आपको शुभकामनाएँ।

नमस्कार,

—महेश शर्मा

1

लेखन मानसिकताः रचनात्मकता का विकास

एक अच्छा लेखक बनने की यात्रा में, सबसे महत्त्वपूर्ण तत्त्वों में से एक जो असाधारण को सामान्य से अलग करता है वह है लेखन मानसिकता। लिखना केवल शब्दों को एक पन्ने पर व्यवस्थित करना नहीं है; यह विचारों को व्यक्त करने, भावनाओं को जगाने और पाठकों के साथ गहन स्तर पर जुड़ने के बारे में है। इसे प्राप्त करने के लिए, रचनात्मक और केंद्रित लेखन मानसिकता विकसित करना आवश्यक है।

लेखन मानसिकता को समझना

लेखन मानसिकता वह मानसिक स्थिति है जिसे लेखक अपनी रचनात्मकता को आगे बढ़ाने, चुनौतियों से पार पाने और लगातार गुणवत्तापूर्ण काम करने के लिए अपनाते हैं। यह कोई निश्चित विशेषता नहीं है, बल्कि लेखक की यात्रा का एक गतिशील पहलू है जो समय के साथ विकसित होता है। एक स्वस्थ लेखन मानसिकता में आत्मविश्वास, जिज्ञासा, अनुशासन और लचीलेपन का संयोजन शामिल होता है। यह वह आधार है जिस पर संपूर्ण लेखन प्रक्रिया का निर्माण होता है।

जिज्ञासा को गले लगाना

जिज्ञासा वह चिंगारी है जो एक लेखक के भीतर रचनात्मक आग को प्रज्वलित करती है। जिज्ञासु मानसिकता विकसित करने में विविध विषयों की खोज करना, विभिन्न शैलियों को अपनाना और नए अनुभवों के लिए खुला रहना शामिल है। जब आप जिज्ञासा को अपने लेखन को निर्देशित करने में शामिल करेंगे, तो आप खुद से सवाल पूछेंगे, अद्वितीय दृष्टिकोण तलाशेंगे और प्रेरणा के छिपे हुए रत्नों को खोजेंगे।

आत्मविश्वास का निर्माण

आत्मविश्वास वह स्तंभ है जो एक मजबूत लेखन मानसिकता का समर्थन करता है। यह अपने विचारों को प्रभावी ढंग से व्यक्त करने की आपकी क्षमता पर विश्वास करने के बारे में है। आत्मविश्वास विकसित करने का मतलब आत्म-संदेह को पूरी तरह ख़त्म करना नहीं

है; इसका मतलब है उन संदेहों और आशंकाओं को स्वीकार करना और उन्हें अपने कार्यों पर हावी न होने देना। पहचानें कि प्रत्येक लेखक, चाहे वह कितना भी निपुण क्यों न हो, अनिश्चितता के क्षणों का सामना करता है। अपनी अनूठी शैली और अनुभवों को अपनाएँ, और उन्हें अपने लेखन के माध्यम से चमकने दें।

अनुशासन का पोषण

अनुशासन रचनात्मक प्रेरणा और मूर्त परिणाम के बीच का सेतु है। लिखने की एक दिनचर्या स्थापित करने और उस पर टिके रहने से आपके दिमाग को उत्पादक बनने के लिए प्रशिक्षित करने में मदद मिलती है, तब भी जब उद्देश्य दूर लगता है। विशिष्ट लक्ष्य निर्धारित करें, समर्पित लेखन समय आवंटित करें और विकर्षणों को दूर करें। समय के साथ, यह दिनचर्या एक आदत बन जाती है, जिससे आपकी रचनात्मकता का लगातार उपयोग करना आसान हो जाता है।

लचीलापन विकसित करना

लेखन उतार-चढ़ाव से भरी एक यात्रा है। अस्वीकृतियाँ, लेखक का अवरोध और आलोचना इस प्रक्रिया का हिस्सा हैं। असफलताओं के विरुद्ध लचीलापन आपका कवच है। चुनौतियों को विकास के अवसर के रूप में देखें। जब अस्वीकृति का सामना करना पड़े, तो उससे सीखें और अपना काम प्रस्तुत करते रहें। लेखक के अवरोध के समय में, विभिन्न लेखन अभ्यासों का पता लगाएँ या तरोताजा होने के लिए ब्रेक लें। रचनात्मक आलोचना, हालाँकि कभी-कभी सुनने में कठिन होती है, सुधार के लिए एक मूल्यवान उपकरण हो सकती है।

रचनात्मकता विकसित करने की तकनीकें

हालाँकि लेखन मानसिकता नींव बनाती है, लेकिन ऐसी विशिष्ट तकनीकें हैं जो आपकी रचनात्मक क्षमताओं को बढ़ाने में आपकी मदद कर सकती हैं-

स्वतंत्र लेखनः बिना किसी विशिष्ट लक्ष्य या संरचना के लिखने के लिए समय निर्धारित करें। अपने विचारों को स्वतंत्र रूप से प्रवाहित होने दें, जिससे आपका अवचेतन मन आपके लेखन को निर्देशित कर सके। यह तकनीक अकसर अप्रत्याशित अंतर्दृष्टि और विचारों की ओर ले जाती है।

माइंड मैपिंगः माइंड मैप का उपयोग करके अपने विचारों का दृश्य प्रतिनिधित्व बनाएँ। एक केंद्रीय अवधारणा से शुरुआत करें और संबंधित विचारों के साथ विस्तार करें। यह तकनीक आपको विचारों के बीच संबंध तलाशने और अपने लेखन को देखने के लिए नए कोण खोजने में मदद करती है।

विविध पठन-पाठनः विभिन्न विधाओं, शैलियों और संस्कृतियों में व्यापक रूप से पढ़ें। विविध दृष्टिकोणों के संपर्क में आने से आपका रचनात्मक फलक व्यापक हो जाता है और यह आपके लेखन को नए दृष्टिकोणों से भर सकता है।

जर्नलिंगः अपने विचारों, टिप्पणियों और प्रतिबिंबों को रिकॉर्ड करने के लिए एक लेखन जर्नल बनाए रखें। यह अभ्यास न केवल आपको अपने विचारों को व्यवस्थित करने में मदद करता है बल्कि जब आप असमंजस में होते हैं तो प्रेरणा स्रोत के रूप में भी काम करता है।

सहयोगः लेखन समूहों या साझेदारियों में शामिल हों जहाँ आप विचारों का आदान-प्रदान कर सकते हैं और रचनात्मक प्रतिक्रिया प्राप्त कर सकते हैं। सहयोगात्मक वातावरण रचनात्मकता को प्रोत्साहित कर सकता है और आपके काम में मूल्यवान अंतर्दृष्टि प्रदान कर सकता है।

दिवास्वप्न देखनाः अपने मन को स्वतंत्र रूप से घूमने दें। अकसर, कुछ सर्वोत्तम विचार तब सामने आते हैं जब आप सक्रिय रूप से उन्हें खोजने का प्रयास नहीं कर रहे होते हैं। अपने अवचेतन मन को अपना जादू चलाने के लिए जगह दें।

बाधा-आधारित लेखनः विशिष्ट बाधाएँ निर्धारित करें, जैसे शब्द सीमा या किसी निश्चित विषय के भीतर लिखना। बाधाएँ आपको बॉक्स के बाहर सोचने के लिए मजबूर करके विरोधाभासी रूप से रचनात्मकता को उत्तेजित कर सकती हैं।

सामान्य रचनात्मकता बाधाओं पर काबू पाना

रचनात्मक लेखन मानसिकता विकसित करने के प्रयास में, उन कारकों को पहचानना और उन पर काबू पाना महत्त्वपूर्ण है जो आपकी रचनात्मकता में बाधा डाल सकते हैं-

पूर्णतावादः पूर्णता के लिए प्रयास करना आपकी रचनात्मकता को दबा सकता है। याद रखें कि लिखना एक प्रक्रिया है, और पहला ड्राफ्ट दोषरहित होना जरूरी नहीं है। अपने आप को गलतियाँ करने और दोहराने के लिए तैयार रखें।

तुलनाः अपने काम की तुलना दूसरों से करना हतोत्साहित करने वाला हो सकता है। अपनी अनोखी शैली और यात्रा पर ध्यान दें। अपनी प्रगति का जश्न मनाएँ, चाहे वह कितनी भी छोटी क्यों न हो।

असफलता का डरः असफल होने या उम्मीदों पर खरा न उतरने का डर आपकी रचनात्मकता को पंगु बना सकता है। असफलता को सुधार की सीढ़ी के रूप में स्वीकार करें। प्रत्येक लेखक को अस्वीकृति का सामना करना पड़ता है; आप इससे कैसे सीखते और बढ़ते हैं, यह मायने रखता है।

ज़्यादा सोचनाः लिखते समय हर शब्द का ज़्यादा विश्लेषण करना रचनात्मकता के प्रवाह को बाधित कर सकता है। अपने अंतर्ज्ञान पर भरोसा करें और संशोधन चरण के लिए संपादन सहेजें।

अंत में, लेखन मानसिकता एक गतिशील शक्ति है जो शिल्प के प्रति आपके दृष्टिकोण को आकार देती है। जिज्ञासा को अपनाकर, आत्मविश्वास का निर्माण करके, अनुशासन का पोषण करके और लचीलापन विकसित करके, आप एक उत्पादक और रचनात्मक लेखन यात्रा की नींव तैयार करते हैं। स्वतंत्र लेखन, माइंड मैपिंग और सहयोग जैसी तकनीकें आपकी रचनात्मक क्षमताओं को और बढ़ा सकती हैं। याद रखें कि एक अच्छा लेखक

बनने का रास्ता उतना ही सही मानसिकता विकसित करना है जितना कि तकनीकी कौशल को निखारना है। समर्पण और उतार-चढ़ाव को अपनाने की इच्छा के साथ, आप अपनी रचनात्मक क्षमता की पूर्ण बुनावट को प्रकट कर सकते हैं और वैसे लेखक बन सकते हैं जो आप बनना चाहते हैं।

2

सम्मोहक पात्र और संवाद का निर्माण

कहानी कहने के क्षेत्र में, पात्र किसी भी कथा का हृदय और आत्मा होते हैं। वे कथानक में जान फूँकते हैं, भावनाएँ जगाते हैं और पाठकों के साथ संबंध बनाते हैं। सम्मोहक पात्र और प्रामाणिक संवाद बनाने की कला एक कुशल लेखक की पहचान है।

सम्मोहक पात्रों की शक्ति

सम्मोहक पात्र वे चुंबक हैं जो पाठकों को आपकी कहानी/रचना की ओर आकर्षित करते हैं। पाठक उन पात्रों में भावनात्मक रूप से डूब जाते हैं जिनसे वे जुड़ाव महसूस कर सकते हैं, सहानुभूति रख सकते हैं या उनमें दिलचस्पी ले सकते हैं। चाहे आपके पात्र नायक हों, खलनायक हों, या कहीं बीच में हों; उनकी प्रामाणिकता सर्वोपरि है।

पात्र लक्षण और विशेषताएँ

एक अच्छी तरह से तैयार किए गए पात्र में विशिष्ट लक्षण होते हैं जो उसके कार्यों, निर्णयों और पारस्परिक व्यवहार को आकार देते हैं। ये लक्षण शारीरिक, भावनात्मक या मनोवैज्ञानिक हो सकते हैं, लेकिन वे सुसंगत और भरोसेमंद होने चाहिए। पात्रों को कहानी के दौरान विकसित होना चाहिए, चारित्रिक विशेषताओं से गुजरना चाहिए जो व्यक्तिगत विकास या परिवर्तन को दर्शाते हैं। एक पात्र के पात्र में खामियों पर काबू पाना, आंतरिक संघर्षों का सामना करना, या नई मिली शक्तियों को अपनाना शामिल हो सकता है।

प्रेरणाएँ और लक्ष्य

पात्र प्रेरणाओं और लक्ष्यों से प्रेरित होते हैं जो कथा को आगे बढ़ाते हैं। एक पात्र की प्रेरणाएँ उसकी इच्छाओं, भय और पिछले अनुभवों से उत्पन्न होती हैं। ये प्रेरणाएँ उसके निर्णयों को आकार देती हैं और कथानक को आगे बढ़ाती हैं। पात्रों को गढ़ते समय, उनकी पृष्ठभूमि में गहराई से जाकर पता लगाएँ कि उन्हें क्या प्रेरित करता है, क्योंकि इससे उनके कार्यों में गहराई और प्रामाणिकता आएगी।

पूर्व कथा के माध्यम से गहराई बनाना

पूर्व कथा एक पात्र का इतिहास प्रदान करती है, उसके रचनात्मक अनुभवों, रिश्तों और परिभाषित क्षणों को प्रकट करती है। भले ही ये विवरण मुख्य कहानी में शामिल न हों, आपके पात्र की पिछली कहानी जानने से उनके व्यवहार और निर्णयों के बारे में पता चल जाएगा। एक समृद्ध पृष्ठभूमि वाले पात्रों के पाठकों के साथ जुड़ने की अधिक संभावना है, क्योंकि वे पूरी तरह से जागरूक व्यक्तियों के रूप में सामने आते हैं।

संवाद की कला

प्रामाणिक संवाद पात्र विकास और कथानक को आगे बढ़ाने के लिए एक महत्त्वपूर्ण उपकरण है। यह केवल जानकारी संप्रेषित करने के बारे में नहीं है बल्कि आपके पात्रों के व्यक्तित्व, रिश्तों और भावनाओं की बारीकियों को भी उजागर करता है। प्रभावी संवाद आपकी कहानी/रचना को जीवंत बना सकता है, जुड़ाव को बढ़ावा दे सकता है और पाठकों को कथा में डूबने की अनुमति दे सकता है।

विशिष्ट शैली

प्रत्येक पात्र के संवाद में एक अलग शैली होनी चाहिए। यह शैली उसके व्यक्तित्व, पृष्ठभूमि और प्रेरणाओं को दर्शाती है। एक औपचारिक शिक्षाविद एक स्ट्रीट-स्मार्ट किशोर से अलग तरह से बात कर सकता है। पात्रों की शैली में एकरूपता सुनिश्चित करने के लिए शब्द चयन, वाक्य संरचना और बोलने के पैटर्न पर ध्यान दें।

सबटेक्स्ट और संघर्ष

आकर्षक संवाद में अकसर सबटेक्स्ट शामिल होता है—शब्दों के नीचे अनकहा तनाव या अंतर्निहित अर्थ। पात्र हमेशा यह नहीं कह सकते कि उनका क्या मतलब है, जिससे गतिशील बातचीत होती है जो संघर्ष या जिज्ञासा पैदा करती है। सबटेक्स्ट को बॉडी लैंग्वेज, शैली और शब्दों के चयन के माध्यम से व्यक्त किया जा सकता है, जिससे बातचीत में गहराई आती है।

दिखाओ, बताओ मत

पाठक को सीधे यह बताने के बजाय कि कोई पात्र कैसा महसूस करता है, इसे अपने संवाद और कार्यों के माध्यम से दिखाएँ। उदाहरण के लिए, "वह गुस्से में था" कहने के बजाय, आप लिख सकते हैं, "उसने अपनी मुट्ठियाँ भींच लीं और उसकी शैली तेज़ हो गई।" यह दृष्टिकोण पाठकों को पात्र की भावनाओं की स्वयं व्याख्या करने की अनुमति देता है, जिससे अधिक गहन अनुभव बनता है।

सम्मोहक पात्रों और संवादों को तैयार करने की रणनीतियाँ

पात्र साक्षात्कारः अपने पात्रों के बारे में अधिक जानने के लिए उनका साक्षात्कार लेने की कल्पना करें। उनसे उनके डर, इच्छाओं और यादों के बारे में पूछें। यह अभ्यास उन अंतर्दृष्टियों को उजागर कर सकता है जो उनके संवाद और कार्यों को सूचित करती हैं।

लोगों पर नज़र रखनाः वास्तविक जीवन में लोगों का निरीक्षण करके उनके व्यवहार, तौर-तरीकों और बोलने के तरीकों का अध्ययन करें। अपने पात्रों को प्रामाणिक महसूस

कराने के लिए इन टिप्पणियों को उन पर लागू करें।

सहानुभूति अभ्यासः अपने पात्रों की प्रेरणाओं और भावनाओं को समझने के लिए स्वयं को उनके स्थान पर रखें। आप उनकी स्थिति में कैसे प्रतिक्रिया देंगे? यह अभ्यास अधिक प्रासंगिक पात्र बनाने में मदद करता है।

संघर्ष सृजनः ऐसे परिदृश्य बनाएँ जो पात्रों को संघर्ष के लिए बाध्य करें। ये संघर्ष उनके वास्तविक व्यक्तित्व को सामने ला सकते हैं और आकर्षक संवाद उत्पन्न कर सकते हैं।

संवाद ज़ोर से पढ़ें: अपने संवाद को ज़ोर से पढ़ें ताकि यह सुनिश्चित हो सके कि यह स्वाभाविक लगता है और अच्छी तरह से प्रवाहित होता है। यदि यह अजीब या रुका हुआ लगता है, तो संशोधित करने पर विचार करें।

सामान्य ख़तरों से बचना

जब आप सम्मोहक पात्रों और संवादों को गढ़ने का प्रयास करते हैं, तो सामान्य कमियों से सावधान रहें-

संवाद में अभिव्यक्तिः केवल पाठक तक जानकारी पहुँचाने के लिए संवाद का उपयोग करने से बचें। जबकि पात्र जानकारी साझा कर सकते हैं, यह दृश्य के लिए स्वाभाविक और प्रासंगिक लगनी चाहिए।

संवाद का अत्यधिक उपयोगः जबकि "उसने कहा" या "उसने उत्तर दिया" जैसे संवाद आवश्यक हैं, उनका अधिक उपयोग ध्यान भटकाने वाला हो सकता है। वक्ता को इंगित करने के लिए एक्शन बीट्स या संदर्भ का विकल्प चुनें।

असंगत शैलीः पात्रों को पूरी कहानी में भाषा की लय एक सी बनाए रखनी चाहिए। भाषण पैटर्न में अचानक बदलाव पाठकों को कथा से बाहर कर सकता है।

जानकारी डालनाः संवाद के माध्यम से बड़ी मात्रा में पूर्व कथा या घटनाओं को डंप करने के प्रलोभन से बचें। इसके बजाय, इन विवरणों को कथा में व्यवस्थित रूप से बुनें।

अंत में, सम्मोहक पात्रों और प्रामाणिक संवादों को गढ़ना एक ऐसा कौशल है जिसके लिए अंतर्दृष्टि और अभ्यास दोनों की आवश्यकता होती है। अपने पात्रों के गुणों, प्रेरणाओं और पिछली कहानियों में गहराई से जाकर, आप बहुमुखी व्यक्तित्व का निर्माण कर सकते हैं जो पाठकों को पसंद आएगा। विशिष्ट शैली, उप-पाठ और 'दिखाओ मत, बताओ' दृष्टिकोण की विशेषता वाला कुशल संवाद निर्माण, आपके पात्रों को जीवंत बनाता है और आपकी कथा को आगे बढ़ाता है। सामान्य खतरों के प्रति सतर्क रहते हुए इस अध्याय में उल्लिखित रणनीतियों को अपनाएँ। जैसे-जैसे आप पात्र और संवाद निर्माण की कला में महारत हासिल करते हैं, आपका लेखन निखरेगा, आपके दर्शकों के साथ गहरे संबंध विकसित होंगे और कहानी कहने का अनुभव समृद्ध होगा।

3

प्रेरणा से कलम तक

हर लेखक, चाहे वह नौसिखिया हो या अनुभवी, एक आम चुनौती का सामना करता हैः कैसे शुरुआत करें। खाली पृष्ठ डराने वाला और आमंत्रित करने वाला दोनों हो सकता है, एक कैनवास जिस पर आपके विचार और रचनात्मकता जल्द ही आकार ले लेंगे।

प्रेरणा की चिंगारी

इससे पहले कि शब्द पन्ने पर आएँ, उन्हें पहले दिमाग में मौजूद होना चाहिए। प्रेरणा वह चिंगारी है जो रचनात्मक आग को प्रज्वलित करती है, और यह अनगिनत स्थानों और अनुभवों में पाई जा सकती है। प्रेरणा का दोहन और विकास कैसे करें, यह समझना आपकी लेखन यात्रा को दाहिने पैर से शुरू करने वाले पहले कदम जैसा है।

अवलोकन और जिज्ञासाः संसार प्रेरणा का खजाना है। अपने अवलोकन कौशल को विकसित करें। लोगों के बातचीत करने के तरीके से लेकर सूर्यास्त के समय आकाश के रंगों तक, रोजमर्रा की जिंदगी के विवरणों पर ध्यान दें। जिज्ञासा आपकी सबसे अच्छी सहयोगी है; अपने आस-पास की दुनिया के बारे में प्रश्न पूछें, और आप पाएँगे कि सांसारिक चीजें भी प्रेरणा का स्रोत हो सकती हैं।

व्यापक रूप से पढ़नाः एक लेखक के लिए पढ़ना वही है जो शरीर के लिए पोषण है। यह आपके दिमाग को विचारों, विभिन्न शैलियों और नए दृष्टिकोणों से पोषित करता है। विभिन्न शैलियों और लेखकों का अन्वेषण करें। जब आप व्यापक रूप से पढ़ते हैं, तो आप अपने आप को ढेर सारे विचारों और तकनीकों से अवगत कराते हैं जो आपके लेखन को समृद्ध करता है।

भावनाएँ और अनुभवः आपकी अपनी भावनाएँ और अनुभव प्रेरणा का स्रोत हैं। बचपन की यादों की ख़ुशी, किसी नुकसान का दर्द, किसी साहसिक कार्य का रोमांच—अपने लेखन में प्रामाणिकता लाने के लिए अपने स्वयं के भावनात्मक परिदृश्य का उपयोग करें। अपने पाठकों से गहरे स्तर पर जुड़ने के लिए जीवन के उतार-चढ़ाव का सहारा लें।

दृश्य और श्रवण उत्तेजनाएँ: दृश्य कला, संगीत और फिल्म प्रेरणा के समृद्ध स्रोत हो सकते हैं। एक शक्तिशाली पेंटिंग, एक मनमोहक धुन, या एक विचारोत्तेजक फिल्म रचनात्मकता में वृद्धि ला सकती है। अपनी कल्पनाशक्ति को उत्तेजित करने के लिए कला के विभिन्न रूपों से जुड़ें।

लोग और बातचीत: लेखकों के लिए मानवीय अंतःक्रियाएँ सोने की खान हैं। लोगों के बोलने के तरीके, उनकी विचित्रताओं, उनकी कहानियों पर ध्यान दें। जीवन के विभिन्न क्षेत्रों के व्यक्तियों के साथ बातचीत में संलग्न रहें। आप अद्वितीय पात्रों और शैली का खजाना खोजेंगे।

अपना रचनात्मक स्थान ढूँढना

एक बार जब आप प्रेरणा ग्रहण कर लेते हैं, तो अगला कदम एक ऐसा वातावरण बनाना होता है जो आपकी रचनात्मकता को प्रवाहित करने के लिए प्रोत्साहित करे। लेखन के आरंभ से आपको दैनिक जीवन की अराजकता से अपने रचनात्मक स्थान के अभयारण्य में स्थानांतरित होने में मदद मिल सकती है।

अपना स्थान चुनें: ऐसी जगह चुनें जहाँ आप बिना ध्यान भटकाए लिख सकें। यह एक आरामदायक कोना, खिड़की के पास एक डेस्क या यहाँ तक कि एक पार्क का बेंच भी हो सकता है। कुंजी एक भौतिक स्थान बनाना है जो आपके दिमाग को संकेत दे कि यह लेखन पर ध्यान केंद्रित करने का समय है।

एक शेड्यूल सेट करें: संगति लेखक की सबसे अच्छी मित्र होती है। एक लेखन कार्यक्रम स्थापित करें जो आपकी जीवनशैली के अनुकूल हो। चाहे सुबह जल्दी हो, देर रात हो, या आपके दोपहर के भोजन के ब्रेक के दौरान, एक ऐसा समय ढूँढें जो आपके लिए उपयुक्त हो और उसका पालन करें।

अपने उपकरण इकट्ठा करें: सुनिश्चित करें कि आपके पास आवश्यक सभी उपकरण पहुँच के भीतर हों। इसमें आपका लैपटॉप या नोटबुक, संदर्भ सामग्री और कोई अन्य संसाधन शामिल हो सकते हैं जो आपकी लेखन प्रक्रिया में सहायता करते हैं। सब कुछ तैयार रखने से विकर्षण कम हो जाता है।

विकर्षणों को दूर करें: अपने चुने हुए स्थान में संभावित विकर्षणों को पहचानें और उन्हें समाप्त करें। अपना फोन बंद करें, अनावश्यक ब्राउज़र टैब बंद करें, और अपने प्रियजन को बताएँ कि आप यह समय अपने लेखन के लिए समर्पित कर रहे हैं।

पहला शब्द: लेखक के अवरोध पर काबू पाना

प्रेरणा और अनुकूल वातावरण के साथ, यह लेखक के सबसे बड़े शत्रुओं में से एक का सामना करने का समय है: लेखक का अवरोध। यह वह भयावह क्षण होता है जब कर्सर खाली पन्ने पर लगातार झपकता है, और शब्द आपके दिमाग से उड़ जाते प्रतीत होते हैं। इस आम चुनौती पर विजय पाने के लिए यहाँ रणनीतियाँ दी गई हैं-

कुछ भी लिखें: लेखक के अवरोध को दूर करने का सबसे प्रभावी तरीका लिखना है, भले ही आप जो लिखते हैं वह शुरू में आपके मुख्य प्रोजेक्ट से अलग या असंबंधित लगता है। शब्दों को कागज़ पर उतारने का कार्य, कोई भी शब्द, आपकी रचनात्मकता को बढ़ावा देने में मदद कर सकता है।

स्वतंत्र लेखनः एक विशिष्ट अवधि, मान लीजिए 15 मिनट, के लिए टाइमर सेट करें और जो भी मन में आए उसे बिना रुके लिखें। यह अभ्यास उस मानसिक बाधा को तोड़ने में मदद कर सकता है जो अकसर लेखक के अवरोध से जुड़ी होती है।

अपना दृष्टिकोण बदलें: यदि आप किसी विशेष दृश्य या विचार पर अटके हुए हैं, तो किसी भिन्न पात्र के दृष्टिकोण से या किसी भिन्न शैली में लिखने का प्रयास करें। यह परिवर्तन नई अंतर्दृष्टि प्रदान कर सकता है और आपके लेखन को गति दे सकता है।

रूपरेखा और माइंड मैपिंगः कभी-कभी, दिशा की कमी लेखक के अवरोध का कारण बन सकती है। संरचना और स्पष्टता प्रदान करने के लिए अपनी कहानी या निबंध की एक रूपरेखा या माइंड मैप बनाएँ। यह जानने से कि आपका लेखन किस दिशा में जा रहा है, शुरुआत करना आसान हो सकता है।

एक ब्रेक लें: एक छोटे से ब्रेक की ताकत को कम मत समझें। अपने लेखन स्थान से दूर जाएँ, टहलने जाएँ, या कोई अलग रचनात्मक गतिविधि करें। अकसर, आपका अवचेतन मन समस्या पर काम करता रहेगा, और आप नए विचारों के साथ लौटेंगे।

एक मजबूत शुरुआत तैयार करना

एक बार जब आप लेखक के अवरोध को पार कर लेते हैं और पृष्ठ पर शब्दों की एक धारा आ जाती है, तो एक मजबूत शुरुआत तैयार करने का समय आ जाता है। आपके आलेख का आरंभ आपके पाठकों का ध्यान खींचने और आने वाले समय के लिए माहौल तैयार करने का मौका है।

हुकः एक हुक से शुरू करें—एक सम्मोहक, दिलचस्प, या उत्तेजक वाक्य या पैराग्राफ जो आपके पाठकों की रुचि को आकर्षित करता है। यह एक प्रश्न, एक आश्चर्यजनक तथ्य या एक ज्वलंत विवरण हो सकता है। इसका लक्ष्य पाठकों को पढ़ना जारी रखने के लिए प्रेरित करना है।

परिवेश और शैली स्थापित करें: जल्दी से अपने टुकड़े की परिवेश और शैली स्थापित करें। क्या यह एक सोते हुए शहर में स्थापित एक आरामदायक रहस्य है, या एक हलचल भरे शहर में एक तेज़ गति वाली थ्रिलर है? पाठकों को अपना मार्गदर्शन करने में मदद करने के लिए यह जानकारी शीघ्र बताएँ।

किसी पात्र या संघर्ष का परिचय दें: एक ऐसे पात्र का परिचय दें जिससे पाठक जुड़ सकें या एक ऐसे द्वंद्व का परिचय दें जो उनकी जिज्ञासा को जगाए। एक संबंधित पात्र या एक दिलचस्प समस्या पाठक जुड़ाव के लिए मंच तैयार करती है।

पूर्वाभासः भविष्य के विकास या संघर्ष पर संकेत। पूर्वाभास प्रत्याशा और साज़िश की भावना पैदा कर सकता है। पाठक आश्चर्यचकित होंगे कि ये संकेत कैसे सामने आएँगे।

दिशा का बोधः आपके उद्घाटन के अंत तक, पाठकों को यह स्पष्ट समझ होनी चाहिए कि आपका लेख किस दिशा में जा रहा है। चाहे वह कोई रहस्य हो जिसे सुलझाना हो, कोई यात्रा शुरू करनी हो, या कोई प्रश्न हो जिसका उत्तर देना हो, पाठकों को बाँधे रखने के लिए उद्देश्य की भावना प्रदान करें।

अंत में, अपनी लेखन यात्रा की मजबूत शुरुआत प्रेरणा को पोषित करने, एक अनुकूल लेखन वातावरण बनाने और लेखक के अवरोध पर विजय पाने के बारे में है। एक बार जब आप इन प्रारंभिक बाधाओं को पार कर लेते हैं, तो एक सम्मोहक शुरुआत तैयार करना आपके बाकी लेखन के लिए मंच तैयार करता है। याद रखें, खाली पृष्ठ आपका कैनवास है, और सही दृष्टिकोण के साथ, यह आपकी रचनात्मकता को उजागर करने और अपनी अनूठी शैली को दुनिया के साथ साझा करने का निमंत्रण बन जाता है।

4

मनमोहक कहानी कहने की कला

लेखन के क्षेत्र में कहानी कहने का बोलबाला है। यह शब्दों को एक कथा में पिरोने की कला है जो पाठकों को मंत्रमुग्ध कर देती है, उन्हें अलग-अलग दुनिया में ले जाती है, और उन्हें पृष्ठ पर सामने आने वाले पात्रों और घटनाओं के बारे में गहराई से बताती है। इस अध्याय में, हम सम्मोहक कथानक तैयार करने से लेकर भावनात्मक अनुनाद पैदा करने तक, मनमोहक कहानी कहने के बुनियादी तत्त्वों का पता लगाएँगे।

कहानी कहने का सार

कहानी सुनाना संचार का सबसे पुराना रूप है, जिसका इतिहास हमारे पूर्वजों के समय से जुड़ा है जो अलाव (कैंप फायर) के आसपास इकट्ठा होते थे। यह हमारे डीएनए में शामिल है, और लेखक के रूप में, हमारे पास इस प्राचीन परंपरा को आगे बढ़ाने का विशेषाधिकार और जिम्मेदारी है। यहाँ वह बात है जो कहानी कहने को इतना आवश्यक बनाती है-

जुड़ावः कहानियाँ हमें जोड़ती हैं। वे व्यक्तियों और संस्कृतियों के बीच की खाई को पाटती हैं, जिससे हमें अपने से भिन्न अनुभवों को समझने और उनमें सहानुभूति उपजती है। कहानियों के माध्यम से, हम पात्रों, उनके संघर्षों और उनकी जीत से जुड़ते हैं। कहानियाँ स्वाभाविक रूप से आकर्षक होती हैं। वे पाठकों को एक यात्रा पर आमंत्रित करती हैं, जिससे उनमें जिज्ञासा पैदा होती है कि आगे क्या होगा। यह व्यस्तता ही पाठकों को देर रात तक पन्ने पलटने पर मजबूर करती है।

भावनाः अच्छी कहानी कहने से भावनाएँ जागृत होती हैं। यह हमें हँसाती है, रुलाती है, गुस्सा महसूस कराती है और खुशी का अनुभव कराती है। ये भावनात्मक संबंध कहानियों को यादगार और प्रभावशाली बनाते हैं।

अन्वेषणः कहानियाँ हमें वास्तविक और काल्पनिक दोनों तरह की नई जगहों पर ले जाती हैं। वे हमें मानवीय अनुभव की गहराई का पता लगाने, दूर देशों की यात्रा करने और अज्ञात क्षेत्रों में उद्यम करने की प्रेरणा देती हैं।

सम्मोहक कथानक तैयार करना

मनोरम कहानी कहने के लिए एक अच्छी तरह से तैयार किया गया कथानक होना आवश्यक है। कथानक वह ढाँचा है जिस पर आपकी कहानी टिकी होती है, और यह मजबूत, आकर्षक और आश्चर्य से भरी होना चाहिए। आपके कथानक को आकार देते समय विचार करने योग्य निम्नांकित मुख्य तत्त्वों पर ध्यान दिया जाना चाहिए-

संघर्षः संघर्ष वह इंजन है जो आपकी कहानी को आगे बढ़ाता है। यह विरोधी ताकतों के बीच का तनाव है—चाहे वह आंतरिक (भावनात्मक संघर्ष) हो या बाहरी (मनुष्य बनाम प्रकृति, मनुष्य बनाम मनुष्य)—जो पाठकों को अंत तक बाँधे रखता है।

संरचनाः अधिकांश कहानियाँ एक बुनियादी संरचना का पालन करती हैं—परिचय या आरंभ, आरोह, चरम स्थिति, अवरोह और समाधान। यह संरचना एक स्पष्ट कथा-प्रवाह प्रदान करती है और पाठकों को कथा के साथ चलने में मदद मिलती है।

गतिः गति आपकी कहानी की लय है। यह उस गति को निर्धारित करता है जिस गति से घटनाएँ घटित होती हैं। संतुलन महत्त्वपूर्ण है; बहुत धीमी हो तो पाठकों की रुचि खत्म हो जाती है; बहुत तेज़, हो तो वे अभिभूत महसूस कर सकते हैं। तनाव पैदा करने और उत्तेजना कम करने के लिए गति में बदलाव करें।

पात्र-विशेषताएँः कहानी के दौरान पात्रों का विकास होना चाहिए। यह पात्र विकास, या विशेषताएँ, एक परिवर्तन हो सकता है, एक सबक हो सकता है, या एक नई समझ प्राप्त हो सकती है। यह आपके कथानक में गहराई और प्रतिध्वनि जोड़ता है।

सबप्लॉटः सबप्लॉट द्वितीयक कथानक हैं जो आपके मुख्य कथानक में जटिलता और गहराई जोड़ते हैं। वे विभिन्न विषयों का पता लगा सकते हैं या आपके पात्रों को अतिरिक्त चुनौतियाँ प्रदान कर सकते हैं।

पूर्वाभासः भविष्य की घटनाओं या परिणामों का पूर्वाभास संकेत। यह रोचकता और रोमांच का एक तत्व जोड़ता है और पाठकों को व्यस्त रखता है क्योंकि उन्हें आश्चर्य होता है कि ये संकेत कैसे काम करेंगे।

यादगार पात्र बनाना

पात्र वे माध्यम हैं जिनके माध्यम से पाठक आपकी कहानी में उतरते हैं। यादगार पात्र भरोसेमंद, बहुआयामी और मजबूत भावनाओं को जगाने में सक्षम होते हैं। अपने पात्रों को जीवंत बनाने का तरीका यहाँ बताया गया है-

गहराईः अपने पात्रों की पृष्ठभूमि, प्रेरणाओं और खामियों पर गौर करके उन्हें गहराई दें। उन्हें क्या प्रेरित करता है? उनके डर और इच्छाएँ क्या हैं? अपने पात्रों को गहराई से समझने से वे पाठकों को वास्तविक लगते हैं।

सापेक्षताः भले ही आपके पात्र काल्पनिक दुनिया या असाधारण परिस्थितियों में रहते हों, उनमें संबंधित गुण होने चाहिए। पाठकों को यह लगना चाहिए कि आपके पात्रों में वे स्वयं को या अपने परिचित लोगों को देख रहे हैं।

जटिलताः मनुष्य जटिल हैं, और आपके पात्र भी जटिल होने चाहिए। एक-आयामी, रूढ़िवादी पात्रों से बचें। परतें, विरोधाभास और जटिलताएँ जोड़ें जो उन्हें दिलचस्प बनाती हैं।

संवादः पात्र विकास के लिए संवाद एक सशक्त उपकरण है। पात्रों के भाषण पैटर्न, शब्द चयन, और जिस तरह से वे दूसरों के साथ बातचीत करते हैं, उससे उनका व्यक्तित्व प्रतिबिंबित होना चाहिए।

विकासः कहानी के दौरान किरदार बदलने चाहिए। यह परिवर्तन सकारात्मक या नकारात्मक हो सकता है, लेकिन यह उनके अनुभवों और विकल्पों का परिणाम होना चाहिए।

भावना जगाना

कहानी कहने का सबसे गहरा पहलू पाठकों में भावनाएँ जगाने की क्षमता है। भावनात्मक अनुनाद पैदा करने के लिए, इन तकनीकों पर विचार करें-

दिखाओ, मत बताओः पाठकों को यह बताने के बजाय कि कोई पात्र कैसा महसूस करता है, इसे अपने कार्यों, विचारों और शारीरिक भाषा के माध्यम से दिखाएँ। उदाहरण के लिए, यह कहने के बजाय कि, "वह दुखी थी," आप लिख सकते हैं, "जब वह मुड़ी तो उसकी आँखों में आँसू आ गए।"

सहानुभूतिः पाठकों को अपने पात्रों के संघर्षों और भावनाओं के प्रति सहानुभूति रखने की अनुमति देकर उनके प्रति रुचि पैदा करें। अपने पात्रों की अनूठी कहानियों में सार्वभौमिक मानवीय अनुभव दिखाएँ।

संबंधित स्थितियाँ: ऐसी स्थितियाँ बनाएँ जिनसे पाठक जुड़ सकें। यदि आपकी कहानी प्रेम, हानि, या सपनों की खोज जैसे सार्वभौमिक विषयों को छूती है, तो पाठकों के भावनात्मक रूप से जुड़ने की अधिक संभावना है।

ऊँचे दाँवः तनाव और भावनात्मक जुड़ाव पैदा करने के लिए अपनी कहानी में हिस्सेदारी बढ़ाएँ। जब पात्रों को महत्त्वपूर्ण चुनौतियों या परिणामों का सामना करना पड़ता है, तो पाठक उनसे अधिक जुड़ाव महसूस करते हैं।

रेचनः रेचन एक भावनात्मक मुक्ति है जो एक पात्र की यात्रा के बाद आती है। पाठकों को संकल्प और समापन की भावना का अनुभव करने दें, भले ही यह हमेशा सुखद अंत न हो।

संवाद की कला

प्रभावी संवाद मनोरम कहानी कहने की आधारशिला है। यह न केवल पात्र को उजागर करता है बल्कि कथानक को भी आगे बढ़ाता है और आवश्यक जानकारी प्रदान करता है। संवाद की कला में महारत हासिल करने के लिए यहाँ कुछ युक्तियाँ दी गई हैं-

प्रामाणिकताः संवाद स्वाभाविक और पात्रों के अनुरूप होने चाहिए। वास्तविक बातचीत सुनें, भाषण पैटर्न पर ध्यान दें और अपने पात्र के संवाद को सूचित करने के लिए उनका उपयोग करें।

उपपाठः सबटेक्स्ट शब्दों के नीचे का अनकहा तनाव या अर्थ है। पात्र हमेशा वही नहीं कह सकते जो उनका मतलब है, जिससे गतिशील बातचीत और संघर्ष होता है।

संवाद-व्यवस्थाः अनावश्यक संवाद बंद करें। प्रत्येक वार्त्तालाप को एक उद्देश्य पूरा करना चाहिए, चाहे वह पात्र लक्षण प्रकट करना हो, कथानक को आगे बढ़ाना हो, या संघर्ष पैदा करना हो।

भिन्नताः विभिन्न पात्रों की अलग-अलग शैली होनी चाहिए। उनके शब्द चयन, वाक्य संरचना और स्वर से उनके व्यक्तित्व का पता चलना चाहिए।

जोर से पढ़ें: यह सुनिश्चित करने के लिए कि यह स्वाभाविक रूप से प्रवाहित हो, अपने संवाद को ज़ोर से पढ़ें। यदि यह अटपटा या अरुचिकर लगता है, तो संशोधित करने पर विचार करें।

सामान्य नुकसान से बचाव

मनमोहक कहानी कहने की अपनी खोज में, इन सामान्य नुकसानों से सावधान रहें-

जानकारी-डंपिंगः संवाद के माध्यम से बड़ी मात्रा में बैकस्टोरी या पूर्व कथा को डंप करने से बचें। इसके बजाय, इन विवरणों को कथा में व्यवस्थित रूप से बुनें।

संवाद का अति प्रयोगः जबकि "उसने कहा" या "उसने उत्तर दिया" जैसे संवाद आवश्यक हैं, उनका अत्यधिक उपयोग ध्यान भटकाने वाला हो सकता है। वक्ता को इंगित करने के लिए एक्शन बीट्स या संदर्भ का विकल्प चुनें।

अवास्तविक संवादः संवाद वास्तविक बातचीत की तरह लगना चाहिए, लेकिन उसे शब्दशः दोहराना नहीं चाहिए। सांसारिक बातों को हटा दें और बातचीत के आवश्यक तत्वों पर ध्यान केंद्रित करें।

पूर्वानुमेयताः घिसे-पिटे या पूर्वानुमेय संवाद से बचें। बातचीत में अप्रत्याशित प्रतिक्रियाओं या मोड़ों से पाठकों को आश्चर्यचकित करें।

संघर्ष का अभावः तनाव या संघर्ष होने पर संवाद अधिक आकर्षक होता है। पात्रों के अलग-अलग लक्ष्य, प्रेरणाएँ या राय होनी चाहिए जो उनकी बातचीत को संचालित करती हैं।

निष्कर्षतः, मनमोहक कहानी कहने की कला एक अच्छा लेखक बनने के मूल में निहित है। सम्मोहक कथानक तैयार करना, यादगार पात्र बनाना और अपने पाठकों में भावनाएँ जगाना, महारत हासिल करने के लिए आवश्यक कौशल हैं। कहानी सुनाना खोज, अन्वेषण और जुड़ाव की यात्रा है। यह आपके पाठकों को नई दुनिया में ले जाने, उन्हें आकर्षक पात्रों से परिचित कराने और भावनाओं के उतार-चढ़ाव के माध्यम से उनका मार्गदर्शन करने के बारे में है। जैसे-जैसे आप अपनी लेखन यात्रा जारी रखते हैं, याद रखें कि आपके द्वारा बनाई गई प्रत्येक कहानी आपके दर्शकों को लुभाने, प्रेरित करने और उनसे जुड़ने का एक अनूठा अवसर है।

5

संपादनः अपनी रचना की शुद्धि

अपने लेखन का पुनर्लेखन संपादन की प्रक्रिया है जिससे आपके शब्द कच्चे माल से परिष्कृत रचना में बदल जाते हैं। संपादन वह जगह है जहाँ आप अपने विचारों को परिष्कृत करते हैं, अपने संदेश को स्पष्ट करते हैं और सुनिश्चित करते हैं कि आपका लेखन पढ़ने में आनंददायक हो।

संपादन प्रक्रिया को समझना

इससे पहले कि हम संपादन की बारीकियों में उतरें, लेखन यात्रा में इस आवश्यक चरण के व्यापक उद्देश्य को समझना महत्त्वपूर्ण है। संपादन केवल टाइपो और व्याकरण त्रुटियों को ठीक करने के बारे में नहीं है (हालाँकि यह इसका हिस्सा है)। यह आपके लेखन को एक सामंजस्यपूर्ण, आकर्षक और प्रभावशाली कृति बनाने के लिए कई स्तरों पर परिष्कृत करने के बारे में है। संपादन प्रक्रिया के प्राथमिक उद्देश्य यहाँ दिए गए हैं-

स्पष्टताः सुनिश्चित करें कि आपके विचार स्पष्ट और प्रभावी ढंग से संप्रेषित हों। अस्पष्टताओं, अतिरेक और जटिल वाक्यों को हटा दें जो आपके पाठकों को भ्रमित कर सकते हैं।

प्रवाहः अपने लेखन के प्रवाह को निखारें। सुनिश्चित करें कि वाक्य और पैराग्राफ सुचारू रूप से परिवर्तित हों, पाठकों को एक विचार से दूसरे विचार की ओर सहजता से ले जाएँ।

संगतिः अपने पूरे काम के दौरान शैली, लहज़े और शैली में एकरूपता बनाए रखें। पाठकों को यह महसूस होना चाहिए कि आपका लेखन एक एकीकृत समग्रता है, न कि विचारों का असंबद्ध संग्रह।

संक्षिप्तताः अनावश्यक शब्दों और वाक्यांशों को छाँटें। संक्षिप्त लेखन अकसर अधिक शक्तिशाली और पचाने में आसान होता है।

व्याकरण और यांत्रिकीः व्याकरण, विराम चिह्न और वर्तनी की त्रुटियों को ठीक करें। लेखन के ये तकनीकी पहलू आपके संदेश को एक मजबूत आधार प्रदान करते हैं।

जुड़ावः अपने दर्शकों को लुभाने और संलग्न करने के लिए अपने लेखन को परिष्कृत करें। सुनिश्चित करें कि आपकी रचना रोचक, जानकारीपूर्ण और भावनात्मक रूप से प्रभावशाली हो।

स्व-संपादन बनाम व्यावसायिक संपादन

इससे पहले कि हम विशिष्ट संपादन तकनीकों में उतरें, स्व-संपादन और पेशेवर संपादन के बीच अंतर को समझना आवश्यक है।

स्व-संपादनः स्व-संपादन आपके स्वयं के कार्य की समीक्षा और संशोधन करने की प्रक्रिया है। यह किसी भी लेखक के लिए एक महत्त्वपूर्ण कौशल है। इसमें आपको त्रुटियाँ पकड़ने, स्पष्टता में सुधार करने और अपने गद्य को परिष्कृत करने में मदद मिलती है। हालाँकि, यह पहचानना महत्त्वपूर्ण है कि स्व-संपादन की सीमाएँ हैं। हो सकता है कि आप अपने काम के इतने करीब हों कि उसकी सभी कमजोरियों को पहचान न सकें; और पाठ के बारे में आपका ज्ञान अवचेतन पूर्वाग्रह को जन्म दे सकता है।

व्यावसायिक संपादन

व्यावसायिक संपादन में आपके काम की समीक्षा करने और उसमें सुधार करने के लिए एक संपादक को नियुक्त करना शामिल होता है, जो अकसर क्षेत्र में अनुभव और विशेषज्ञता वाला कोई व्यक्ति होता है। एक पेशेवर संपादक ताज़ा अंतर्दृष्टि प्रदान कर सकता है, उन त्रुटियों को पकड़ सकता है जो आपसे छूट गई हों, और समग्र संरचना, शैली और शैली पर रचनात्मक प्रतिक्रिया प्रदान कर सकता है। हालाँकि इसके लिए अतिरिक्त व्यय की आवश्यकता होती है, पेशेवर संपादन आपके लेखन की गुणवत्ता को महत्त्वपूर्ण रूप से बढ़ा सकता है, विशेष रूप से उपन्यास या अकादमिक पेपर जैसी बड़ी परियोजनाओं के लिए।

संपादन प्रक्रिया

अब जब हम संपादन के महत्त्व और स्व-संपादन और पेशेवर संपादन के बीच अंतर को समझते हैं, तो आइए संपादन प्रक्रिया के प्रमुख चरणों का पता लगाएँ-

पहला ड्राफ्टः पूर्णता के बारे में बहुत अधिक चिंता किए बिना अपना पहला ड्राफ्ट पूरा करें। प्रारंभिक मसौदा आपके विचारों को कागज़ पर उतारने के बारे में है।

स्व-संपादन

अपना ड्राफ्ट पूरा करने के बाद, एक ब्रेक लें। दिमाग में ताजा विचार भरने के लिए कुछ देर के लिए अपने काम से दूर हो जाएँ। फिर, नई दृष्टि के साथ उस पर लौटें और स्व-संपादन प्रक्रिया शुरू करें। यहाँ चरण-दर-चरण मार्गदर्शिका दी गई है-

स्पष्टता के लिए पढ़ें: सुनिश्चित करें कि आपके विचार स्पष्ट रूप से व्यक्त किए गए हैं। ऐसे किसी भी वाक्य या पैराग्राफ की तलाश करें जो पाठकों को भ्रमित कर सकता हो।

प्रवाह की जाँच करें: अपने लेखन के प्रवाह की समीक्षा करें। क्या विचारों के बीच अचानक परिवर्तन होते हैं? क्या अनुच्छेद तार्किक रूप से व्यवस्थित हैं?

संगतिः सत्यापित करें कि आपका लेखन एक सुसंगत शैली, स्वर और शैली बनाए रखता है। सुनिश्चित करें कि आपका काम सामंजस्यपूर्ण लगे।

संक्षिप्तताः अनावश्यक शब्दों और वाक्यांशों को हटा दें। अपने लेखन को अधिक संक्षिप्त बनाने के अवसरों की तलाश करें।

व्याकरण और यांत्रिकीः व्याकरण, विराम चिह्न और वर्तनी की त्रुटियों को ठीक करें। सामान्य परेशानी वाले स्थानों पर बारीकी से ध्यान दें।

जुड़ाव : जुड़ाव के कारकों पर विचार करें। क्या आपका लेखन रोचक और भावनात्मक रूप से प्रभावशाली है? क्या आप अपने पाठकों का ध्यान आकर्षित कर रहे हैं?

सहकर्मी समीक्षाः साथियों या लेखन समूहों से प्रतिक्रिया माँगने पर विचार करें। सहकर्मी समीक्षा आपके काम पर मूल्यवान अंतर्दृष्टि और ताज़ा दृष्टिकोण प्रदान कर सकती है। रचनात्मक आलोचना के लिए खुले रहें और अपने लेखन को और बेहतर बनाने के लिए इसका उपयोग करें।

व्यावसायिक संपादन (वैकल्पिक): बड़ी परियोजनाओं के लिए या यदि आप प्रकाशन का लक्ष्य बना रहे हैं, तो एक पेशेवर संपादक को नियुक्त करने पर विचार करें। वे आपके काम की व्यापक समीक्षा की पेशकश कर सकते हैं; संरचनात्मक मुद्दों, शैली और सामग्री को गहराई से संबोधित कर सकते हैं।

अंतिम समीक्षाः सहकर्मी समीक्षा से फीडबैक और, यदि लागू हो, पेशेवर संपादन शामिल करने के बाद, अंतिम समीक्षा करें। यह सुनिश्चित करने के लिए कि आपके लेखन की समग्र गुणवत्ता में वृद्धि हो, आपके द्वारा किए गए परिवर्तनों पर विशेष ध्यान दें।

विशिष्ट संपादन तकनीकें

अब जब हमने संपादन प्रक्रिया को व्यापक रूप से कवर कर लिया है, तो आइए विशिष्ट संपादन तकनीकों और रणनीतियों पर ध्यान दें जो आपके लेखन को परिष्कृत करने में आपकी सहायता करेंगी-

ज़ोर से पढ़ने की विधिः अपने काम को ज़ोर से पढ़ना अजीब वाक्यों, दोहराव और अप्राकृतिक संवाद की पहचान करने का एक प्रभावी तरीका है। यह आपके लेखन के समग्र प्रवाह और गति को मापने में भी आपकी मदद करता है।

अतिरेक के प्रति निर्दयी बनें: अतिरेक आपके लेखन को क्रियात्मक और कम प्रभावशाली बना सकता है। अनावश्यक शब्दों और वाक्यांशों को हटा दें। उदाहरण के लिए, "मुफ़्त उपहार" को "उपहार" में बदलें या "चारों ओर घेरा " को "गोला" में बदलें।

वाक्यों को सरल बनाएँ: जटिल वाक्य पाठकों को भ्रमित कर सकते हैं। लंबे वाक्यों को छोटे, अधिक सुपाच्य वाक्यों में तोड़ें। अपने विचारों को स्पष्ट रूप से व्यक्त करने के लिए सरल वाक्य संरचना का उपयोग करें।

पूरक शब्द हटाएँ: "बहुत," "वास्तव में," और "वस्तुतः" जैसे शब्द अकसर आपके लेखन में बहुत कम मूल्य जोड़ते हैं। अपनी रचना को अधिक संक्षिप्त और प्रभावशाली बनाने के

लिए उन्हें हटा दें।

शब्दजाल और अत्यधिक तकनीकी भाषा से बचें: यदि आपके लक्षित दर्शक किसी विशेष क्षेत्र से अच्छी तरह परिचित नहीं हैं, तो अत्यधिक शब्दजाल या तकनीकी शब्दों से बचें। जटिल अवधारणाओं को सरल, समझने योग्य भाषा में समझाएँ।

संगति की जाँच करें: वर्तनी, विराम चिह्न और स्वरूपण में एकरूपता सुनिश्चित करें। उदाहरण के लिए, यदि आप हिंदी वर्तनी का उपयोग करते हैं, तो अपने पूरे काम में सुसंगत रहें।

सशक्त क्रियाओं का प्रयोग करें: कमजोर क्रियाओं को अधिक शक्तिशाली और वर्णनात्मक क्रियाओं से बदलें। उदाहरण के लिए, "धीरे चला" को "चहलकदमी" से और "फुसफुसाया" को "बड़बड़ाया" से बदलें।

भिन्न वाक्य संरचना: नीरस वाक्य संरचना आपके लेखन को नीरस बना सकती है। अपने पाठकों को व्यस्त रखने के लिए वाक्य की लंबाई और शैलियों का मिश्रण शामिल करें।

अच्छी तरह से प्रूफरीड करें: प्रूफरीडिंग संपादन प्रक्रिया का अंतिम चरण है। इसमें व्याकरण, विराम चिह्न और वर्तनी त्रुटियों की सावधानीपूर्वक समीक्षा शामिल है। स्वयं करें या प्रूफरीडर की सहायता लेने पर विचार करें।

स्पष्टता सुनिश्चित करें: स्पष्टता सर्वोपरि है. यदि कोई वाक्य या पैराग्राफ अस्पष्ट है, तो उसे तब तक दोबारा लिखें जब तक आपका अर्थ बिल्कुल स्पष्ट न हो जाए। जटिल विचारों को स्पष्ट करने के लिए उदाहरणों या उपमाओं का उपयोग करें।

अति-संपादन से सावधान रहें: हालाँकि संपादन आवश्यक है, अति-संपादन से सावधान रहें। उस अनूठी शैली और शैली को न खोएँ जो आपके लेखन को आपका बनाती है। सुधार के लिए प्रयास करें, लेकिन एक लेखक के रूप में अपनी प्रवृत्ति पर भी भरोसा रखें।

अनेक राय लें: यदि आपके पास लेखकों या संपादकों के नेटवर्क तक पहुँच है, तो कई राय लेने पर विचार करें। विभिन्न दृष्टिकोण आपके काम के विभिन्न पहलुओं को उजागर कर सकते हैं जिन पर ध्यान देने की आवश्यकता है।

अंत में, संपादन आपके विचारों की प्रारंभिक चिंगारी और अंतिम, परिष्कृत लेखन के बीच का सेतु है जिसका सामना आपके पाठक करेंगे। यहीं पर आपका काम अच्छे से असाधारण में बदल जाता है। संपादन प्रक्रिया को अपने लेखन को परिष्कृत और उन्नत करने के अवसर के रूप में अपनाएँ। याद रखें कि महान लेखन में अकसर संपादन के कई दौर शामिल होते हैं, इसलिए धैर्य रखें और लगातार बने रहें। जैसे-जैसे आप अपने संपादन कौशल को निखारेंगे, आप न केवल बेहतर काम करेंगे बल्कि लेखन कला की गहरी समझ भी हासिल करेंगे।

6

अपने लेखक की शैली ढूँढ़ना

लेखन की दुनिया में, एक जादुई तत्व है जो महान लेखकों को बाकी लोगों से अलग करता है—उनके अद्वितीय लेखक की शैली या बनावट। आपके लेखक की शैली आपकी साहित्यिक छाप है, वह विशिष्ट स्वाद जो आपके काम को प्रभावित करता है और उसे असंदिग्ध रूप से आपका बनाता है।

लेखक की शैली क्या है?

आपके लेखक की शैली आपकी लेखन बनावट का सार है। पेज पर अपने आप को अभिव्यक्त करने का तरीका, स्वर, लय और शब्दों का चयन ही आपके काम को विशिष्ट बनाते हैं। इसे अपने लेखन का व्यक्तित्व समझें। जिस प्रकार प्रत्येक व्यक्ति के बोलने और खुद को अभिव्यक्त करने का एक अनोखा तरीका होता है, उसी प्रकार प्रत्येक लेखक की भी एक अलग शैली होती है।

लेखक की शैली क्यों महत्त्वपूर्ण है?

लेखक की शैली कई कारणों से महत्त्वपूर्ण है-

विशिष्टताः लिखित शब्दों के सागर में, आपके लेखक की शैली आपको अलग करती है। यह आपके काम को यादगार और अनोखा बनाती है।

प्रामाणिकताः आपकी शैली एक लेखक के रूप में आपके सच्चे स्वरूप की अभिव्यक्ति है। जब आप अपनी प्रामाणिक शैली में लिखते हैं, तो आपका काम अधिक वास्तविक और प्रासंगिक होता है।

संगतिः एक सुसंगत लेखक की शैली काम का एक सामंजस्यपूर्ण समूह बनाती है। पाठक विभिन्न टुकड़ों में आपकी शैली को पहचान सकते हैं।

जुड़ावः एक सम्मोहक लेखक की शैली पाठकों को भावनात्मक और बौद्धिक रूप से संलग्न करती है। यह उन्हें आपकी दुनिया में खींचती है और उन्हें पढ़ने के लिए प्रेरित करती है।

अपने लेखक की शैली की खोज

अपने लेखक की शैली ढूँढना आत्म-खोज और कलात्मक अन्वेषण की यात्रा है। यह आपके अनूठे दृष्टिकोण का दोहन करने और एक लेखक के रूप में आपके व्यक्तित्व को अपनाने के बारे में है। अपने लेखक की शैली खोजने में आपकी सहायता के लिए यहाँ चरण दिए गए हैं-

व्यापक रूप से पढ़ें: अपने आप को साहित्य और लेखन शैलियों की एक विस्तृत श्रृंखला से परिचित कराएँ। विभिन्न शैलियों और समयावधियों की किताबें, निबंध और लेख पढ़ें। इस बात पर ध्यान दें कि आपको क्या पसंद है और क्या नहीं। इससे आपको लेखन के उन तत्त्वों को पहचानने में मदद मिलेगी जिनकी ओर आप आकर्षित होते हैं।

नियमित रूप से लिखें: अभ्यास आवश्यक है। लगातार लिखें, भले ही यह सिर्फ आपके लिए ही क्यों न हो। विभिन्न शैलियों, स्वरों और विषयों के साथ प्रयोग करें। जितना अधिक आप लिखेंगे, उतना ही अधिक आप एक लेखक के रूप में अपने स्वाभाविक रुझान को उजागर करेंगे।

अपने प्रभावों पर विचार करें: उन लेखकों के बारे में सोचें जिन्होंने आपको सबसे अधिक प्रभावित किया है। उनके काम में ऐसा क्या है जो आपको आकर्षित करता है? क्या यह उनका हास्य का उपयोग है, उनका गीतात्मक गद्य है, या मनोरंजक कहानियाँ बताने की उनकी क्षमता है? आपके प्रभावों को पहचानने से आपकी अपनी लेखन प्राथमिकताओं में अंतर्दृष्टि मिल सकती है।

अपने अनूठे दृष्टिकोण को अपनाएँ: आपके जीवन के अनुभव, विश्वास और मूल्य आपके लेखक की शैली को आकार देते हैं। अपने अनूठे दृष्टिकोण से दूर न रहें। अपने लाभ के लिए इसका इस्तेमाल करें। उन चीज़ों के बारे में लिखें जो आपके लिए मायने रखती हैं, और आपकी प्रामाणिकता चमक उठेगी।

अपने अंदर की शैली सुनें: एक लेखक के रूप में अपनी प्रवृत्ति पर ध्यान दें। कौन से शब्द, वाक्यांश या विचार आपके पास स्वाभाविक रूप से आते हैं? आपकी शैली की खोज में आपकी प्रवृत्ति एक शक्तिशाली मार्गदर्शक हो सकती है।

प्रयोग: ऐसे अभ्यास और संकेत लिखने का प्रयास करें जो आपको अपने आराम क्षेत्र से बाहर निकलने की चुनौती देते हैं। विभिन्न शैलियों में या विभिन्न दृष्टिकोणों से लिखने से आपको अपने लेखक की शैली के छिपे हुए पहलुओं को उजागर करने में मदद मिल सकती है।

प्रतिक्रिया प्राप्त करें: अपना काम विश्वसनीय मित्रों, लेखन समूहों या गुरुजन के साथ साझा करें। वे आपकी लेखन शैली की ताकत और कमजोरियों के बारे में बहुमूल्य अंतर्दृष्टि प्रदान कर सकते हैं। हालाँकि, याद रखें कि फीडबैक का उपयोग सुधार के लिए एक उपकरण के रूप में किया जाना चाहिए, न कि आपकी शैली को पूरी तरह से बदलने के निर्देश के रूप में।

प्रक्रिया पर भरोसा करें: अपने लेखक की शैली की खोज करना एक बार की घटना नहीं है; यह एक सतत प्रक्रिया है। जैसे-जैसे आप एक लेखक के रूप में विकसित होते हैं, यह विकसित और परिवर्तित हो सकती है। इस विकास को अपनाएँ और भरोसा रखें कि समय के साथ आपकी शैली और अधिक परिभाषित हो जाएगी।

अपने लेखक की शैली को परिभाषित करना

एक बार जब आप अपने लेखक की शैली की खोज की यात्रा पर निकल पड़े, तो इसे और अधिक स्पष्ट रूप से परिभाषित करने का समय आ गया है। आपके लेखक की शैली कई तत्त्वों का मिश्रण है-

शैलीः शैली में शब्दों की आपकी पसंद, वाक्य संरचना और समग्र लेखन लहजा शामिल होता है। क्या आप सरल, संक्षिप्त भाषा की ओर आकर्षित हैं, या आप विस्तृत, वर्णनात्मक गद्य पसंद करते हैं? आपकी लेखन शैली आपकी शैली का एक मूलभूत पहलू है।

सुरः शैली आपके लेखन की भावनात्मक गुणवत्ता को दर्शाती है। यह गंभीर, विनोदी, गीतात्मक या उदास हो सकती है। आपके द्वारा चुना गया लहजा आपके काम का मूड और भावनात्मक अनुनाद निर्धारित करता है।

दृष्टिकोणः लिखते समय उस दृष्टिकोण पर विचार करें जिसे आप पसंद करते हैं। क्या आप प्रथम व्यक्ति (फर्स्ट पर्सन) में लिखते हैं, जैसे कि आप सीधे पाठक से बात कर रहे हों, या क्या आप तृतीय व्यक्ति (थर्ड पर्सन) के वर्णन में लिखना पसंद करते हैं? आपका दृष्टिकोण आपके लेखन की अंतरंगता और जुड़ाव को आकार देता है।

विषय-वस्तुः आप अपने लेखन में स्वयं को किन विषयों या विषय-वस्तु की ओर लौटते हुए पाते हैं? विषय—प्रेम, पहचान, प्रकृति या सामाजिक न्याय जैसे विविध हो सकते हैं। आवर्ती विषयों की खोज से आपके लेखक की शैली को परिभाषित करने में मदद मिल सकती है।

कथनः जिस तरह से आप कहानी सुनाते हैं या जानकारी देते हैं वह आपकी शैली का एक महत्त्वपूर्ण पहलू है। क्या आप एक कहानीकार हैं जो कथा के धागों को एक साथ बुनते हैं, या आप एक विश्लेषणात्मक विचारक हैं जो तथ्यों और तर्कों को तार्किक रूप से प्रस्तुत करते हैं?

विशेषताः यदि आप कथा साहित्य लिखते हैं, तो विचार करें कि आप पात्रों का निर्माण और विकास कैसे करते हैं। क्या आप उनके आंतरिक विचारों और भावनाओं में गहराई से उतरते हैं, या आप उनके कार्यों और बाहरी विशेषताओं पर ध्यान केंद्रित करना पसंद करते हैं?

शब्द चयनः आपकी शब्दावली और आपके द्वारा उपयोग के लिए चुने गए शब्द आपकी शैली के अभिन्न अंग हैं। क्या आप सटीक, तकनीकी भाषा की ओर आकर्षित हैं, या आप काव्यात्मक, रूपक अभिव्यक्तियों के पक्षधर हैं?

लय और गतिः आपके लेखन की लय—वाक्य की लंबाई और संरचना से प्रभावित होकर, आपके काम की गति निर्धारित कर सकती है। क्या आप तेज़, स्थिर लय पसंद करते हैं, या आप अधिक सुस्त, प्रवाहमयी गति पसंद करते हैं?

अपने लेखक की शैली को चमकने दें

एक बार जब आप अपने लेखक की शैली को परिभाषित कर लेते हैं, तो अगला कदम उसे अपने लेखन में चमकने देना है। अपनी शैली को प्रभावी ढंग से प्रदर्शित करने में आपकी सहायता के लिए यहाँ रणनीतियाँ दी गई हैं-

प्रामाणिक बनें: दिल से लिखें। अपने अद्वितीय दृष्टिकोण, विश्वासों और अनुभवों को अपनाएँ। प्रामाणिकता एक सम्मोहक लेखक की शैली की आधारशिला है।

लगातार बने रहें: अपनी लेखन शैली, लहज़े और दृष्टिकोण में निरंतरता बनाए रखें। इसका मतलब यह नहीं है कि आप प्रयोग नहीं कर सकते, लेकिन यह सुनिश्चित करें कि आपकी शैली पहचानने योग्य बनी रहे।

संतुलन खोजें: अपनी शैली के विभिन्न तत्वों को संतुलित करना महत्त्वपूर्ण है। उदाहरण के लिए, यदि आपकी शैली स्वाभाविक रूप से विनोदी है, तो गहराई के लिए गंभीरता या प्रतिबिंब के क्षणों के साथ हास्य को संतुलित करें।

आत्मविश्वास के साथ लिखें: आपकी शैली में आत्मविश्वास ज़रूरी है। भरोसा रखें कि आपके अनूठे दृष्टिकोण और शैली का मूल्य है। आत्म-संदेह आपकी शैली को दबा सकता है।

अपनी शैली को अपने दर्शकों के अनुरूप ढालें: अपने लक्षित दर्शकों पर विचार करें। हालाँकि आपकी शैली प्रामाणिक होनी चाहिए, आपको अपने पाठकों के साथ तालमेल बिठाने के लिए इसे थोड़ा समायोजित करने की आवश्यकता हो सकती है।

सावधानी से संपादित करें: संपादन प्रक्रिया के दौरान, ध्यान रखें कि अपने काम में अपनी शैली को ज़्यादा संपादित न करें। हालाँकि संपादन आवश्यक है, लेकिन इसे आपके लेखक की शैली को बढ़ाना चाहिए, दबाना नहीं चाहिए।

अपने पसंदीदा लेखकों का अध्ययन करें: जिन लेखकों की आप प्रशंसा करते हैं उनके कार्यों का विश्लेषण करें। उनके लेखक की शैली में ऐसा क्या है जो आपको आकर्षित करता है? उनकी तकनीकों को समझना आपके अपने लेखन को समृद्ध कर सकता है।

प्रतिक्रिया को गले लगानाः फीडबैक आपकी शैली को निखारने में मदद कर सकता है। रचनात्मक आलोचना के लिए खुले रहें, लेकिन याद रखें कि अंततः, आपकी शैली केवल आपकी ही है।

अंत में, आपके लेखक की शैली आपका साहित्यिक हस्ताक्षर है, एक लेखक के रूप में आप कौन हैं इसकी एक अनूठी और प्रामाणिक अभिव्यक्ति है। अपनी शैली की खोज करना और उसे परिभाषित करना आत्म-अन्वेषण, अभ्यास और आत्मनिरीक्षण की यात्रा है। जैसे-जैसे आप अपनी शैली परिपक्व करते हैं, आप पाएँगे कि आपका लेखन अधिक आकर्षक,

अधिक सम्मोहक और आपके पाठकों से अधिक गहराई से जुड़ा हुआ हो गया है। अपने लेखक की शैली को अपनी सबसे मूल्यवान संपत्ति के रूप में स्वीकार करें, और इसे अपने लिखे हर शब्द में चमकने दें।

7
व्याकरण की बुनियादी बातें

व्याकरण अच्छे लेखन की रीढ़ है। जिस प्रकार एक मजबूत ढाँचा एक सुंदर इमारत को सहारा देता है, उसी प्रकार उचित व्याकरण लेखन के माध्यम से स्पष्ट, प्रभावी संचार के लिए आधार प्रदान करता है।

व्याकरण क्यों मायने रखता है

इससे पहले कि हम व्याकरण की जटिलताओं में उतरें, यह समझना महत्त्वपूर्ण है कि इसका महत्त्व क्यों है। व्याकरण लेखन में कई महत्त्वपूर्ण कार्य करता है-

स्पष्टताः उचित व्याकरण यह सुनिश्चित करता है कि आपका लेखन स्पष्ट और आसानी से समझा जा सके। यह आपको बिना किसी अस्पष्टता के अपने विचार व्यक्त करने में मदद करता है।

विश्वसनीयताः अच्छा व्याकरण एक लेखक के रूप में आपकी विश्वसनीयता बढ़ाता है। पाठकों द्वारा एक अच्छी तरह से निर्मित, व्याकरणिक रूप से सुदृढ़ लेखन पर भरोसा करने और उसे गंभीरता से लेने की अधिक संभावना होती है।

प्रभावी संचारः व्याकरण वह उपकरण है जो आपको अपने तथ्यों और विचारों को प्रभावी ढंग से व्यक्त करने की अनुमति देता है। यह आपको अपना संदेश सटीक रूप से संप्रेषित करने में सक्षम बनाता है।

व्यावसायिकताः व्यवसाय और शिक्षा जगत् सहित कई व्यावसायिक परिवेश में, उचित व्याकरण का पालन करना व्यावसायिकता का संकेत है। यह विस्तार पर ध्यान और आपके दर्शकों के प्रति सम्मान को दर्शाता है।

शैली और कलात्मकताः जबकि व्याकरण संरचना प्रदान करता है, यह आपको भाषा के साथ रचनात्मक रूप से खेलने की भी अनुमति देता है। व्याकरण के नियमों को समझकर आपको शैलीगत उद्देश्यों के लिए उन्हें तोड़ने की स्वतंत्रता मिलती है।

आवश्यक व्याकरण अवधारणाएँ

आइए मौलिक अवधारणाओं की खोज करके व्याकरण की बुनियादी बातों में महारत हासिल करने की अपनी यात्रा शुरू करें-

वाक्यः इसके मूल में, एक वाक्य शब्दों का एक समूह है जो एक संपूर्ण विचार व्यक्त करता है। इसमें दो आवश्यक घटक शामिल हैं: एक विषय (वाक्य किसके बारे में है) और एक विधेय (विषय क्या कर रहा है या उसके साथ क्या हो रहा है)।

उदाहरणः

विषयः कीर्ति ने

विधेयः एक स्वादिष्ट सेब खाया।

व्याकरणिक दृष्टि से पूर्ण होने के लिए एक वाक्य में हमेशा विषय और विधेय दोनों होने चाहिए।

वाक्य के भागः अंग्रेजी भाषा में शब्दों को उनके कार्यों के आधार पर वाक्य के विभिन्न भागों में वर्गीकृत किया जाता है। पेश हैं वाक्य के मुख्य अंश-

संज्ञाः एक शब्द जो किसी व्यक्ति, स्थान, चीज़ या विचार (जैसे, कुत्ता, किताब, प्यार) का प्रतिनिधित्व करता है।

क्रियाः एक शब्द जो किसी क्रिया या होने की स्थिति को व्यक्त करता है (उदाहरण के लिए, दौड़ना, है, गाना)।

विशेषणः वह शब्द जो किसी संज्ञा का वर्णन करता है या उसे संशोधित करता है (जैसे, सुंदर, लंबा, लाल)।

क्रियाविशेषणः एक शब्द जो क्रिया, विशेषण या अन्य क्रियाविशेषण का वर्णन या संशोधन करता है (जैसे, जल्दी, बहुत, अत्यंत)।

सर्वनामः एक शब्द जो पुनरावृत्ति से बचने के लिए संज्ञा को प्रतिस्थापित करता है (उदाहरण के लिए, वह, उन्होंने, यह)।

पूर्वसर्गः एक शब्द जो किसी संज्ञा या सर्वनाम और वाक्य के अन्य शब्दों (जैसे, अंदर, ऊपर, नीचे) के बीच संबंध दर्शाता है।

संयोजकः एक शब्द जो शब्दों, वाक्यांशों या उपवाक्यों को जोड़ता है (जैसे, और, लेकिन, या)।

विस्मयादिबोधकः एक शब्द या वाक्यांश जिसका उपयोग तीव्र भावना व्यक्त करने के लिए किया जाता है (उदाहरण के लिए, वाह, उफ, ओह)।

स्पष्ट और व्याकरणिक रूप से सही वाक्यों के निर्माण के लिए वाक्य के इन हिस्सों के कार्यों को समझना आवश्यक है।

वाक्य संरचना

वाक्यों को उनकी संरचना के आधार पर वर्गीकृत किया जा सकता है। इन संरचनाओं को समझकर आप अपनी लेखन शैली में बदलाव कर सकते हैं और अधिक आकर्षक गद्य बना सकते हैं। वाक्य संरचनाओं के मुख्य प्रकार हैं-

सरल वाक्यः इसमें एक स्वतंत्र उपवाक्य होता है, जो एक पूर्ण विचार है (उदाहरण के लिए, वह गाती है)।

संयुक्त वाक्यः इसमें दो या दो से अधिक स्वतंत्र उपवाक्य होते हैं जो एक समन्वयात्मक संयोजन से जुड़े होते हैं (उदाहरण के लिए, वह गाती है, और वह नाचता है)।

जटिल वाक्यः इसमें एक स्वतंत्र उपवाक्य और एक या अधिक आश्रित उपवाक्य होते हैं (उदाहरण के लिए, जब वह गाती है, तो वह नाचता है)।

मिश्रित या मिश्र वाक्यः इसमें दो या दो से अधिक स्वतंत्र उपवाक्य और एक या अधिक आश्रित उपवाक्य होते हैं (उदाहरण के लिए, वह गाती है, और जब वह देखती है तो वह नाचता है)।

विषय-क्रिया समझौता

व्याकरण के सबसे महत्त्वपूर्ण पहलुओं में से एक यह सुनिश्चित करना है कि वाक्य में विषय और क्रिया संख्या में मेल खाते हैं। दूसरे शब्दों में, एकवचन विषय में एकवचन क्रिया होनी चाहिए, और बहुवचन विषय में बहुवचन क्रिया होनी चाहिए।

उदाहरणः

एकवचनः बिल्ली कूदती है।

बहुवचनः बिल्लियाँ कूदती हैं।

सर्वनाम-पूर्ववर्ती समझौता

सर्वनाम को लिंग और संख्या में अपने पूर्ववृत से सहमत होना चाहिए। पूर्ववर्ती वह शब्द है जिसका संदर्भ सर्वनाम से होता है।

उदाहरणः

एकवचनः उसे अपनी किताब बहुत पसंद है।

बहुवचनः उन्हें अपनी किताबें बहुत पसंद हैं।

क्रिया काल

क्रियाएँ किसी क्रिया के समय या होने की स्थिति का संकेत देती हैं। आपके लेखन में स्पष्टता और निरंतरता बनाए रखने के लिए क्रिया काल को समझना महत्त्वपूर्ण है। मुख्य क्रिया काल हैं-

वर्तमानः वर्तमान में होने वाली गतिविधियों को इंगित करता है (उदाहरण के लिए, वह लिखती है)।

भूतः अतीत में घटित कार्यों को इंगित करता है (उदाहरण के लिए, उसने लिखा)।

भविष्यः भविष्य में होने वाले कार्यों को इंगित करता है (उदाहरण के लिए, वह लिखेगी)।

पूर्ण वर्तमानः उन कार्यों को इंगित करता है जो अतीत में शुरू हुए और वर्तमान में जारी हैं (उदाहरण के लिए, उसने लिखा है)।

सक्रिय और निष्क्रिय शैली

सक्रिय स्वर में वाक्य का विषय क्रिया करता है। निष्क्रिय शैली में, विषय को क्रिया प्राप्त होती है। सक्रिय शैली को आम तौर पर इसकी स्पष्टता और प्रत्यक्षता के लिए पसंद किया जाता है।

उदाहरण:

सक्रिय शैलीः रसोइये ने भोजन तैयार किया।

निष्क्रिय शैलीः भोजन रसोइये द्वारा तैयार किया गया था।

वाक्य अंश

वाक्य खंड एक अधूरा वाक्य होता है जिसमें विषय, विधेय या दोनों का अभाव होता है। टुकड़ों से बचें क्योंकि वे आपके लेखन के प्रवाह और स्पष्टता को बाधित कर सकते हैं।

उदाहरण:

अंशः अपनी बस का इंतज़ार कर रहा हूँ। (कोई विषय नहीं)

टुकड़ाः बाड़ के ऊपर से कूद गया। (कोई विषय नहीं)

समानांतर संरचना

समानांतर संरचना में एक वाक्य में तत्वों के लिए समान व्याकरणिक संरचना का उपयोग करना शामिल है, जैसे किसी सूची में आइटम। समानांतरता स्पष्टता और पठनीयता को बढ़ाती है।

उदाहरण:

गैर-समानांतरः उसे लंबी पैदल यात्रा, तैराकी और दौड़ पसंद है।

समानांतरः उसे लंबी पैदल यात्रा, तैराकी और दौड़ना पसंद है।

विराम चिह्न की मूल बातें

वाक्य संरचना और व्याकरण अवधारणाओं में महारत हासिल करने के अलावा, प्रभावी लेखन के लिए विराम चिह्न को समझना आवश्यक है। विराम चिह्न अर्थ बताने, वाक्यों को स्पष्ट करने और पढ़ने का सहज अनुभव बनाने में मदद करते हैं। यहाँ कुछ मौलिक विराम चिह्न और उनके उपयोग दिए गए हैं-

पूर्ण विराम (।)

पूर्ण विराम का उपयोग घोषणात्मक या अनिवार्य वाक्य को समाप्त करने के लिए किया जाता है।

उदाहरणः

वह दुकान पर गयी।

प्रश्न चिह्न (?)

प्रश्न चिह्न का प्रयोग प्रश्नवाचक वाक्य को समाप्त करने के लिए किया जाता है।

उदाहरणः

क्या आपने फिल्म देखी?

विस्मयादिबोधक चिह्न (!)

विस्मयादिबोधक चिह्न का प्रयोग विस्मयादिबोधक वाक्य को समाप्त करने के लिए किया जाता है।

उदाहरणः

कितना सुंदर सूर्यास्त है!

अल्पविराम (,)

अल्पविराम के विभिन्न उपयोग होते हैं, जिनमें किसी सूची में वस्तुओं को अलग करना, परिचयात्मक तत्त्वों को अलग करना और मिश्रित वाक्यों में उपवाक्यों को अलग करना शामिल है।

उदाहरणः

उसने सेब, केले और संतरे खरीदे।

बारिश के बाद, आसमान साफ हो गया।

उसे तैरना पसंद है, लेकिन उसे दौड़ना पसंद नहीं है।

अर्धविराम (;)

अर्धविराम का उपयोग दो निकट से संबंधित स्वतंत्र उपवाक्यों को एक वाक्य में जोड़ने के लिए किया जाता है।

उदाहरणः

उसे पढ़ना पसंद है; उनकी पसंदीदा शैली विज्ञान कथा है।

अपूर्ण विराम (:)

किसी सूची, स्पष्टीकरण या उद्धरण का परिचय देने के लिए अपूर्ण विराम या कोलन का उपयोग किया जाता है।

उदाहरणः

उसके तीन लक्ष्य थेः यात्रा करना, एक नई भाषा सीखना और एक उपन्यास लिखना।

प्रोफेसर ने कहाः "कृपया अपना कार्य शुक्रवार तक सौंप दें।"

उद्धरण चिह्न ("")

उद्धरण चिह्नों का उपयोग प्रत्यक्ष वाक्य या उद्धरण संलग्न करने के लिए किया जाता है।

उदाहरणः

उसने कहा, "मैं दोपहर तक वहाँ पहुँच जाऊँगी।"

योजक (-)

योजक या हाइफन का उपयोग यौगिक संज्ञा, विशेषण और संख्याओं में शब्दों को जोड़ने के लिए किया जाता है।

उदाहरणः

सु-प्रसिद्ध

सु-संस्कार

वियोजक (—)

किसी वाक्य के भीतर जानकारी पर जोर देने या स्पष्टीकरण देने के लिए वियोजक या डैश का उपयोग किया जाता है।

उदाहरणः

वह एक चीज़ चाहती थी—आज़ाद होना।

पदलोप (...)

पदलोप का उपयोग किसी उद्धरण में छोड़े गए शब्दों को इंगित करने या संवाद में विराम लगाने या पीछे हटने के लिए किया जाता है।

उदाहरणः

"मैं दुकान पर गया, और...मुझे वह मिल गया।"

"ठीक है, मैंने सोचा..."

कोष्ठक ( )

कोष्ठक का उपयोग एक वाक्य के भीतर अतिरिक्त जानकारी या स्पष्टीकरण संलग्न करने के लिए किया जाता है।

उदाहरणः

उनका जन्म जयपुर (राजस्थान) में हुआ था।

सामान्य व्याकरण संबंधी कठिनाइयाँ

अब जब आप आवश्यक व्याकरण अवधारणाओं और विराम चिह्नों की बुनियादी बातों से परिचित हो गए हैं, तो आइए कुछ सामान्य व्याकरण संबंधी नुकसानों का पता लगाएँ जिनसे बचना चाहिए-

वाक्य अंशः जैसा कि पहले उल्लेख किया गया है, वाक्य खंडों में विषय, विधेय या दोनों का अभाव है। सुनिश्चित करें कि आपके द्वारा लिखा गया प्रत्येक वाक्य पूर्ण हो और एक स्पष्ट विचार व्यक्त करता हो।

अल्पविराम विभाजनः अल्पविराम त्रुटियों के लिए अपने वाक्यों की जाँच करें। स्वतंत्र उपवाक्यों को अलग करने के लिए उचित विराम चिह्नों या संयोजनों का उपयोग करें।

विषय-क्रिया समझौताः यह सुनिश्चित करने के प्रति सतर्क रहें कि विषय और क्रियाएँ संख्या में समान हों। एकवचन विषय में एकवचन क्रिया होनी चाहिए, और बहुवचन विषय में बहुवचन क्रिया होनी चाहिए।

गलत स्थान पर और लटकते संशोधकः संशोधक को उन शब्दों के पास रखा जाना चाहिए जिन्हें वे संशोधित करते हैं। सावधान रहें कि उन्हें गलत स्थान पर रखकर या उन्हें लटकता हुआ छोड़कर भ्रम पैदा न करें।

उदाहरण (गलत संशोधक):

तेजी से दौड़ते हुए कुत्ते ने गेंद का पीछा किया। (इससे पता चलता है कि कुत्ता तेजी से दौड़ रहा है।)

उदाहरण (लटकने वाला संशोधक):

कड़ी मेहनत से पढ़ाई करने के बाद परीक्षा में सफल हो गई। (इससे पता चलता है कि परीक्षा में कठिन अध्ययन किया गया था।)

अस्पष्टताः ऐसे वाक्यों से बचें जिनकी व्याख्या अस्पष्ट वाक्यांश या अस्पष्ट सर्वनाम संदर्भों के कारण कई तरीकों से की जा सकती है।

उदाहरण (अस्पष्ट सर्वनाम संदर्भ):

उसने अपनी किताब अपनी सहेली को दे दी क्योंकि उसने उसे ख़त्म कर लिया था। (किताब किसने ख़त्म की?)

अधूरी तुलनाः तुलना करते समय, सुनिश्चित करें कि अपूर्ण तुलनाओं से बचने के लिए तुलना किए जा रहे सभी तत्वों को शामिल किया गया है।

उदाहरण (अपूर्ण तुलना):

वह अपनी बहन से लंबी है। (उसकी बहन से लंबाई क्या है?)

समानांतर संरचना का अभावः सहज प्रवाह बनाने और पठनीयता बढ़ाने के लिए सूचियों और श्रृंखलाओं में समानांतर संरचना बनाए रखें।

उदाहरण (गैर-समानांतर संरचना):

उसे लंबी पैदल यात्रा, बाइक चलाना और तैरना पसंद है। (सही किया गयाः उसे लंबी पैदल यात्रा, बाइकिंग और तैराकी पसंद है।)

निष्क्रिय शैली का अत्यधिक उपयोगः जबकि निष्क्रिय शैली का अपना स्थान है, इसका अत्यधिक उपयोग आपके लेखन को कम आकर्षक बना सकता है। सक्रिय और निष्क्रिय निर्माणों के बीच संतुलन के लिए प्रयास करें।

उदाहरण (निष्क्रिय शैली का अति प्रयोग):

किताब उसके द्वारा पढ़ी गई थी। (सही किया गयाः उसने किताब पढ़ी।)

अंत में, व्याकरण की बुनियादी बातों में महारत हासिल करना एक अच्छा लेखक बनने की राह पर एक आवश्यक कदम है। व्याकरण सिद्धांतों की मजबूत पकड़ आपको स्पष्ट, प्रभावी ढंग से और विश्वसनीयता के साथ संवाद करने में सक्षम बनाती है। जबकि व्याकरण जटिल हो सकता है, याद रखें कि यह एक कौशल है जो अभ्यास और निरंतर सीखने से बेहतर होता है। जैसे-जैसे आप इन व्याकरण अवधारणाओं को अपने लेखन में शामिल करते हैं, आप पाएँगे कि आपका लेखन आपके पाठकों के लिए अधिक परिष्कृत, अधिक पेशेवर और अधिक आकर्षक हो गया है।

8

लेखक अवरोध पर प्रभावी विजय

लेखक का अवरोध—एक दुर्जय प्रतिद्वंद्वी जिसका सामना प्रत्येक लेखक को अपनी रचनात्मक यात्रा में किसी-न-किसी बिंदु पर करना पड़ता है। यह एक असहयोगी मन की पीड़ादायक चुप्पी से जूझते हुए, एक खाली पन्ने को घूरने की निराशाजनक अनुभूति है। फिर भी, लेखक की रुकावट एक बड़ी बाधा नहीं होनी चाहिए। इस अध्याय में, हम लेखक के अवरोध की पेचीदगियों पर गौर करेंगे, इसके कारणों की खोज करेंगे और, सबसे महत्त्वपूर्ण बात, इस पर विजय पाने और आपके रचनात्मक रस को प्रवाहित रखने के लिए कई प्रभावी रणनीतियाँ उजागर करेंगे।

लेखक अवरोध को समझना

लेखक अवरोध एक ऐसी स्थिति है जहाँ एक लेखक अस्थायी रूप से नया काम करने में असमर्थ होता है या अपने आउटपुट की गुणवत्ता और मात्रा में महत्त्वपूर्ण कमी का अनुभव करता है। यह अकसर निराशा, आत्म-संदेह और चिंता की भावनाओं के साथ होता है। जबकि लेखक अवरोध प्रत्येक व्यक्ति के लिए अलग-अलग रूप से प्रकट हो सकता है, सामान्य लक्षणों में शामिल हैं-

- बिना कुछ लिखे किसी खाली पन्ने को लंबे समय तक घूरते रहना।
- लेखन कार्य से अभिभूत महसूस करना।
- लेखन पर ध्यान केंद्रित करने में असमर्थता।
- आत्म-आलोचना और अपर्याप्तता की भावना।
- टालमटोल करना और लिखने से पूरी तरह बचना।
- विचार उत्पन्न करने या प्रेरणा ढूँढने में कठिनाई।

लेखक अवरोध के कारण

लेखक का अवरोध लेखन प्रक्रिया के किसी भी चरण में, विचार-मंथन से लेकर अंतिम संपादन तक, प्रभावित कर सकता है। मूल कारणों को समझने से आपको इससे निपटने के लिए प्रभावी रणनीति तैयार करने में मदद मिल सकती है। यहाँ लेखक अवरोध के कुछ सामान्य कारण दिए गए हैं-

असफलता का डरः यह डर कि आपका लेखन आपकी या दूसरों की अपेक्षाओं पर खरा नहीं उतरेगा, रचनात्मकता को पंगु बना सकता है।

पूर्णतावादः अपने लेखन में पूर्णता के लिए प्रयास करने से आत्म-आलोचना और अत्यधिक सोच हो सकती है, जिससे विचारों के प्रवाह में बाधा आ सकती है।

प्रेरणा की कमीः कभी-कभी, आपको लिखने के लिए प्रेरणा नहीं मिल पाती है।

अभिभूतः जब किसी बड़े या जटिल लेखन प्रोजेक्ट का सामना करना पड़ता है, तो आप अभिभूत महसूस कर सकते हैं, जिससे इसे शुरू करना मुश्किल हो जाता है।

आत्म-संदेहः अपनी लेखन क्षमताओं पर संदेह करने से आपका आत्मविश्वास कम हो सकता है और आपकी प्रगति में बाधा आ सकती है।

बाहरी दबावः बाहरी कारक, जैसे समय सीमा या अनुमोदन की आवश्यकता, तनाव पैदा कर सकते हैं और रचनात्मकता को बाधित कर सकते हैं।

बर्नआउटः लेखन बर्नआउट, अकसर अधिक काम करने या आत्म-देखभाल की कमी के कारण होता है, जिसके परिणामस्वरूप मानसिक थकावट हो सकती है और रचनात्मकता कम हो सकती है।

लेखक अवरोध पर विजय पानाः प्रभावी रणनीतियाँ

अब जब हमें लेखक के अवरोध और इसके संभावित कारणों की स्पष्ट समझ हो गई है, तो आइए इस पर प्रभावी ढंग से विजय पाने के लिए कई रणनीतियों का पता लगाएँ।

1. स्वतंत्र लेखन

लेखक अवरोध को तोड़ने के लिए स्वतंत्र लेखन एक शक्तिशाली तकनीक है। बिना किसी निर्णय या व्याकरण, संरचना या सुसंगतता की चिंता किए लिखने के लिए एक विशिष्ट समय निर्धारित करें। जो भी मन में आए उसे लिखें, भले ही वह आपके प्रोजेक्ट से असंबंधित लगे। स्वतंत्र लेखन आपको अपने अवचेतन तक पहुँचने और रचनात्मकता को प्रोत्साहित करने में मदद कर सकता है।

2. यथार्थवादी लक्ष्य निर्धारित करें

अपने लेखन सत्रों के लिए अवास्तविक अपेक्षाएँ रखने से बचें। पूरे अध्याय या निबंध को पूरा करने का लक्ष्य रखने के बजाय, छोटे, प्राप्त करने योग्य लक्ष्य निर्धारित करें। उदाहरण के लिए, एक निश्चित संख्या में शब्द लिखने या किसी विशिष्ट अनुभाग को पूरा करने का लक्ष्य रखें। अपनी प्रेरणा बढ़ाने के लिए प्रत्येक छोटी जीत का जश्न मनाएँ।

3. एक लेखन दिनचर्या विकसित करें

नियमित लेखन दिनचर्या स्थापित करना लेखक के अवरोध पर काबू पाने में बेहद मददगार हो सकता है। अपने लेखन सत्र के लिए एक विशिष्ट समय और स्थान चुनें और लगातार उसका पालन करें। समय के साथ, यह दिनचर्या आपके मस्तिष्क को संकेत दे सकती है कि यह रचनात्मक होने का समय है।

4. मध्य से शुरू करें

यदि आपको शुरुआत में ही अपना लेखन शुरू करना चुनौतीपूर्ण लगता है, तो बीच में या ऐसे खंड से शुरुआत करें जो आपको प्रेरित करता हो। आप परिचय या अन्य भागों पर बाद में कभी भी लौट सकते हैं। लिखने का कार्य, यहाँ तक कि क्रम से हटकर भी, गति उत्पन्न करने में मदद कर सकता है।

5. अपूर्णता को गले लगाएँ

पूर्णतावाद लेखक के अवरोध का एक सामान्य कारण है। अपने आप को याद दिलाएँ कि आपका पहला ड्राफ्ट दोषरहित नहीं होना चाहिए। लेखन प्रक्रिया के बाद के चरणों में खामियों और संशोधनों को आने दें। शुरुआत में अपने विचारों को कागज़ पर उतारने पर ध्यान दें।

6. प्रेरणा पाएँ

विभिन्न स्रोतों से प्रेरणा लें। ऐसी किताबें, लेख या कविता पढ़ें जो आपके अनुरूप हों। कला, प्रकृति, या संगीत का अन्वेषण करें। कभी-कभी, दृश्यों में बदलाव या कोई नया अनुभव रचनात्मकता को जगा सकता है।

7. संकेतों का प्रयोग करें

लेखन संकेत आपके लेखन के लिए एक संरचित प्रारंभिक बिंदु प्रदान करते हैं। वे रिक्त पृष्ठ को बायपास करने और आपकी रचनात्मकता को बढ़ावा देने में आपकी सहायता कर सकते हैं। आप ऑनलाइन संकेत पा सकते हैं या उन तथ्यों या विषयों के आधार पर अपना स्वयं का संदेश बना सकते हैं जिन्हें आप एक्सप्लोर करना चाहते हैं।

8. एक माइंड मैप बनाएँ

माइंड मैपिंग एक दृश्य तकनीक है जो आपके विचारों को व्यवस्थित करने और विचार उत्पन्न करने में आपकी सहायता कर सकती है। किसी केंद्रीय अवधारणा या विषय से शुरुआत करें और संबंधित विचारों को आगे बढ़ाएँ। इससे आपको जुड़ाव देखने और रचनात्मक सोच को गति देने में मदद मिल सकती है।

9. चेतना की धारा का अभ्यास करें

स्वतंत्र लेखन के समान, चेतना लेखन की धारा में जो कुछ भी मन में आता है उसे लिखना शामिल होता है, लेकिन आपके आंतरिक विचारों और भावनाओं के उत्पन्न होने पर उन्हें पकड़ने पर विशेष ध्यान दिया जाता है। यह एक चिकित्सीय अभ्यास हो सकता है और इससे अप्रत्याशित रचनात्मक अंतर्दृष्टि भी प्राप्त हो सकती है।

10. ब्रेक लें

जब आप फँस जाएँ तो अपने लेखन से दूर हो जाना फायदेमंद हो सकता है। अपने दिमाग को साफ करने के लिए छोटे-छोटे ब्रेक लें। टहलने जाएँ, कुछ हल्का व्यायाम करें, या किसी अलग रचनात्मक गतिविधि में संलग्न हों। नए दृष्टिकोण के साथ अपने लेखन की ओर लौटने से अकसर अवरोध टूट सकता है।

11. सहयोग करें और चर्चा करें

अपनी लेखन परियोजनाओं के बारे में साथी लेखकों या दोस्तों के साथ चर्चा में शामिल हों। अपने विचारों और चुनौतियों को साझा करने से नए दृष्टिकोण और अंतर्दृष्टि मिल सकती हैं। सहयोगात्मक विचार-मंथन सत्र विचारों को उत्पन्न करने और रचनात्मक बाधाओं को दूर करने में मदद कर सकते हैं।

12. माइंडफुलनेस का अभ्यास करें

माइंडफुलनेस तकनीकें, जैसे ध्यान और गहरी साँस लेना, तनाव और चिंता को कम करने में मदद कर सकती हैं, जो लेखक के अवरोध में आम योगदानकर्ता हैं। शांत और केंद्रित दिमाग विकसित करने के लिए अपनी दिनचर्या में माइंडफुलनेस प्रथाओं को शामिल करें।

13. फीडबैक लें

कभी-कभी, अपना काम दूसरों के साथ साझा करना, यहाँ तक कि शुरुआती चरण में भी, मूल्यवान प्रतिक्रिया और प्रेरणा प्रदान कर सकता है। अपने लेखन पर नए दृष्टिकोण प्राप्त करने के लिए लेखन समूहों में शामिल हों या विश्वसनीय साथियों या गुरुजन से प्रतिक्रिया लें।

14. अपना लेखन वातावरण बदलें

दृश्यों में बदलाव आपकी रचनात्मकता को बढ़ा सकता है। यदि संभव हो, तो अलग-अलग स्थानों पर लिखें—चाहे वह कॉफी शॉप हो, पार्क हो, या पुस्तकालय हो। नया वातावरण आपकी इंद्रियों को उत्तेजित कर सकता है और नए विचारों को प्रेरित कर सकता है।

15. एक लेखन पत्रिका रखें

अपने विचारों, टिप्पणियों और तथ्यों को रिकॉर्ड करने के लिए एक लेखन पत्रिका बनाए रखें। यह प्रेरणा के भंडार के रूप में और लेखक रुकावट आने पर सामग्री के स्रोत के रूप में काम कर सकती है।

16. लेखन अभ्यास का प्रयोग करें

विशिष्ट कौशल या चुनौतियों को लक्षित करने के लिए डिज़ाइन किए गए लेखन अभ्यास और संकेत—लेखक अवरोध पर काबू पाने में मूल्यवान उपकरण हो सकते हैं। व्यायाम आपको अपने लेखन के विशेष पहलुओं; जैसे संवाद, पात्र विकास, या वर्णनात्मक भाषा पर ध्यान केंद्रित करने में मदद कर सकते हैं।

17. अपने प्रोजेक्ट को छोटे-छोटे कार्यों में बाँटें

अपने लेखन प्रोजेक्ट को छोटे, प्रबंधनीय कार्यों में विभाजित करें। एक समय में एक अनुभाग या पहलू को पूरा करने पर ध्यान दें। इन छोटे-छोटे लक्ष्यों को हासिल करने से

आपका आत्मविश्वास और प्रेरणा बढ़ सकते हैं।

18. सफलता की कल्पना करें

परिकल्पना कई सफल लेखकों द्वारा उपयोग की जाने वाली एक तकनीक है। स्वयं को लेखन कार्य में, रचनात्मकता के प्रवाह में डूबे हुए और अपने प्रोजेक्ट को आसानी से पूरा करते हुए चित्रित करें। परिकल्पना मानसिक बाधाओं को दूर करने और आत्मविश्वास बनाने में मदद कर सकती है।

19. लेखन संकेतों का प्रयोग करें

जब आप फँसा हुआ महसूस कर रहे हों तो संकेत लिखना एक संरचित प्रारंभिक बिंदु प्रदान कर सकता है। वे आपके प्रोजेक्ट के लिए विशिष्ट या असंबंधित हो सकते हैं। कुछ समय के लिए किसी भिन्न विषय पर लिखने से आपके मुख्य प्रोजेक्ट के लिए आपकी रचनात्मकता को मुक्त करने में मदद मिल सकती है।

20. संशोधन को गले लगाएँ

याद रखें कि लेखन एक प्रक्रिया है, और पहले ड्राफ्ट को संशोधित किया जाना चाहिए। शुरुआत में सही वाक्य बनाने पर ध्यान न दें। अपने विचारों को कागज़ पर उतारें और बाद में उन्हें परिष्कृत करें। यह जानकर कि आप अपने काम में सुधार कर सकते हैं, शुरू से ही त्रुटिहीन लिखने का दबाव कम हो सकता है।

निष्कर्षतः, लेखक अवरोध एक चुनौती है जिसका सामना सभी लेखक करते हैं, चाहे उनका अनुभव या प्रतिभा कुछ भी हो। इसे धैर्य, आत्म-करुणा और विभिन्न रणनीतियों के साथ प्रयोग करने की इच्छा के साथ करना आवश्यक है। ध्यान रखें कि लेखक का अवरोध अपर्याप्तता का संकेत नहीं है, बल्कि रचनात्मक प्रक्रिया का एक स्वाभाविक हिस्सा है। जैसे-जैसे आप इन रणनीतियों को लागू करते हैं और नियमित रूप से लिखना जारी रखते हैं, आप पाएँगे कि लेखक का अवरोध एक दुर्गम बाधा के बजाय एक अस्थायी बाधा बन जाता है। अंत में, लिखने का कार्य, सुधार करने की आपकी प्रतिबद्धता के साथ, लेखक अवरोध के खिलाफ आपका सबसे शक्तिशाली हथियार होगा। लिखते रहें, खोज करते रहें और अपनी रचनात्मक क्षमता पर विश्वास कभी न खोएँ।

९
सशक्त कथानक तैयार करना

एक आकर्षक और सम्मोहक कथानक तैयार करना महान कहानी कहने के केंद्र में है। एक अच्छी तरह से संरचित कथानक पाठकों को अपनी सीटों से चिपकाए रखता है और वे अगला पृष्ठ पलटने के लिए उत्सुक रहते हैं।

एक सशक्त कथानक का महत्त्व

इससे पहले कि हम आलेखन तकनीकों में उतरें, आइए समझें कि एक मजबूत कथानक आपके लेखन के लिए क्यों महत्त्वपूर्ण है-

जुड़ावः एक अच्छी तरह से संरचित कथानक पाठकों को आपकी कहानी से जोड़े रखता है और वे उसे पूरा पढ़ जाने को उत्सुक रहते हैं। यह उन्हें पढ़ते रहने का एक कारण प्रदान करता है।

भावनात्मक जुड़ावः एक सम्मोहक कथानक पाठकों को आपकी कहानी के पात्रों और घटनाओं के साथ भावनात्मक रूप से जोड़ता है। उन्हें उत्सुकता रहती है कि आगे क्या होगा।

संघर्ष और समाधानः एक कथानक संघर्ष और उसके समाधान के इर्द-गिर्द घूमता है। यह तनाव और पूर्वानुमान पैदा करता है, जिससे आपकी कहानी अधिक संतोषजनक हो जाती है।

संरचनाः एक मजबूत कथानक आपकी कथा को संरचना प्रदान करता है। यह आपको अपने विचारों को व्यवस्थित करने और घटनाओं के सुसंगत प्रवाह को सुनिश्चित करने में मदद करता है।

स्मरणीयताः यादगार कहानियों में अकसर यादगार कथानक होते हैं। एक अनोखा या अच्छी तरह से क्रियान्वित कथानक आपके काम को विशिष्ट बना सकता है।

अब जब हम एक मजबूत कथानक के महत्त्व को समझते हैं, तो आइए कुछ कथानक तकनीकों का पता लगाएँ जो आपको रोचक रचना तैयार करने में मदद करेंगी।

1. एक सम्मोहक विचार से शुरुआत करें

प्रत्येक महान कथानक की शुरुआत एक सम्मोहक विचार या अवधारणा से होती है। यह "क्या होगा अगर" परिदृश्य, किसी परिचित विषय पर एक अनोखा मोड़, या एक दिलचस्प सवाल हो सकता है। इस बारे में सोचें कि एक लेखक के रूप में आपको क्या उत्साहित करता है और आपका मानना है कि क्या आपके पाठकों को आकर्षित करेगा। एक बार जब आपके पास अपना विचार हो, तो इसे एक केंद्रीय अवधारणा के रूप में विकसित करें जो आपकी कहानी को आगे बढ़ाएगी।

2. अच्छी तरह से परिभाषित पात्र बनाएँ

पात्र आपके कथानक का हृदय हैं। विशिष्ट व्यक्तित्व, प्रेरणा और खामियों के साथ पूरी तरह से विकसित पात्र विकसित करें। उनकी इच्छाओं और डर को समझें, और विचार करें कि वे कथानक के साथ कैसे बातचीत करेंगे। जब आपके पात्र अच्छी तरह से परिभाषित होते हैं, तो उनके कार्य और निर्णय स्वाभाविक रूप से कहानी के विकास में योगदान देंगे।

3. अपने कथानक की रूपरेखा तैयार करें

लिखना शुरू करने से पहले अपने कथानक की रूपरेखा तैयार करने से आपका बहुत सारा समय और निराशा बच सकती है। एक मोटी रूपरेखा बनाएँ जिसमें मुख्य कथानक बिंदु, प्रमुख घटनाएँ और आपकी कहानी का समग्र निचोड़ शामिल हो। यह एक रोडमैप के रूप में काम करेगा जो लेखन प्रक्रिया में आपका मार्गदर्शन करेगा। हालाँकि, यदि आपकी कहानी अप्रत्याशित लेकिन रोमांचक मोड़ लेती है, तो अपनी रूपरेखा से भटकने से न डरें।

4. संघर्ष और तनाव पैदा करें

संघर्ष वह इंजन है जो आपकी कहानी को संचालित करता है। यह तनाव पैदा करता है और पाठकों को बाँधे रखता है। अपने पात्रों के लिए आंतरिक और बाह्य दोनों संघर्षों का परिचय दें। आंतरिक संघर्षों में नैतिक दुविधाएँ शामिल हो सकती हैं, जबकि बाहरी संघर्षों में शारीरिक बाधाएँ या प्रतिकूलताएँ हो सकती हैं। इन संघर्षों के बीच परस्पर क्रिया आपके कथानक को आगे बढ़ाती रहेगी।

5. पूर्वाभास का प्रयोग करें

पूर्वाभास पाठकों की जिज्ञासा को जगाने और पूर्वानुमान पैदा करने का एक शक्तिशाली उपकरण है। अपनी कहानी में भविष्य की घटनाओं के बारे में सूक्ष्म संकेत या सुराग छोड़ें। इससे न केवल पाठक अनुमान लगाते रहते हैं, बल्कि जब वे बाद में बिंदुओं को जोड़ते हैं तो उन्हें अपनी चतुराई का एहसास भी होता है जो उन्हें प्रोत्साहित करता है।

6. त्रिदृश्य संरचना को नियोजित करें

त्रिदृश्य संरचना एक क्लासिक कहानी कहने की रूपरेखा है जो कई प्रकार के कथानकों के लिए अच्छी तरह से काम करती है। यह होते हैं-

दृश्य 1 (सेटअप): अपने पात्रों, परिवेश और केंद्रीय संघर्ष का परिचय दें। दृश्य 1 के अंत तक, एक स्पष्ट मोड़ आना चाहिए जो कहानी को आगे बढ़ाता है।

दृश्य 2 (टकराव): यह आपकी कहानी का सबसे लंबा हिस्सा है। यह वह जगह है जहाँ आपके पात्रों को चुनौतियों का सामना करना पड़ता है, विकास का अनुभव होता है और केंद्रीय संघर्ष बढ़ता है।

दृश्य 3 (समाधान): केंद्रीय संघर्ष को हल करें और ढीले छोरों को बाँधें। अपने पाठकों को एक संतोषजनक निष्कर्ष प्रदान करें।

7. सम्मोहक सबप्लॉट बनाएँ

सबप्लॉट या उपकथानक आपकी कहानी में गहराई और जटिलता जोड़ते हैं। ये पात्र-विकास के अवसर प्रदान करते हैं और दिलचस्प तरीकों से मुख्य कथानक के साथ जुड़ सकते हैं। हालाँकि, सुनिश्चित करें कि सबप्लॉट केंद्रीय कहानी को खराब करने के बजाय उसे बढ़ाते हैं।

8. प्लॉट ट्विस्ट का उपयोग करें

कथानक में उतार-चढ़ाव अप्रत्याशित घटनाक्रम हैं जो पाठकों को चौंका सकते हैं और मंत्रमुग्ध कर सकते हैं। वे पाठकों की उम्मीदों पर पानी फेर सकते हैं और आपके कथानक में जटिलता की परतें जोड़ सकते हैं। कथानक में ट्विस्ट का उपयोग करते समय, सुनिश्चित करें कि वे विश्वसनीय हों और कहानी में उनका कोई उद्देश्य हो।

9. गति बनाए रखें

कहानी के लिए गति महत्त्वपूर्ण है। शांत, चिंतनशील दृश्यों के साथ उच्च तनाव और कार्रवाई के क्षणों को संतुलित करें। महत्त्वपूर्ण घटनाओं में जल्दबाजी न करें, लेकिन लंबे समय तक ठहराव से भी बचें। जरूरत पड़ने पर पाठकों को साँस लेने का मौका देते हुए कहानी को आगे बढ़ाते रहें।

10. दिखाओ, मत बताओ

कहानी कहने के सबसे बुनियादी सिद्धांतों में से एक "बताना" के बजाय "दिखाना" है। पाठकों को केवल यह बताने के बजाय कि क्या हो रहा है, उन्हें कहानी में डुबोने के लिए वर्णनात्मक भाषा, क्रिया और संवाद का उपयोग करें। उन्हें पात्रों के साथ-साथ कथानक का भी अनुभव करने दें।

11. फ्लैशबैक का संयम से उपयोग करें

पूर्व कथा सुनाने या पात्र प्रेरणाओं को प्रकट करने के लिए फ्लैशबैक एक उपयोगी उपकरण हो सकता है। हालाँकि, उनका संयम से उपयोग करें और सुनिश्चित करें कि वे कथानक को आगे बढ़ाने में एक विशिष्ट उद्देश्य की पूर्ति करें। अत्यधिक या खराब तरीके से निष्पादित फ्लैशबैक कहानी के प्रवाह को बाधित कर सकते हैं।

12. ऊँचे दाँव लगाएँ

अपने पात्रों को खोने या पाने के लिए कुछ महत्त्वपूर्ण कार्य सौंपें। ऊँचे दाँव पाठकों को तत्काल कहानी के साथ जोड़ लेते हैं। चाहे वह व्यक्तिगत लक्ष्य हों, रिश्ते हों, या जीवन-मृत्यु की स्थिति; दाँव स्पष्ट और सार्थक होने चाहिए।

13.यादगार चरमोत्कर्ष विकसित करना

चरमोत्कर्ष या क्लामेक्स आपकी कहानी के तनाव और संघर्ष का चरम है। यह वह क्षण है जिसका पाठक बेसब्री से इंतजार करते हैं। सुनिश्चित करें कि चरमोत्कर्ष भावनात्मक रूप से संतोषजनक और बाकी कथानक के साथ तार्किक रूप से सुसंगत हो। इसे केंद्रीय संघर्ष को इस तरह से हल करना चाहिए कि यह सुसंगत और सार्थक लगे।

14. समापन प्रदान करें

चरमोत्कर्ष के बाद, अपने पाठकों के लिए समापन की पेशकश करें। ढीले सिरों को बाँधें, लंबित प्रश्नों के उत्तर दें, और समाधान प्रस्तुत करें। पाठकों को यह महसूस होना चाहिए कि आपके पात्रों के साथ उन्होंने जो यात्रा शुरू की थी वह एक संतुष्टिदायक निष्कर्ष पर पहुँची है।

15. फीडबैक लें

एक बार जब आप अपना कथानक तैयार कर लें, तो पाठकों या लेखन साथियों से प्रतिक्रिया लें। वे गति, कथानक की खामियों और पात्र विकास के बारे में मूल्यवान अंतर्दृष्टि प्रदान कर सकते हैं जहाँ शायद आप चूक गए हों। अपने कथानक को निखारने और मजबूत करने के लिए उनकी प्रतिक्रिया का उपयोग करें।

16. संशोधन और संपादन

एक महान कथानक लिखने के लिए अकसर कई संशोधनों की आवश्यकता होती है। संपादन चरण के दौरान, अपने कथानक की निरंतरता, गति संबंधी मुद्दों और उन क्षेत्रों की जाँच करें जिनमें सुधार किया जा सकता है। यदि यह समग्र कहानी प्रस्तुत करता है तो महत्त्वपूर्ण परिवर्तन करने से न डरें।

अंत में, एक सम्मोहक कथानक के साथ कहानी बनाना एक पुरस्कृत लेकिन चुनौतीपूर्ण प्रयास है। इसके लिए सावधानीपूर्वक योजना, अपने पात्रों के प्रति समर्पण और कहानी कहने के सिद्धांतों की गहरी समझ की आवश्यकता होती है। इन कथानक तकनीकों को लागू करके और अपने शिल्प को लगातार निखारते हुए, आप ऐसे कथानक तैयार कर सकते हैं जो पाठकों को उत्सुकता से पन्ने पलटने पर मजबूर कर देंगे, यह जानने के लिए उत्सुक होंगे कि आगे क्या होता है। याद रखें कि कहानी सुनाना एक कला है, और किसी भी कला की तरह, इसमें महारत हासिल करने के लिए अभ्यास और दृढ़ता की आवश्यकता होती है। तो, आगे बढ़ें और अपनी कहानी तैयार करें, और अपनी कल्पना को पाठकों को एक रोमांचक यात्रा पर ले जाने दें जिसे वे जल्द ही नहीं भूलेंगे।

10

वर्णनात्मक कल्पना की शक्ति

लेखन के क्षेत्र में, ज्वलंत और विचारोत्तेजक कल्पना बनाने की क्षमता एक शक्तिशाली कौशल है जो पाठकों को दूसरी दुनिया में ले जा सकती है, शक्तिशाली भावनाएँ पैदा कर सकती है और कहानियों को जीवंत बना सकती है। चाहे आप एक उपन्यास, एक कविता, एक निबंध, या लिखित अभिव्यक्ति का कोई भी रूप तैयार कर रहे हों, वर्णनात्मक कल्पना आपकी तूलिका है, और पाठक के दिमाग का खाली कैनवास आपका कैनवास है।

वर्णनात्मक कल्पना का महत्त्व

वर्णनात्मक कल्पना पाठकों के मन में संवेदी अनुभव पैदा करने के लिए शब्दों और भाषा का उपयोग करने की साहित्यिक तकनीक है। यह शब्दों के साथ चित्र बनाने, गंध, स्वाद, बनावट, ध्वनि और दृश्यों का आह्वान करने के बारे में है जो पाठकों को आपके द्वारा गढ़ी गई दुनिया में डुबो देती है। यहाँ कुछ प्रमुख कारण बताए गए हैं कि लेखन में वर्णनात्मक कल्पना क्यों आवश्यक है-

जुड़ावः ज्वलंत कल्पना पाठकों को मोहित करती है और उन्हें बाँधे रखती है। आप जो वर्णन कर रहे हैं, जब पाठक उसे देख, सुन और महसूस कर सकते हैं, तो वे कहानी में सक्रिय भागीदार बन जाते हैं।

भावनाः अच्छी तरह से तैयार की गई कल्पना शक्तिशाली भावनाएँ पैदा कर सकती है। यह आपको न केवल किसी दृश्य के भौतिक पहलुओं को बल्कि मनोदशा और माहौल को भी व्यक्त करने की अनुमति देती है, जो पाठकों के साथ गहराई से जुड़ सकती है।

स्मरणीयताः पाठक उन कहानियों को याद रखते हैं जो स्थायी प्रभाव पैदा करती हैं। विचारोत्तेजक कल्पना आपके लेखन को यादगार बनाती है, और पाठकों द्वारा आपके काम को याद रखने और उसकी अनुशंसा करने की अधिक संभावना होती है।

स्पष्टताः वर्णनात्मक कल्पना पाठकों को जटिल परिवेश, पात्रों और कार्यों को देखने और समझने में मदद करके स्पष्टता बढ़ाती है। यह आपके लेखन को और अधिक सुलभ

बनाती है।

कल्पनाः अच्छी वर्णनात्मक कल्पना पाठकों की कल्पनाओं को संलग्न करती है, जिससे उन्हें प्रत्येक व्यक्ति के लिए अद्वितीय मानसिक छवियाँ बनाने में मदद मिलती है। यह लेखक और पाठक के बीच एक सहयोगात्मक प्रक्रिया का निर्माण करती है।

अब, आइए आपके लेखन में वर्णनात्मक कल्पना की शक्ति का उपयोग करने की तकनीकों का पता लगाएँ।

वर्णनात्मक कल्पना निर्माण की तकनीकें

वर्णनात्मक कल्पना निर्माण की कुछ प्रमुख और उपयोगी तकनीकें निम्नलिखित हैं-

इंद्रियों को संलग्न करें

पाँच इंद्रियाँ—दृष्टि, ध्वनि, गंध, स्वाद और स्पर्श—को आकर्षित करना वर्णनात्मक कल्पना में मौलिक है। न केवल पात्र जो देखते हैं उसका वर्णन करें बल्कि यह भी बताएँ कि वे क्या सुनते हैं, सूँघते हैं, चखते हैं और महसूस करते हैं। संवेदी विवरण पाठकों को एक सर्वगुणसंपन्न और गहन अनुभव प्रदान करते हैं।

उदाहरणः "जंगल में अँधेरा था" के बजाय, आप लिख सकते हैं, "जंगल गहरे हरे रंग का एक चित्रपट था, जहाँ पत्ते सरसराहट से रहस्यों को फुसफुसाते थे, और नम काई युक्त मिट्टी की गंध हवा में फैली हुई थी।"

ठोस और विशिष्ट भाषा का प्रयोग करें

अस्पष्ट या अमूर्त शब्दों को ठोस, विशिष्ट और सटीक भाषा से बदलें। "एक कार" कहने के बजाय, इसे "एक चिकनी सिलवर सेडान" के रूप में वर्णित करें। विशिष्ट विवरण आपकी कल्पना को अधिक ज्वलंत और यादगार बनाते हैं।

उदाहरणः "उसने एक पोशाक पहनी थी" के बजाय, आप लिख सकते हैं, "उसने फूलों से भरा हुआ, लाल रंग का एक रेशमी गाउन पहना था।"

रूपक और उपमाएँ

आकर्षक कल्पना बनाने के लिए रूपक और उपमा शक्तिशाली उपकरण हैं। एक रूपक सीधे तौर पर एक चीज़ को दूसरे के साथ तौलता है, जबकि एक उपमा तुलना करने के लिए "जैसा" या "तरह" शब्द का उपयोग करती है। वे आपके विवरण में गहराई और परतें जोड़ सकते हैं।

रूपक का उदाहरणः "उसकी हँसी एक राग थी जो कमरे में नाच रही थी।"

उपमा का उदाहरणः "उसकी आँखें सूरज की रोशनी में हीरे की तरह चमकती थीं।"

दिखाओ, मत बताओ

वर्णनात्मक लेखन का सुनहरा नियम है "दिखाओ, बताओ मत।" पाठकों को किसी पात्र की भावनाओं या परिवेश के बारे में बताने के बजाय, उन भावनाओं को कार्यों, संवाद और संवेदी विवरण के माध्यम से दिखाएँ।

बतानाः "वह उदास थी।"

दिखानाः "उसकी आँखों में आँसू आ गए, और उसके कंधे झुक गए।"

ज्वलंत परिवेश बनाएँ

परिवेश केवल पृष्ठभूमि से कहीं अधिक होते हैं; वे अपने आप में पात्र हो सकते हैं। परिवेश का वर्णन इस प्रकार करें कि वह कहानी का अभिन्न अंग बन जाए। उन विवरणों पर ध्यान दें जो मूड और माहौल तय करते हैं।

उदाहरणः "यह एक कैफे था" के बजाय, आप लिख सकते हैं, "कैफे शहर के एक वीरान कोने पर स्थित था, इसका आरामदायक इंटीरियर एंबर लटकन रोशनी की गर्म चमक में नहाया हुआ था।"

पात्र परिचय

पात्रों का परिचय देते समय, स्पष्ट चित्र चित्रित करने के लिए वर्णनात्मक कल्पना का उपयोग करें। विशिष्ट शारीरिक लक्षणों, तौर-तरीकों और पहनावे पर ध्यान दें। विचार करें कि ये विवरण कहानी में उनके व्यक्तित्व या भूमिका को कैसे दर्शाते हैं।

उदाहरणः "वह लंबा था" के बजाय, आप लिख सकते हैं, "वह दूसरों से ऊँचा था, उसके चौड़े कंधे एक सिले हुए काले सूट से ढँके हुए थे।"

प्रतीकवाद का प्रयोग करें

प्रतीकवाद कल्पना के माध्यम से गहरे अर्थ व्यक्त करने का एक शक्तिशाली तरीका है। आपकी कहानी में वस्तुएँ, जानवर या तत्व अमूर्त अवधारणाओं या विषयों के प्रतीक हो सकते हैं। यह आपके लेखन में गहराई की परतें जोड़ता है।

उदाहरणः किसी पात्र के कमरे में मुरझाए गुलाब की बार-बार आने वाली छवि खोए हुए प्यार या लुप्त होती आशा की प्रतीक हो सकती है।

बदलाव के दृष्टिकोण

परिचित दृश्यों या वस्तुओं पर नए दृष्टिकोण प्रदान करने के लिए बदलाव करें। विभिन्न पात्रों की आँखों से चीजों को देखने से कहानी की दुनिया के नए पहलू सामने आ सकते हैं।

उदाहरणः एक बच्चे के दृष्टिकोण से जंगल का वर्णन करें, आश्चर्य और खोज पर जोर दें, और फिर एक बुजुर्ग के दृष्टिकोण से, ज्ञान और पुरानी यादों पर जोर दें।

भावना पर निर्माण

भावनाएँ वर्णनात्मक कल्पना के केंद्र में हैं। अपने आस-पास की दुनिया के बारे में उनकी धारणा को रंगीन करने के लिए पात्रों की भावनात्मक स्थिति का उपयोग करें। एक उदास व्यक्ति को बरसात का दिन उदासी भरा लग सकता है, जबकि एक आनंदमय व्यक्ति को यह ताज़गी भरा लग सकता है।

उदाहरणः "लगातार मूसलाधार बारिश हो रही थी, जो उसके दुःख के बोझ को दर्शा रही थी।"

विरोधाभास बनाएँ

विरोधाभास आपके विवरण को अधिक जीवंत और प्रभावशाली बना सकते हैं। मतभेदों को उजागर करने और तनाव या आश्चर्य पैदा करने के लिए तुलना का प्रयोग करें।

उदाहरणः "शांत झील क्षुब्ध आकाश को चित्रित कर रही थी, इसकी शांति उभरते तूफान के बिल्कुल विपरीत थी।"

लय और ध्वनि का उपयोग

अपने शब्दों की लय और ध्वनि पर विचार करें। आपके वाक्यों का प्रवाह और ताल भावनाएँ पैदा कर सकता है और गति या शांति की भावना पैदा कर सकता है।

उदाहरणः "लहरें किनारों पर रहस्य फुसफुसाती हैं, उनकी कोमल लोरी थकी हुई आत्माओं को सुखदायक बनाती हैं।"

पुनः देखें और संशोधित करें

प्रभावी वर्णनात्मक कल्पना तैयार करने के लिए अकसर संशोधन की आवश्यकता होती है। एक दृश्य लिखने के बाद, आलोचनात्मक दृष्टि से उसे दोबारा देखें। क्या ऐसे स्थान हैं जहाँ आप अधिक संवेदी विवरण जोड़ सकते हैं या रूपक और उपमा के उपयोग में सुधार कर सकते हैं? इस प्रक्रिया में जल्दबाजी न करें; अपनी कल्पना को परिष्कृत करने से आपका लेखन काफी उन्नत हो सकता है।

अंत में, वर्णनात्मक कल्पना एक साहित्यिक महाशक्ति है जो आपके लेखन को सांसारिक से यादगार में बदल सकती है। चाहे आप फिक्शन, नॉन-फिक्शन, कविता, या गद्य का कोई अन्य रूप लिख रहे हों, शब्दों के साथ चित्र बनाने की क्षमता एक अमूल्य कौशल है। इंद्रियों को शामिल करके, ठोस भाषा का उपयोग करके, रूपकों और उपमाओं को नियोजित करके, और इस अध्याय में चर्चा की गई तकनीकों का अभ्यास करके, आप वर्णनात्मक कल्पना की शक्ति का उपयोग सम्मोहक कथानकों को तैयार करने के लिए कर सकते हैं जो पाठकों के साथ गूँजते हैं, एक स्थायी प्रभाव छोड़ते हैं और उन्हें आगे बढ़ने के लिए आमंत्रित करते हैं। जो दुनिया आपने बनाई है। तो, अपनी कलम उठाएँ और अपने पाठकों के दिमाग के कैनवास को ऐसे शब्दों से रँग दें जो उन्हें आपकी कल्पना के असाधारण दायरे में ले जाएँगे।

11

संवाद और विराम चिह्न

संवाद कहानी कहने की आधारशिला है। यह वह माध्यम है जिसके माध्यम से पात्र संवाद करते हैं, अपने व्यक्तित्व को प्रकट करते हैं, कथानक को आगे बढ़ाते हैं और कथा को जीवंत बनाते हैं। हालाँकि, सम्मोहक संवाद लिखना केवल इस बारे में नहीं है कि पात्र क्या कहते हैं—यह इस बारे में भी है कि आप इसे कैसे प्रस्तुत करते हैं। संवाद और विराम चिह्न यह सुनिश्चित करने में महत्त्वपूर्ण भूमिका निभाते हैं कि आपकी बातचीत स्वाभाविक रूप से चलती रहे और उसका पालन करना आसान हो।

संवाद और विराम चिह्न की भूमिका

संवाद और विराम चिह्न के लेखन में आवश्यक कार्य ये हैं-

विशेषताएँः संवाद बोले गए शब्दों का श्रेय विशिष्ट पात्रों को देते हैं, जिससे यह स्पष्ट होता है कि कौन बोल रहा है। उनके बिना पाठक वक्ता की पहचान को लेकर भ्रमित हो सकते हैं।

पात्र-चित्रणः पात्रों के बोलने का तरीका, जैसा कि संवाद के माध्यम से बताया गया है, उनकी भावनाओं, व्यक्तित्व और रिश्तों को प्रकट कर सकता है। उदाहरण के लिए, एक पात्र जो अकसर व्यंग्य या हास्य का उपयोग करता है, उसे उनके संवाद के माध्यम से पहचाना जा सकता है।

गतिः संवाद के भीतर विराम चिह्न बातचीत की लय और गति को प्रभावित करते हैं। अल्पविराम, पूर्ण विराम, वियोजक और पदलोप सभी संवाद के प्रवाह को प्रभावित कर सकते हैं।

स्पष्टताः सही विराम चिह्न यह सुनिश्चित करता है कि पाठक वाक्य के इच्छित अर्थ को समझें। गलत स्थान पर या गायब विराम चिह्न से भ्रम की स्थिति पैदा हो सकती है।

जोरः विराम चिह्नों का प्रभावी उपयोग संवाद के भीतर कुछ शब्दों या वाक्यांशों पर जोर देकर उनके महत्त्व को उजागर कर सकता है।

आइए संवाद और विराम चिह्न में महारत हासिल करने के प्रमुख घटकों पर गौर करें।

संवाद

संवाद ऐसे शब्द या वाक्यांश हैं जिनका उपयोग यह बताने के लिए किया जाता है कि कौन बोल रहा है। हालाँकि वे स्पष्टता के लिए आवश्यक हैं, लेकिन अपने लेखन में एकरसता से बचने के लिए उनका विवेकपूर्ण और रचनात्मक रूप से उपयोग करना महत्त्वपूर्ण है। यहाँ विचार करने योग्य कुछ प्रमुख पहलू दिए गए हैं-

"कहा या कहना" एक बहुमुखी और विनीत संवाद है। हालाँकि आप "फुसफुसाया," "चिल्लाया," या "उदास" जैसे पर्यायवाची शब्दों का उपयोग कर सकते हैं, लेकिन याद रखें कि "कहा" अकसर कथा में सहजता से घुल-मिल जाता है और अनुचित ध्यान आकर्षित नहीं करता है।

उदाहरणः "मैं इस पर विश्वास नहीं कर सकती," उसने कहा।

एक्शन बीट्स का उपयोग करें: एक्शन बीट्स क्रियाएँ या विवरण हैं जो संवाद की पंक्तियों के बीच रखे जाते हैं। वे वाक्य को जिम्मेदार ठहराने और किसी दृश्य में गति या संदर्भ जोड़ने के दोहरे उद्देश्य को पूरा करते हैं।

उदाहरणः "मैं इस पर विश्वास नहीं कर सकती।" उसने हताशा में अपने हाथ ऊपर उठा दिये।

संवाद में संयम से बदलाव करें: जबकि "कहा" एक विश्वसनीय विकल्प है, स्वर या भावना व्यक्त करने के लिए कभी-कभी अन्य संवाद का उपयोग करना भी स्वीकार्य है। बस सावधान रहें कि इनका अत्यधिक उपयोग न करें, क्योंकि यह ध्यान भटकाने वाला हो सकता है।

उदाहरणः "मैं इस पर विश्वास नहीं कर सकती," उसने चिल्लाकर कहा।

स्पष्टता को प्राथमिकता दें: संवाद का प्राथमिक उद्देश्य यह स्पष्ट करना है कि कौन बोल रहा है। रचनात्मकता पर स्पष्टता को हमेशा प्राथमिकता दी जानी चाहिए। वक्ता के लिंग को लेकर पाठकों को कभी भी भ्रमित नहीं करना चाहिए।

उदाहरणः "मैं इस पर विश्वास नहीं कर सकता," वह बोला।

उदाहरणः "मैं इस पर विश्वास नहीं कर सकती," वह बोली।

क्रियाविशेषण सीमित करें: संवाद में क्रियाविशेषणों के अति प्रयोग से बचें (उदाहरण के लिए, "गुस्से में कहा," "धीरे से कहा")। इसके बजाय, पात्र के शब्दों और कार्यों के माध्यम से भावना या स्वर को व्यक्त करने का लक्ष्य रखें।

उदाहरणः "मैं इस पर विश्वास नहीं कर सकता," उसने काँपती आवाज़ में कहा।

संवाद विराम चिह्न

यह सुनिश्चित करने के लिए कि पाठक बातचीत के प्रवाह और अर्थ को समझें, उचित विराम चिह्न महत्त्वपूर्ण हैं। संवाद में विराम चिह्न लगाने के लिए यहाँ आवश्यक नियम दिए गए हैं-

उद्धरण चिह्नः बोले गए शब्दों को संलग्न करने के लिए दोहरे उद्धरण चिह्न ("") का उपयोग करें। संवाद में उद्धृत पाठ के लिए, दोहरे उद्धरण चिह्नों के भीतर एकल उद्धरण चिह्न ('') का उपयोग करें।

उदाहरणः "मैंने कहा, 'कृपया रुकें।'"

संवादः जब कोई संवाद टैग संवाद का अनुसरण करता है, तो बोले गए शब्दों को टैग से अलग करने के लिए अल्पविराम का उपयोग करें। अल्पविराम को समापन उद्धरण चिह्न के अंदर रखें।

उदाहरणः "मैं इस पर विश्वास नहीं कर सकती," उसने कहा।

अंतिम विराम चिह्नः यदि संवाद से संबंधित है तो अंतिम विराम चिह्न (पूर्ण विराम, प्रश्न चिह्न, या विस्मयादिबोधक) को समापन उद्धरण चिह्न के अंदर रखा जाना चाहिए। यदि विराम चिह्न आसपास के वाक्य का हिस्सा है, तो इसे समापन उद्धरण चिह्न के बाहर रखें।

उदाहरणः "क्या यह आपका है?" उसने पूछा। (प्रश्न चिह्न संवाद से संबंधित है)

उदाहरणः क्या उसने कहा, "मैं घर आ रही हूँ"? (प्रश्न चिह्न आसपास के वाक्य का हिस्सा है)

अलग पैराग्राफः जब कोई भिन्न पात्र बोलता है तो एक नया पैराग्राफ शुरू करें। इससे पाठकों को वक्ताओं के बीच अंतर करने में मदद मिलती है और संवाद का पालन करना आसान हो जाता है।

उदाहरणः

"मैं नहीं जानता," कमल ने कहा।

"ठीक है, तुम्हें पता लगाना चाहिए," कीर्ति ने उत्तर दिया।

बाधित संवादः बाधित या अधूरे वाक्य को इंगित करने के लिए वियोजक (-) या पदलोप (...) का उपयोग करें। वियोजक और पदलोप के बीच का चुनाव रुकावट या ठहराव की डिग्री पर निर्भर करता है।

उदाहरण (वियोजक): "मैं बस कोशिश कर रहा था-"

उदाहरण (पदलोप): "मैं बस कोशिश कर रहा था..."

संवाद के भीतर उद्धरणः जब कोई पात्र अपने वाक्य में कुछ या किसी को उद्धृत करता है, तो आंतरिक उद्धरण के लिए एकल उद्धरण चिह्नों का उपयोग करें।

उदाहरणः "उसने मुझसे कहा, 'मैं नौ बजे वहाँ पहुँच जाऊँगा।'"

विचार बनाम बोले गए शब्दः यदि किसी पात्र के विचार इटैलिक में प्रस्तुत किए जाते हैं, तो आपको उद्धरण चिह्नों की आवश्यकता नहीं है। हालाँकि, यदि कोई पात्र कुछ सोचता है और फिर उसे ज़ोर से कहता है, तो बोले गए शब्दों के लिए इटैलिक और उद्धरण चिह्न दोनों का उपयोग करें।

उदाहरणः वह गंभीर नहीं हो सकता।

उदाहरणः उसने सोचा, वह गंभीर नहीं हो सकता। "क्या आप गंभीर हैं?"

विस्मयादिबोधक और प्रश्न चिह्नः संवाद के भीतर उत्साह या पूछताछ के लिए आवश्यकतानुसार विस्मयादिबोधक बिंदु और प्रश्न चिह्न का उपयोग करें। ध्यान रखें कि इनका अति प्रयोग न करें।

उदाहरण (विस्मयादिबोधक): "वाह! यह अविश्वसनीय है!"

उदाहरण (प्रश्न): "इससे आपका क्या मतलब है?"

संवाद और विराम चिह्न के लिए उन्नत तकनीकें

एक बार जब आप संवाद और विराम चिह्न की बुनियादी बातों में महारत हासिल कर लेते हैं, तो अपने पात्र की बातचीत में गहराई और सूक्ष्मता जोड़ने के लिए इन उन्नत तकनीकों पर विचार करें-

उपपाठ और निहित संवादः पात्र हमेशा वही नहीं कहते जो उनका मतलब है। उपपाठ या सबटेक्स्ट में अंतर्निहित भावनाओं, इरादों, या संघर्षों को उन चीज़ों के माध्यम से, या उनके अशाब्दिक संकेतों के माध्यम से व्यक्त करना शामिल है, जो पात्र नहीं कहते हैं। संवाद और विराम चिह्न सबटेक्स्ट को संप्रेषित करने के लिए शक्तिशाली उपकरण हो सकते हैं।

उदाहरणः "मैं ठीक हूँ" उसने कहा। उसकी आवाज़ धीमी थी और वह उससे नजरें चुरा रही थीं।

संवाद के रूप में मौनः कभी-कभी, पात्र जो नहीं कहना चुनते हैं वह उतना ही महत्वपूर्ण होता है जितना वे कहते हैं। मौन या झिझक के क्षणों पर जोर देने के लिए संवाद और विराम चिह्न का उपयोग करें।

उदाहरणः उसने बोलने के लिए अपना मुँह खोला लेकिन उसे बंद कर दिया, अनकहे शब्द हवा में ही झूल गए।

विस्मयादिबोधक और वियोजकः प्रामाणिक, गतिशील संवाद बनाने के लिए, विस्मयादिबोधक और वियोजक शामिल करें। ये बातचीत में यथार्थवाद जोड़ सकते हैं और पात्रों के बीच की गतिशीलता को प्रकट कर सकते हैं।

उदाहरण (विस्मयादिबोधक): "मैं सोच रहा था कि हम कर सकते हैं-"

"बिलकुल नहीं!" उसने हस्तक्षेप किया।

उदाहरण (वियोजक): "मैं सोच रहा था कि हम कर सकते हैं-"

"लेकिन हमारे पास पहले से ही आज रात की योजना है।"

अनकहे विचारों के लिए संवादः कभी-कभी, किसी पात्र के अनकहे विचारों या प्रतिक्रियाओं को व्यक्त करने के लिए, उनकी आंतरिक दुनिया में अंतर्दृष्टि प्रदान करने के लिए संवाद का उपयोग करें।

उदाहरणः "मुझे विश्वास नहीं हो रहा कि तुमने ऐसा किया," उसने सोचा, उसकी आँखें सिकुड़ रही थीं।

अरेखीय संवादः अरेखीय संवाद के साथ प्रयोग जो सख्त आगे-पीछे पैटर्न का पालन नहीं करता है। इससे कुछ दृश्यों में तात्कालिकता या अराजकता की भावना पैदा हो सकती है।

उदाहरणः "आप क्या हैं-"

"उसे मत छुओ!"

"में समझा सकता हूँ-"

आवाज़ और शैलीः किसी पात्र की आवाज़ और शैली से मेल खाने के लिए संवाद तैयार करें। किसी पात्र के बोलने के अनूठे तरीके को उसके संवाद के माध्यम से सुदृढ़ किया जा सकता है।

उदाहरण (व्यंग्यात्मक पात्र): "ज़रूर, मुझे आप पर विश्वास है," उसने अपनी आँखें घुमाते हुए कहा।

संवाद और विराम चिह्न का संपादन और संशोधन

संवाद और विराम चिह्नों के प्रभावी उपयोग के लिए सावधानीपूर्वक संपादन और संशोधन की आवश्यकता होती है। आपके संवाद को परिष्कृत करने की चरण-दर-चरण प्रक्रिया यहाँ दी गई है-

ज़ोर से पढ़ें: अपने संवाद को ज़ोर से पढ़ें ताकि यह सुनिश्चित हो सके कि यह स्वाभाविक रूप से प्रवाहित हो। बातचीत की गति, ठहराव और लय पर ध्यान दें।

स्पष्टता की जाँच करें: सत्यापित करें कि पाठक प्रत्येक एक्सचेंज में वक्ता को आसानी से पहचान सकते हैं। यदि कोई अस्पष्टता है, तो संवाद संशोधित करें या स्पष्ट संदर्भ जोड़ें।

अतिरेक हटाएँ: अनावश्यक क्रियाविशेषण या अत्यधिक वर्णनात्मक संवाद हटाएँ। भावना और लहज़े को व्यक्त करने के लिए अपने संवाद और परत्र के कार्यों पर भरोसा करें।

भिन्न संवाद : "कहा" जैसे दोहराव वाले टैग के लिए अपने संवाद की समीक्षा करें और विचार करें कि क्या विविधता के लिए अन्य टैग या एक्शन बीट्स का उपयोग किया जा सकता है।

उपपाठ का मूल्यांकन करें: उपपाठ या अनकहे विचारों को व्यक्त करने के अवसरों के लिए अपने संवाद का विश्लेषण करें। क्या आप उपपाठ को बढ़ाने के लिए संवाद या विराम चिह्न का उपयोग कर सकते हैं?

लय पर विचार करें: संवाद के भीतर विराम चिह्न के उपयोग की जाँच करें। सुनिश्चित करें कि यह उस लय और गति के साथ संरेखित हो जिसे आप प्रत्येक बातचीत में हासिल करना चाहते हैं।

वियोजक के लिए समीक्षाः यदि आपने वियोजक या विस्मयादिबोधक शामिल किए हैं, तो सुनिश्चित करें कि वे संवाद की प्रामाणिकता और गतिशीलता को बढ़ाते हैं।

मित्रों से फीडबैक लें: स्पष्टता, पात्र की आवाज़ और समग्र प्रभावशीलता पर फीडबैक इकट्ठा करने के लिए मित्र पाठकों या समालोचक भागीदारों के साथ अपना संवाद साझा करें।

अंतिम पॉलिशः जैसे-जैसे आप संपादन के अंतिम चरण में पहुँचते हैं, अपने संवाद के विराम चिहन और स्वरूपण पर पूरा ध्यान दें। शैली में एकरूपता और व्याकरण नियमों का पालन सुनिश्चित करें।

सामान्य संवाद विराम चिहन त्रुटियों से बचाव

अपने संवाद की गुणवत्ता बनाए रखने के लिए, इन सामान्य विराम चिहन त्रुटियों पर ध्यान दें-

गुम उद्धरण चिहनः बोले गए शब्दों को हमेशा उद्धरण चिहनों में रखें। ऐसा न करने पर पाठक भ्रमित हो सकते हैं कि क्या बोला गया है और क्या बताया गया है।

गलतः उन्होंने कहा, मैं जल्द ही वहाँ पहुँचूँगा।

सहीः उन्होंने कहा, "मैं जल्द ही वहाँ पहुँचूँगा।"

विराम चिहनों का गलत स्थानः सुनिश्चित करें कि जब संवाद से संबंधित हों तो अल्पविराम और पूर्णविराम को समापन उद्धरण चिहन के अंदर रखा जाए। यदि विराम चिहन संवाद से असंबंधित है, तो उसे उद्धरण चिहन के बाहर रखें।

ग़लतः "क्या आप जाना चाहते हैं"? उसने पूछा। "हाँ", उसने उत्तर दिया।

सहीः "क्या आप जाना चाहते हैं?" उसने पूछा। "हाँ," उसने उत्तर दिया।

गायब संवादः कभी-कभी, लेखक यह मानकर संवाद छोड़ देते हैं कि पाठक वक्ता को आसानी से पहचान लेंगे। हालाँकि, यदि एकाधिक वर्ण मौजूद हों तो इससे भ्रम पैदा हो सकता है।

गलतः "मुझे नहीं पता," उसने कंधे उचकाए। "यह आप पर निर्भर करता है।"

सहीः "मुझे नहीं पता," वह कंधे उचकाते हुए बोली। "यह आप पर निर्भर करता है।"

असंगत विराम चिहनः संवाद के भीतर विराम चिहनों के उपयोग में निरंतरता सुनिश्चित करें। संवाद फॉर्मेटिंग के लिए स्टाइल गाइड या नियमों के सेट पर टिके रहें।

असंगतः "मैं जाने के लिए तैयार हूँ," उन्होंने कहा। "क्या आप?"

निरंतरताः "मैं जाने के लिए तैयार हूँ," उन्होंने कहा, "क्या आप?"

अंत में, संवाद और विराम चिहन प्रभावी कहानी कहने के गुमनाम नायक हैं। जब कुशलता से उपयोग किया जाता है, तो वे पात्र विकास को बढ़ाते हैं, सबटेक्स्ट को संप्रेषित करते हैं, गति को नियंत्रित करते हैं और आपके लेखन में स्पष्टता सुनिश्चित करते हैं। जैसे-जैसे आप अपनी कला को निखारते हुए आगे बढ़ते हैं, संवाद की बारीकियों पर ध्यान दें, विभिन्न तकनीकों के साथ प्रयोग करें और सबसे महत्वपूर्ण बात, अपने पात्रों की आवाज़ को चमकने दें। संवाद और विराम चिहन की कला में महारत हासिल करके, आप ऐसी बातचीत बनाएँगे जो पाठकों को पसंद आएगी, उन्हें अपनी कहानी में डुबो देंगे और उन्हें उत्सुकता से पन्ने पलटने पर मजबूर कर देंगे। इसलिए, इस अध्याय से सीख लें और अपने पात्रों की शैली को अपनी कहानियों में सच होने दें।

12

गतिशील कथा संरचनाएँ

कहानी कहने की कला में शब्दों को एक पन्ने पर उकेरने के अलावा और भी बहुत कुछ शामिल है; इसमें एक सम्मोहक कथा तैयार करना शामिल है जो पाठकों को शुरू से अंत तक बाँधे रखती है। गतिशील कथा संरचनाएँ मनोरंजक कहानी कहने की रीढ़ हैं। वे गति निर्धारित करती हैं, महत्त्वपूर्ण जानकारी प्रकट करती हैं, और आपके लेखन में सामंजस्य की भावना पैदा करती हैं।

कथा संरचना के मायने

कथात्मक संरचना वह ढाँचा है जो आपकी कहानी को एक साथ रखता है। यह घटनाओं, दृश्यों और कथानक तत्त्वों की व्यवस्था है जो पाठकों को आपकी कथा यात्रा में मार्गदर्शन करता है। यहाँ बताया गया है कि कथा संरचना को समझना और उसमें महारत हासिल करना कितना महत्त्वपूर्ण है-

जुड़ावः एक अच्छी तरह से संरचित कथा पाठकों को कहानी में व्यस्त और उलझाए रखती है। यह क्रम और सुसंगतता की भावना प्रदान करती है, जिससे पाठकों के लिए इसका अनुसरण करना आसान हो जाता है।

गतिः वर्णनात्मक संरचना आपकी कहानी की गति को नियंत्रित करती है। यह आपको तनाव और विश्राम के क्षणों को संतुलित करने में सहयोग करती है, जिससे यह सुनिश्चित होता है कि पाठक पूरे समय उससे जुड़े रहें।

पात्र विकासः प्रभावी कथा संरचनाएँ पात्रों के क्रमिक विकास में सहायक होती हैं, जिससे उन्हें बढ़ने, बदलने और चुनौतियों का सामना करने का मौका मिलता है।

जानकारी प्रकट करनाः यह आपको रणनीतिक रूप से जानकारी प्रकट करने में सक्षम बनाती है। आप चुन सकते हैं कि कब और कैसे महत्त्वपूर्ण विवरणों का खुलासा करना है, रहस्य और साज़िश पैदा करना है।

भावनात्मक प्रभावः एक अच्छी तरह से संरचित कथा पाठकों में शक्तिशाली भावनाएँ पैदा कर सकती है। यह सुनिश्चित करती है कि चरम क्षण प्रतिध्वनित हों और पात्रों की

भावनात्मक यात्रा प्रामाणिक लगे।

सामान्य कथा संरचनाएँ

इससे पहले कि हम गतिशील कथा संरचनाओं को विकसित करने की रणनीतियों में उतरें, आइए कुछ सामान्य कथा रूपरेखाओं का पता लगाएँ जिन्हें लेखक अकसर नियोजित करते हैं-

रैखिक संरचनाः यह सबसे सीधी कथा संरचना है, जहाँ घटनाएँ शुरू से अंत तक कालानुक्रमिक रूप से सामने आती हैं। यह सरल से लेकर जटिल तक, कई प्रकार की कहानियों के लिए उपयुक्त है।

पत्र-पत्रिका संरचनाः इस प्रारूप में, कहानी को दस्तावेजों, पत्रों, डायरी प्रविष्टियों या अन्य लिखित अभिलेखों की एक श्रृंखला के रूप में प्रस्तुत किया जाता है। यह एक अनूठा नज़रिया प्रदान करता है और पात्रों के साथ घनिष्ठता पैदा कर सकता है।

अरेखीय संरचनाः अरेखीय कथानक—घटनाओं को कालानुक्रमिक क्रम से प्रस्तुत करते हैं। इस संरचना का उपयोग साज़िश पैदा करने, जानकारी को धीरे-धीरे प्रकट करने या वर्तमान पर अतीत की घटनाओं के प्रभाव का पता लगाने के लिए किया जा सकता है।

फ्रेम कथाः एक फ्रेम कथा में एक कहानी या दूसरे के भीतर अंतर्निहित कहानियों का समूह शामिल होता है। यह मुख्य कथा के लिए एक रूपरेखा प्रदान करता है, जो अकसर विभिन्न दृष्टिकोणों या विषयों को पेश करने के लिए एक माध्यम के रूप में कार्य करता है।

मेडियास रेस (मध्य में शुरू): मेडियास रेस एक लैटिन वाक्यांश है जिसका अर्थ है "चीज़ों के बीच में"। लेखन और साहित्य के संदर्भ में, यह एक ऐसी कहानी को संदर्भित करता है जो अपने कथानक के माध्यम से आंशिक रूप से शुरू होती है, जिसमें छूटी हुई घटनाओं को बाद में संवाद, फ्लैशबैक या अन्य तकनीकों के माध्यम से भरा जाता है। यह शुरू से ही पाठकों को बाँधे रखने का एक तरीका है।

गोलाकार संरचनाः एक गोलाकार कथा में, कहानी अंत में अपने शुरुआती बिंदु पर लौटती है, जिससे समापन और समरूपता की भावना पैदा होती है। इसका उपयोग अकसर चक्रीय प्रकृति या पुनरावृत्ति के विषयों को व्यक्त करने के लिए किया जाता है।

एकाधिक दृष्टिकोण (पीओवी): एकाधिक वर्णनकर्ताओं या दृष्टिकोणों वाली कहानियाँ एक ही घटना पर अलग-अलग दृष्टिकोण प्रस्तुत करती हैं। यह संरचना पाठकों को कहानी को विभिन्न कोणों से देखने की अनुमति देती है।

गतिशील कथा संरचनाओं के लिए रणनीतियाँ

अब जब हमने विभिन्न कथा संरचनाओं का पता लगा लिया है, तो आइए गतिशील कथानकों को विकसित करने की रणनीतियों पर गौर करें-

स्पष्ट लक्ष्य बनाएँः इससे पहले कि आप लिखना शुरू करें, अपनी कहानी के व्यापक लक्ष्य की पहचान करें। आप क्या संदेश देना चाहते हैं? आप कौन सा भावनात्मक प्रभाव पैदा करना चाहते हैं? स्पष्ट लक्ष्य रखने से आपको सबसे उपयुक्त कथा संरचना चुनने में मदद

मिलेगी।

एक मजबूत शुरुआत करें: आपकी कहानी की शुरुआत ऐसी हो कि पाठकों का ध्यान आकर्षित हो और उन्हें आपके द्वारा बनाई गई दुनिया से परिचित कराएँ। पाठकों की जिज्ञासा को बढ़ाने के लिए साज़िश, संघर्ष या रहस्य के एक क्षण से शुरुआत करने पर विचार करें।

अच्छी तरह से परिभाषित पात्र विकसित करें: एक सम्मोहक कथा के लिए गतिशील पात्र आवश्यक हैं। सुनिश्चित करें कि आपके पात्रों में विशिष्ट व्यक्तित्व, प्रेरणाएँ और विशेषताएँ हैं। उनकी वृद्धि और विकास संरचना का अभिन्न अंग होना चाहिए।

फ़्लैशबैक का संयम से उपयोग करें: यदि आप फ़्लैशबैक या अरेखीय तत्वों को शामिल करना चुनते हैं, तो उनका रणनीतिक रूप से उपयोग करें। सुनिश्चित करें कि वे प्रवाह को बाधित करने के बजाय कथा को बढ़ाएँ। फ्लैशबैक का उपयोग आवश्यक संदर्भ या पात्र विकास प्रदान करने में होना चाहिए।

पूर्वाभास को गले लगाएँ: पूर्वाभास उम्मीद और साज़िश पैदा कर सकता है। पाठकों को व्यस्त रखने के लिए भविष्य की घटनाओं या खुलासों के बारे में सूक्ष्म संकेत दें। रहस्यों और रोमांचों में पूर्वाभास विशेष रूप से प्रभावी होता है।

बदलती गति: एक गतिशील कथा संरचना तेज़ गति वाले दृश्यों को धीमे, आत्मनिरीक्षण क्षणों के साथ संतुलित करती है। गति में यह भिन्नता पाठकों को पात्र विकास और विषयगत अन्वेषण में सहयोग देते हुए व्यस्त रखती है।

चरमोत्कर्ष विकसित करें: प्रत्येक कहानी को एक चरम क्षण की ओर निर्मित होना चाहिए जहाँ संघर्ष चरम पर आते हैं और महत्त्वपूर्ण निर्णय लिए जाते हैं। चरमोत्कर्ष या क्लाइमेक्स भावनात्मक रूप से प्रभावशाली और कहानी के लिए महत्त्वपूर्ण होना चाहिए।

तनाव और संघर्ष पैदा करें: संघर्ष कहानी कहने की प्रेरक शक्ति है। चाहे वह आंतरिक हो या बाहरी, पात्र संघर्ष रहस्य पैदा करते हैं और पाठक की रुचि बनाए रखते हैं। सुनिश्चित करें कि संघर्ष जल्दी शुरू हो जाएँ और जैसे-जैसे कहानी आगे बढ़े, वे बढ़ते जाएँ।

विषय-वस्तु और रूपांकनों का अन्वेषण: विषय-वस्तु और रूपांकन आपकी कथा में गहराई जोड़ते हैं। प्रतिध्वनि और एकता पैदा करने के लिए पूरी कहानी में उन पर दोबारा गौर करें और उनका पुनः संदर्भ बनाएँ।

पात्रों की विशेषताओं पर विचार: पात्र—परिवर्तन और विकास की यात्रा है। सुनिश्चित करें कि पात्रों की विशेषताएँ कथा की संरचना और विषयों के साथ संरेखित हो। जैसे-जैसे कहानी सामने आती है, पात्रों को बदलना और विकसित होना चाहिए।

सबप्लॉट: सबप्लॉट आपके कथन में जटिलता और गहराई जोड़ सकते हैं। हालाँकि, समग्र संरचना के भीतर उनके एकीकरण का ध्यान रखें। सबप्लॉट को मुख्य कहानी से ध्यान भटकाने के बजाय उसे बढ़ाना चाहिए।

संरचना के साथ प्रयोगः कथा संरचनाओं के साथ प्रयोग करने से न डरें। विचार करें कि एक अलग संरचना आपकी कहानी के प्रभाव को कैसे बढ़ा सकती है। हालाँकि, ध्यान रखें कि प्रयोग को नौटंकी के बजाय कहानी के रूप में प्रस्तुत किया जाना चाहिए।

रिवीजन और पॉलिशः गतिशील कथा संरचनाएँ अकसर पुनरीक्षण के कई दौरों से लाभान्वित होती हैं। सुनिश्चित करें कि संरचना सुसंगत बनी रहे और विभिन्न कथा तत्त्वों के बीच परिवर्तन सहज और तार्किक हो।

अंत में, गतिशील कथा संरचनाएँ आकर्षक कहानी कहने की कुंजी हैं। वे वह ढाँचा प्रदान करती हैं जिस पर आपकी कहानी सामने आती है, जिससे आप गति को नियंत्रित कर सकते हैं, जानकारी प्रकट कर सकते हैं और पाठकों में भावनाएँ पैदा कर सकते हैं। जैसे-जैसे आप अपने कथा कौशल को विकसित करते हैं, अपनी कहानी के लक्ष्यों को सर्वोत्तम ढंग से पूरा करने वाली संरचना को खोजने के लिए विभिन्न संरचनाओं के साथ प्रयोग करें। याद रखें कि कथा संरचना लेखक के टूलकिट में एक शक्तिशाली उपकरण है, और इसमें महारत हासिल करने से आपको ऐसे कथानक तैयार करने में मदद मिलेगी जो आपके पाठकों पर स्थायी प्रभाव छोड़ें। तो, कहानी कहने की कला को अपनाएँ, और अपनी गतिशील कथा संरचनाओं को अपनी कहानियों में जीवन फूँकने दें, पाठकों को कल्पना और भावना की दुनिया में ले जाएँ।

13

दिखाओ, बताओ मतः शब्दों से चित्रकारी

"दिखाओ, बताओ मत" प्रभावी लेखन के मूलभूत सिद्धांतों में से एक है। यह उस लेखन के बीच का अंतर है जो पाठकों को मोहित करता है और वह लेखन जो उन्हें विशिष्ट बना देता है। इस तकनीक में महारत हासिल करके आप अपने पाठकों को अपनी बनाई दुनिया में डुबो सकते हैं, भावनाओं को जगा सकते हैं और ज्वलंत, यादगार अनुभव बना सकते हैं।

"दिखाओ, बताओ मत" की शक्ति

इसके मूल में, "दिखाओ, बताओ मत" आपके पाठकों के लिए एक संवेदी अनुभव बनाने के बारे में है। बस उन्हें यह बताने के बजाय कि क्या हो रहा है या कोई पात्र क्या महसूस करता है, आप शब्दों के साथ एक चित्र बनाते हैं, जिससे पाठकों को कहानी देखने, सुनने, चखने, सूँघने और महसूस करने की अनुमति मिलती है। यहाँ बताया गया है कि यह इतना महत्त्वपूर्ण क्यों है-

संलग्नताः "दिखाओ, बताओ मत" पाठकों को सक्रिय रूप से कहानी में शामिल करता है। निष्क्रिय जानकारी के बजाय, सक्रिय विवरण पाकर वे अपनी कल्पना का उपयोग करते हुए कहानी में भागीदार बन जाते हैं।

भावनाः जब आप दिखाते हैं, तो आपके पाठक भावनाओं का प्रत्यक्ष अनुभव करते हैं। वे आपके पात्रों के साथ-साथ दुःख, खुशी, भय या उत्तेजना महसूस करते हैं, जिससे एक गहरा संबंध बनता है।

जीवंतताः दिखाने से ज्वलंत मानसिक छवियाँ बनती हैं। पाठक परिवेश, पात्रों और कार्यों की कल्पना कर सकते हैं, जिससे कहानी अधिक यादगार और मनोरंजक बन जाती है।

पात्र विकासः यह आपके पात्र लक्षणों को केवल बताने के बजाय उनके कार्यों, संवाद और विचारों के माध्यम से व्यवस्थित रूप से प्रकट करने में मदद करता है।

सस्पेंस और रहस्यः "दिखाओ, बताओ मत" सस्पेंस पैदा कर सकता है और रहस्य पैदा कर सकता है। जब पाठकों को संवेदी संकेतों से जानकारी को एक साथ जोड़ना होता है, तो वे

कहानी की पहेलियों को सुलझाने में अधिक व्यस्त हो जाते हैं।

"दिखाओ, बताओ मत" की तकनीकें

अब जब हम "दिखाओ, बताओ मत" के महत्त्व को समझते हैं, तो आइए इसे अपने लेखन में प्रभावी ढंग से लागू करने की तकनीकों का पता लगाएँ-

संवेदी विवरण का प्रयोग

अपने पाठकों के लिए एक समृद्ध संवेदी अनुभव बनाने के लिए इंद्रियों को शामिल करें। वर्णन करें कि पात्र क्या देखते हैं, सुनते हैं, चखते हैं, सूँघते हैं और स्पर्श करते हैं। संवेदी विवरण दृश्यों को जीवंत बनाते हैं।

बतानाः कॉफी शॉप आरामदायक थी।

दिखानाः कॉफी शॉप ताज़ी बनी एस्प्रेसो की आनंददायक सुगंध, लोगों की हल्की बातचीत और कर्णप्रिय संगीत के साथ गूँज रही थी।

पात्र क्रियाएँ और शारीरिक भाषा

कार्यों और शारीरिक भाषा के माध्यम से भावनाओं और पात्र लक्षणों को प्रकट करें। दिखाएँ कि पात्र अपने परिवेश और एक-दूसरे के साथ कैसे बातचीत करते हैं। किसी पात्र की घबराई हुई आदत या आत्मविश्वास से भरे कदम बहुत कुछ कह सकते हैं।

बतानाः वह घबराई हुई थी।

दिखानाः उसकी उँगलियाँ मेज पर एक बेचैन लय में थपथपा रही थीं। निगाहें कमरे में चारों ओर घूम रही थीं। आँखें मिलाने से बच रही थ।

संवाद

संवाद दिखाने का एक सशक्त माध्यम है। पात्र संबंधों, संघर्षों और भावनाओं को प्रकट करने के लिए इसका उपयोग करें। पात्रों के शब्द और उनके बोलने का तरीका व्यक्तित्व और मनोदशा को व्यक्त करते हैं।

बतानाः वह गुस्से में था।

दिखानाः "आप यह कैसे कर सकते हैं?" वह गुर्राया, उसकी आँखें लाल भभक रही थीं।

रूपक और उपमाएँ

तुलनाएँ विचारोत्तेजक हो सकती हैं। ज्वलंत कल्पना बनाने और जटिल भावनाओं या अवधारणाओं को व्यक्त करने के लिए रूपकों और उपमाओं का उपयोग करें।

बतानाः उसका दिल टूट गया था।

दिखानाः उसका दिल टूटे हुए शीशे की तरह लग रहा था। हर टुकड़ा हर साँस के साथ और गहरा कट रहा था।

वातावरण में डुबोना

पाठकों को वातावरण में डुबोकर अपनी परिवेश को जीवंत बनाएँ। न केवल भौतिक विशेषताओं का वर्णन करें बल्कि वातावरण, मनोदशा और पात्र अपने परिवेश के साथ कैसे बातचीत करते हैं इसका भी वर्णन करें।

बतानाः वह बरसात का दिन था।

दिखानाः बारिश ने खिड़कियों पर एक उदासी की परत जमा दी। बाहर की दुनिया धुँधली थी। लोग झुके हुए कंधों और उलटे कॉलर किए जल्दी-जल्दी घरों की की ओर लपक रहे थे।

आंतरिक विचार और भावनाएँ

किसी पात्र की भावनाओं को स्पष्ट रूप से बताने के बजाय, उनके विचारों और भावनाओं में गहराई से उतरें। पाठकों को आंतरिक संघर्ष और परिवर्तन का गवाह बनने दें।

बतानाः उसे अँधेरे से डर लगता था।

दिखानाः जैसे ही वह गहरे काले तहखाने में उतरी, उसका दिल तेजी से धड़कने लगा, और हर कदम उसे पाताल में डुबकी लगाने जैसा लगा।

उपपाठ

उपपाठ में अप्रत्यक्ष रूप से, अकसर जो कुछ अनकहा रह जाता है उसके माध्यम से अर्थ स्पष्ट करना शामिल होता है। पात्र जो कुछ कहते हैं, उनका मतलब कुछ और हो सकता है, जिससे तनाव और साज़िश पैदा हो सकती है।

बतानाः उनके बीच तनावपूर्ण संबंध थे।

दिखानाः उनकी मुस्कराहट धीमी थी, उनकी हँसी मजबूर थी, जो उनकी एक समय की घनिष्ठ मित्रता में दरारों को प्रकट कर रही थी।

प्रतीकवाद

अपने लेखन में गहराई और परतें जोड़ने के लिए प्रतीकों का उपयोग करें। ये प्रतीक विषयगत या भावनात्मक भार ले सकते हैं, जिससे पाठक उनके महत्व की भली-भाँति व्याख्या कर सकते हैं, उन्हें समझ सकते हैं।

बतानाः यह आशा का प्रतीक था।

दिखानाः प्रकाशस्तंभ क्षितिज पर लंबा खड़ा था, इसकी तेज किरण अँधेरे को काट रही थी, तूफान में आशा की किरण थी।

सामान्य खतरों से बचाव

जबकि "दिखाओ, बताओ मत" एक शक्तिशाली तकनीक है, इसका विवेकपूर्ण तरीके से उपयोग करना और सामान्य खतरों से बचना आवश्यक है-

अतिविवरणः अत्यधिक संवेदी विवरणों से पाठकों पर दबाव न डालें। सर्वाधिक प्रासंगिक और विचारोतेजक विवरण चुनें जो दृश्य या पात्र को निखारें।

संतुलन का अभावः हालाँकि दिखाना महत्त्वपूर्ण है, फिर भी ऐसे क्षण आते हैं जब बताना उचित होता है। गति बढ़ाने, सारांशित करने या सीधी जानकारी देने के लिए बताने का उपयोग करें।

अतिरेकः ऐसे अनावश्यक विवरणों से बचें जो पहले से निहित बातों को दोहराते हों। अपने पाठकों पर भरोसा रखें कि वे उपपाठ (सबटेक्स्ट) और भावनाओं को स्पष्ट रूप से बताए बिना उन्हें समझ लेंगे।

कमजोर क्रियाएँ और क्रियाविशेषणः "था" जैसी कमजोर क्रियाओं और अत्यधिक क्रियाविशेषणों का प्रयोग आपके लेखन को कमजोर कर सकता है। इसके बजाय, मजबूत क्रियाओं का चयन करें और अर्थ बताने के लिए संदर्भ और क्रिया पर भरोसा करें।

पात्र की शैली को भूल जानाः सुनिश्चित करें कि आपके पात्रों की शैली उनके विचारों और संवाद में आती है। सभी पात्रों को एक जैसा न बनाएँ।

"दिखाओ, बताओ मत" का संपादन और संशोधन

"दिखाओ, बताओ मत" के प्रभावी उपयोग के लिए सावधानीपूर्वक संपादन और संशोधन की आवश्यकता होती है। आपके लेखन को निखारने की चरण-दर-चरण प्रक्रिया यहाँ दी गई है-

पहला ड्राफ्टः अपने शुरुआती ड्राफ्ट में, अपने विचारों को कागज पर उतारने पर ध्यान केंद्रित करें। इस स्तर पर दिखाने बनाम बताने के बारे में ज़्यादा चिंता न करें।

ज़ोर से पढ़ेंः अपनी रचना को ज़ोर से पढ़ें। उन क्षेत्रों को सुनें जहाँ आप अधिक जीवंत अनुभव बनाने के लिए विवरण, क्रियाएँ और संवाद बढ़ा सकते हैं।

बताने को हाइलाइट करेंः अपनी पांडुलिपि देखें और उन अंशों को हाइलाइट करें जहाँ आपने दिखाए जाने के बजाय बताया है। ये वे क्षेत्र हैं जिन पर पुनरीक्षण के दौरान दोबारा विचार किया जाना चाहिए।

प्रत्येक उदाहरण का मूल्यांकन करेंः प्रत्येक हाइलाइट किए गए अनुच्छेद के लिए, मूल्यांकन करें कि क्या बताना सबसे अच्छा तरीका है या क्या आप जानकारी को अधिक प्रभावी ढंग से दिखा सकते हैं।

इंद्रियों को शामिल करेंः सुनिश्चित करें कि आप अपने विवरण में कई इंद्रियों को शामिल करते हैं। दृष्टि और ध्वनि सामान्य हैं, लेकिन जहाँ प्रासंगिक हो स्पर्श, स्वाद और गंध पर विचार करें।

अतिरेक में कटौतीः अनावश्यक विवरण या स्पष्टीकरण में सुधार की आवश्यकता हो तो करें। संदर्भ से अर्थ निकालने के लिए अपने पाठकों पर भरोसा रखें।

संवादः संवाद पर विशेष ध्यान दें। सुनिश्चित करें कि यह केवल जानकारी देने के बजाय पात्र-व्यक्तित्व, रिश्तों और भावनाओं को प्रकट करें।

भावनाओं को गहरा करेंः भावनाओं का चित्रण करते समय, पात्र की आंतरिक दुनिया में गहराई से उतरें। उनके विचारों, शारीरिक संवेदनाओं और आंतरिक प्रतिक्रियाओं का अन्वेषण करें।

प्रतिक्रिया लेंः मित्र पाठकों या समालोचक भागीदारों के साथ अपना काम साझा करें। वे उन क्षेत्रों में मूल्यवान अंतर्दृष्टि प्रदान कर सकते हैं जहाँ आपकी रचना की कमजोर कड़ियाँ होंगी।

निष्कर्षतः, "दिखाओ, बताओ मत" एक लेखन तकनीक है जो अच्छे लेखन को महान लेखन से अलग करती है। यह एक पृष्ठ पर शब्दों को एक जीवित, साँस लेती दुनिया में

बदल देती है जिसमें पाठक जुड़े रह सकते हैं। संवेदी विवरण, पात्र क्रियाएँ, सबटेक्स्ट और अन्य तकनीकों का उपयोग करके, आप ऐसी रचनाएँ तैयार कर सकते हैं जो आपके दर्शकों के साथ गहराई से जुड़ें। तो, "दिखाओ, बताओ मत" की चुनौती को स्वीकार करें और अपने शब्दों को अपने पाठकों के दिमाग में जीवंत, अविस्मरणीय चित्र बनाने दें। जैसे-जैसे आप इस कौशल को परिष्कृत करना जारी रखेंगे, आप पाएँगे कि आपकी कहानी कहने की कला अधिक सम्मोहक हो गई है, आपके पात्र अधिक जीवंत हो गए हैं, और आपके पाठक आपके शब्दों से अधिक मोहित हो गए हैं।

14

प्रामाणिक परिवेश और दुनिया बनाना

एक अच्छी तरह से तैयार किया गया परिवेश पाठकों को नए क्षेत्रों में ले जा सकता है, उन्हें विभिन्न युगों में डुबो सकता है और काल्पनिक दुनिया को जीवंत बना सकता है। प्रामाणिक परिवेश और दुनिया बनाने की क्षमता असाधारण कहानी कहने की पहचान है।

प्रामाणिक परिवेश का महत्त्व

परिवेश उस पृष्ठभूमि के रूप में काम करता है जिस पर आपकी कहानी सामने आती है। वे महज़ भौतिक स्थानों से कहीं अधिक हैं; वे जीवित, साँस लेने वाली संस्थाएँ हैं जो आपकी कथा, पात्रों और विषयों को आकार दे सकती हैं। यहाँ बताया गया है कि प्रामाणिक परिवेश बनाना क्यों मायने रखता है-

पाठक जुड़ावः अच्छी तरह से तैयार किया गया परिवेश पाठकों को एकाग्र करता है। भावनाएँ जगाता है और पाठकों को कहानी में डुबो देता है, जिससे यह एक यादगार अनुभव बन जाता है।

पात्र संपर्कः परिवेश का प्रभाव पात्र के व्यवहार, संवाद और बातचीत पर गहरा पड़ता है। जिस वातावरण में वे रहते हैं वह उनके निर्णयों और रिश्तों को आकार दे सकता है।

विषय-वस्तु और परिवेशः परिवेश आपकी कहानी की विषय-वस्तु और परिवेश में योगदान करता है। वह विषयों को रेखांकित कर सकता है, तनाव पैदा कर सकता है, या एक मूड की रचना कर सकता है जो आपकी रचना का पूरक हो सकता है।

विश्व निर्माणः विज्ञान कथा और फंतासी जैसी विधाओं में विश्व निर्माण आवश्यक है। कहानी को सम्मोहक बनाने के लिए पाठकों को आपके द्वारा बनाई गई दुनिया की प्रामाणिकता पर विश्वास उत्पन्न होना चाहिए।

प्रामाणिक परिवेश बनाने की तकनीकें

ऐसा परिवेश बनाने के लिए जो प्रामाणिक लगे और पाठकों को पसंद आए, इन तकनीकों पर विचार करें-

अनुसंधान

गहन शोध ही प्रामाणिकता की नींव है। चाहे आप ऐतिहासिक कथा, समकालीन नाटक या काल्पनिक कथा लिख रहे हों, आप जिस समय, स्थान या दुनिया का चित्रण कर रहे हैं उसके विवरण में डूब जाएँ। यह शोध आपको उन बारीकियों और विशिष्टताओं को पकड़ने में मदद करता है जो परिवेश को जीवंत बनाती हैं।

उदाहरणः यदि आप किसी मध्ययुगीन गाँव के बारे में लिख रहे हैं, तो उस समय की वास्तुकला, पहनावे, दैनिक जीवन और सामाजिक परिवेश पर शोध करें।

संवेदी विवरण

पाठकों को परिवेश में ले जाने के लिए एकाग्र बनें। न केवल पात्रों जो देखते हुए उनका वर्णन करें बल्कि यह भी बताएँ कि वे क्या सुनते हैं, सूँघते हैं, चखते हैं और स्पर्श करते हैं। संवेदी विवरण एक समृद्ध, गहन अनुभव बनाते हैं।

उदाहरणः "फूलों से भरे बाग ने हवा को भीनी सुगंध, पंछियों के मधुर गीतों और पैरों के नीचे असमान पत्थरों के एहसास से भर दिया।"

पात्र संपर्क

दिखाएँ कि पात्र परिवेश के साथ कैसे संपर्क करते हैं। अपने परिवेश के प्रति प्रतिक्रिया में उनकी प्रतिक्रियाएँ, विचार और भावनाएँ उनके व्यक्तित्व को प्रकट कर सकती हैं और पात्र और परिवेश दोनों के साथ पाठक के संबंध को गहरा कर सकती हैं।

उदाहरणः "वह अँधेरे जंगल के किनारे पर झिझक रही थी, उसका दिल भय और जिज्ञासा के अहसास से धड़क रहा था। ऊँचे पेड़ उन रहस्यों को फुसफुसा रहे थे जिन्हें वह उजागर करना चाहती थी।"

समय और स्थान-विशिष्ट भाषा

उस भाषा का प्रयोग करें जो उस समय और स्थान के लिए विशिष्ट हो जिसका आप चित्रण कर रहे हैं। एक प्रामाणिक भाषाई माहौल बनाने के लिए मुहावरों, कठबोली और बोलियों को शामिल करें।

पात्र का दृष्टिकोण

विचार करें कि किसी पात्र की पृष्ठभूमि और अनुभव परिवेश के बारे में उनकी धारणा को कैसे प्रभावित करते हैं। एक ग्रामीण पात्र किसी हलचल भरे शहर को विस्मय या बेचैनी से देख सकता है, जबकि एक शहरवासी को ग्रामीण इलाका शांत या अलग-थलग लग सकता है।

उदाहरणः "गाँव की लड़की के लिए, शहर की ऊँची गगनचुंबी इमारतें चमकदार और अभिभूत करने वाली थीं, जो उसके गृहनगर के खुले मैदानों और शांत रातों के बिल्कुल विपरीत थीं।"

विश्व निर्माण नियम (काल्पनिक कथा)

काल्पनिक कथा शैलियों में, अपनी काल्पनिक दुनिया के लिए स्पष्ट नियम स्थापित करें और उनका लगातार पालन करें। चाहे वह जादुई प्रणालियाँ हों, राजनीतिक संरचनाएँ हों, या भौतिकी के नियम हों, पाठक के जुड़ाव को सुनिश्चित करने के लिए तर्किकता बनाए रखें।

उदाहरणः एक काल्पनिक दुनिया में, स्थापित करें कि जादू कैसे काम करता है, इसकी सीमाएँ और इसके उपयोग के परिणाम क्या हैं। इन नियमों को पूरी कहानी में लगातार लागू करें।

प्रेरणा के रूप में वास्तविक परिवेश का उपयोग करें

यहाँ तक कि फंतासी या विज्ञान कथा में भी, आप वास्तविक दुनिया के स्थानों से प्रेरणा ले सकते हैं। ऐसा परिवेश बनाने के लिए काल्पनिकता से परिचित तत्त्वों को मिलाएँ जो प्रासंगिक और मनोरम दोनों हों।

उदाहरणः एक भविष्यवादी शहर में दिल्ली की नीयन रोशनी वाली सड़कों और मुंबई की ऊँची गगनचुंबी इमारतों के तत्त्व शामिल हो सकते हैं, लेकिन अद्वितीय, उन्नत तकनीक के साथ।

अपनी दुनिया का मानचित्र बनाएँ

जटिल परिवेश को देखने और उनका वर्णन करने में आपकी सहायता के लिए मानचित्र या आरेख जैसे दृश्य सहायक उपकरण बनाएँ। ये उपकरण निरंतरता सुनिश्चित कर सकते हैं और पाठकों को आपकी काल्पनिक दुनिया के लेआउट को समझने में मदद कर सकते हैं।

सामान्य नुकसान से बचाव

परिवेश तैयार करते समय, इन सामान्य नुकसानों से सावधान रहें-

जानकारी की भरमारः अपने परिवेश के बारे में पाठकों पर एक साथ जानकारी का बोझ डालने से बचें। इसके बजाय, जैसे-जैसे वे प्रासंगिक होते जाएँ, संपूर्ण कथा में विवरण छिड़कें।

विवरण पर अत्यधिक निर्भरताः हालाँकि विवरण महत्त्वपूर्ण हैं, लेकिन उन्हें कथा पर हावी न होने दें। क्रिया, संवाद और पात्र विकास के साथ परिवेश विवरण को संतुलित करें।

विविधता का अभावः अपने लेखन में विभिन्न प्रकार की परिवेश और संस्कृतियों को प्रतिबिंबित करें। विभिन्न परिवेश या पात्रों को चित्रित करते समय रूढ़िवादिता या घिसी-पिटी बातों पर भरोसा करने से बचें।

असंगत विश्व निर्माणः यदि काल्पनिक कथा लिख रहे हैं, तो अपने विश्व निर्माण में निरंतरता बनाए रखें। आपकी दुनिया के नियमों में अचानक, अस्पष्ट परिवर्तन पाठक के जुड़ाव को बाधित कर सकते हैं।

माहौल की उपेक्षाः अपने परिवेश के माहौल और मनोदशा पर ध्यान दें। केवल भौतिक तत्त्वों का वर्णन न करें; पात्रों और पाठकों पर पर्यावरण के भावनात्मक प्रभाव को व्यक्त करें।

प्रामाणिक परिवेश के लिए संपादन और संशोधन

प्रामाणिक परिवेश बनाने के लिए अकसर कई दौर के संशोधन की आवश्यकता होती है। आपकी परिवेश को परिष्कृत करने की चरण-दर-चरण प्रक्रिया यहाँ दी गई है-

अनुसंधान चरणः अपने परिवेश के ऐतिहासिक, सांस्कृतिक, या काल्पनिक तत्त्वों को समझने के लिए गहन शोध से शुरुआत करें।

पहला ड्राफ्टः अपने शुरुआती ड्राफ्ट में, पूर्णता के बारे में ज्यादा चिंता किए बिना अपने विचारों को अमल में लाने पर ध्यान केंद्रित करें।

विवरण सेट करनाः अपने पहले पुनरीक्षण पास के दौरान, विवरण सेट करने पर विशेष ध्यान दें। सुनिश्चित करें कि संवेदी विवरण और पर्यावरण के साथ पात्र की बातचीत अच्छी तरह से एकीकृत है।

भाषा और बोलीः यह सुनिश्चित करने के लिए संवाद और पात्र की बातचीत की समीक्षा करें कि भाषा और बोली—परिवेश और पात्रों की पृष्ठभूमि के अनुरूप हैं।

पात्र दृष्टिकोणः इस बात पर विचार करें कि परिवेश को आपके पात्रों की आँखों से कैसे देखा जाता है। उनके अनूठे दृष्टिकोण और अनुभवों को प्रतिबिंबित करने के लिए संशोधन करें।

नियम और संगतिः यदि काल्पनिक कथा लिख रहे हैं, तो निरंतरता के लिए अपने विश्व निर्माण की जाँच करें। सुनिश्चित करें कि आपकी दुनिया के नियम स्पष्ट हैं और लगातार लागू होते हैं।

मित्र पाठक का फीडबैकः मित्र पाठक या समालोचक भागीदारों के साथ अपना काम साझा करें। वे आपके परिवेश की प्रामाणिकता पर बहुमूल्य प्रतिक्रिया दे सकते हैं और सुधार के लिए सुझाव दे सकते हैं।

अंतिम पॉलिशः अपने अंतिम पुनरीक्षण में, स्पष्टता और प्रभाव के लिए परिवेश विवरण को परिष्कृत करें। सुनिश्चित करें कि परिवेश समग्र कथा को ख़राब करने के बजाय उसे बढ़ाता है।

अंत में, प्रामाणिक परिवेश बनाना एक कला है जो आपकी कहानी कहने को समृद्ध करता है और आपके लेखन को नई ऊँचाइयों तक ले जाती है। चाहे आप पाठकों को ऐतिहासिक युगों, दूर की आकाशगंगाओं, या किसी परिचित शहर की सड़कों पर ले जा रहे हों, प्रामाणिकता के सिद्धांत समान रहते हैं। सूक्ष्म अनुसंधान, संवेदी विवरण, पात्र अंतःक्रिया और सावधानीपूर्वक संशोधन के माध्यम से, आप अपने परिवेश में जान डाल सकते हैं और उसे अपनी कथा का एक अभिन्न अंग बना सकते हैं। इसलिए, विश्व निर्माण और सृजन की स्थापना की चुनौती को स्वीकार करें, और अपने परिवेश को पाठकों को उन स्थानों पर ले जाने दें, जिनकी उन्होंने कभी कल्पना भी नहीं की थी, और उनकी साहित्यिक यात्रा पर एक स्थायी प्रभाव छोड़ें। जैसे-जैसे आप इस कौशल को निखारना जारी रखेंगे, आप पाएँगे कि आपकी कहानियाँ न केवल अधिक प्रभावशाली हैं, बल्कि उन पाठकों के साथ भी अधिक गुंजायमान हैं जो उन्हें अपनाते हैं।

15

अविस्मरणीय कहानी का निर्माण

प्रत्येक महान कहानी अच्छी तरह से तैयार की गई बुनियादी विशेषताओं की नींव पर रची जाती है। कहानी की यह नींव पात्र विकास, कथानक की प्रगति और पाठक जुड़ाव के पीछे प्रेरक शक्ति होती है। पाठकों को मंत्रमुग्ध कर देने वाली कहानी की रचना कैसे करें, आइए पता लगाएँ।

बुनियादी विशेषताओं को समझना

सम्मोहक कहानी बनाने की तकनीकों में गोता लगाने से पहले, कहानी की नींव के बुनियादी घटकों को समझना आवश्यक है-

आरंभः कहानी की शुरुआत मुख्य पात्रों, परिवेश और प्रारंभिक संघर्ष या स्थिति का परिचय देते हुए मंच तैयार करती है।

मध्यः यह चरण कहानी के केंद्रीय संघर्ष के विकास की विशेषता है। तनाव बढ़ता है, पात्रों को चुनौतियों का सामना करना पड़ता है, और कथानक सघन हो जाता है।

चरमोत्कर्षः चरमोत्कर्ष कहानी का महत्वपूर्ण मोड़ है, जहाँ केंद्रीय संघर्ष तनाव के उच्चतम बिंदु पर पहुँच जाता है। यह मुख्य पात्र के लिए सबसे बड़े भावनात्मक या शारीरिक संघर्ष और निर्णय लेने का क्षण होता है।

समाधानः चरमोत्कर्ष के बाद, कहानी खत्म होने लगती है। ढीले सिरे बँध जाते हैं, और पात्र चरमोत्कर्ष के बाद के परिणामों से निपटते हैं।

संकल्पः कहानी का समापन। यहाँ, केंद्रीय संघर्ष का समाधान हो जाता है, और पात्रों का भाग्य निर्धारित हो जाता है। पाठकें के प्रश्नों के उत्तर दिए जाते हैं, और समापन की भावना प्राप्त होती है।

सम्मोहक कहानी में बुनियादी विशेषताओं का महत्त्व

सम्मोहक कहानी निर्माण में बुनियादी विशेषताओं का जुड़ाव कई कारणों से आवश्यक है-

पात्र विकासः कहानी का व्यवस्थित प्रवाह पात्रों को पूरी कथा में बढ़ने, बदलने और विकसित होने की अनुमति देता है। पाठक पात्रों की यात्रा में डूब जाते हैं।

पाठक जुड़ावः अच्छी तरह से संरचित कथा-प्रवाह अपेक्षा और जुड़ाव पैदा करते हैं। पाठक उत्सुकता से पात्रों का अनुसरण करते हैं और यह देखने को आतुर रहते हैं कि संघर्षों का समाधान कैसे किया जाता है।

भावनात्मक प्रभावः कहानी का चरमोत्कर्ष अकसर एक भावनात्मक प्रभाव डालता है, जो पाठकों पर स्थायी प्रभाव छोड़ता है।

थीम और संदेशः कहानी का व्यवस्थित प्रवाह कथानक और संदेशों को प्रभावी ढंग से व्यक्त कर सकता है। पात्रों की यात्राएँ बड़े विचारों और अवधारणाओं को दर्शाती हैं।

अविस्मरणीय कहानी बनाने की तकनीकें

अब, आइए शक्तिशाली और अविस्मरणीय कहानी बनाने की तकनीकों का पता लगाएँ-

पात्र लक्ष्य और प्रेरणाएँ

किसी भी कहानी के केंद्र में पात्र का एक लक्ष्य या प्रेरणा होती है। पात्र क्या चाहता है, और यह उसके लिए क्यों आवश्यक है? यह इच्छा पूरे कथा-प्रवाह को चलाती है, उद्देश्य और दिशा तय करती है।

उदाहरणः 'शोले' फिल्म में केंद्रीय पात्रों जय और वीरू का एकमात्र लक्ष्य था गब्बर सिंह को पकड़ना।

बाधाएँ और संघर्ष

पाठकों को संलग्न करने के लिए, पात्रों को महत्त्वपूर्ण बाधाओं और संघर्षों का सामना करना पड़ता है जो उनके लक्ष्यों के रास्ते में आते हैं। ये चुनौतियाँ तनाव पैदा करती हैं और कथा-प्रवाह को आकार देती हैं।

उदाहरणः 'शोले' में, जय और वीरू को घातक खेलों में प्रतिस्पर्धा करते समय कई जीवन-घातक चुनौतियों का सामना करना पड़ता है। यहाँ तक कि जय को जान की बाजी लगा देनी पड़ती है।

पात्र परिवर्तन

पात्रों को पूरे कथा-प्रवाह में परिवर्तन या विकास से गुजरना चाहिए। यह परिवर्तन शारीरिक, भावनात्मक या दोनों प्रकार का हो सकता है। यह पात्र में गहराई और प्रासंगिकता जोड़ता है।

उदाहरणः दीवार फिल्म का नायक विजय परिस्थितिवश एक मासूम किशोर से कड़े दिल वाले व्यक्ति में गहन भावनात्मक परिवर्तन से गुजरता है।

बाहरी बनाम आंतरिक संघर्ष

एक सर्वगुणसंपन्न कहानी में अकसर बाहरी संघर्ष (शारीरिक चुनौतियाँ, विरोध) और आंतरिक संघर्ष (भावनात्मक संघर्ष, नैतिक दुविधाएँ) दोनों शामिल होते हैं। ये परतें जटिलता पैदा करती हैं।

उदाहरणः दीवार फिल्म में ही दो भाइयों के बीच टकराव शामिल है, जिनमें एक पुलिस अधिकारी होता है तो दूसरा एक अपराधी। जबकि आंतरिक संघर्ष में दोनों नायक पारस्परिक पारिवारिक प्रेम पाने के लिए छटपटाते रहते हैं।

पूर्वाभास

पूर्वाभास एक ऐसी तकनीक है जहाँ आप भविष्य की घटनाओं या संघर्षों का संकेत देते हैं। यह पाठकों की जिज्ञासा को बढ़ाता है और उन्हें महत्त्वपूर्ण कथानक विकास के लिए तैयार करता है।

उदाहरणः 'वक्त' फिल्म में नायक भविष्य की योजनाएँ बनाते हुए बच्चों को बड़ा आदमी बनाने का सपना देखता है। लेकिन प्रकृति संकेत करती है और एक भीषण भूकंप नायक के सारे सपने ध्वस्त कर देता है।

सबप्लॉट और समानांतर कथा-प्रवाह

सहयोगी पात्रों को शामिल करने वाले सबप्लॉट और समानांतर कथा-प्रवाह समग्र कथा को समृद्ध कर सकते हैं। वे संघर्ष और दृष्टिकोण की अतिरिक्त परतें प्रदान करते हैं।

उदाहरणः अनेक हिंदी फिल्मों में आपने कॉमेडियन या नायक के खास दोस्त देखे होंगे जो उन्हीं के साथ रहकर कहानी को आगे बढ़ाते हैं।

गुंजायमान विषय-वस्तु

सुनिश्चित करें कि कहानी आपकी कथा के केंद्रीय विषयों को प्रतिबिंबित और पुष्ट करती हो। पात्र की यात्रा को इन विषयों पर प्रकाश डालना चाहिए।

भावनात्मक निवेश

पूरे कथा-प्रवाह में उत्तेजक क्षण जो पाठकों से भावनात्मक प्रतिक्रियाएँ प्राप्त करते हैं। ये विजय, त्रासदी या रहस्योद्घाटन के क्षण हो सकते हैं।

आश्चर्य और तोड़फोड़

कथा-प्रवाह की संरचना का पालन करते हुए, पाठकों को आश्चर्यचकित करने या उनकी उम्मीदों पर पानी फेरने से न डरें। इससे कहानी ताज़ा और अप्रत्याशित बनी रह सकती है।

सामान्य नुकसान से बचाव

कहानी का निर्माण करते समय, लेखकों को सामान्य नुकसानों के बारे में पता होना चाहिए-

सहयोगी पात्रः सुनिश्चित करें कि सहयोगी पात्र अपने स्वयं के कथा-प्रवाह से गुज़रें या मूल कथा-प्रवाह के भीतर उनकी अलग भूमिकाएँ हों। सपाट या अविकसित पात्र समग्र कथा को कमजोर कर सकते हैं।

पूर्वाभासः जबकि आश्चर्य शक्तिशाली हो सकता है, पूर्वाभास या पूर्व अनुमान कहानी के तनाव और प्रभाव को कम कर सकता है। अप्रत्याशित मोड़ों के साथ पूर्वाभास को संतुलित करें।

असंगत प्रेरणाएँ: पात्रों की प्रेरणाएँ उनके स्थापित गुणों और अनुभवों के अनुरूप रहनी चाहिए। प्रेरणा में अचानक परिवर्तन से दबाव महसूस हो सकता है।

बाहरी संघर्ष पर अत्यधिक जोरः जबकि बाहरी संघर्ष महत्त्वपूर्ण है, पात्र के आंतरिक संघर्ष और विकास की उपेक्षा न करें।

संकल्प का अभावः एक संतोषजनक समाधान आवश्यक है। सुनिश्चित करें कि कहानी के अंत तक सभी प्रमुख कथानक बिंदुओं और सवालों का समाधान हो जाए।

कहानी का संपादन और संशोधन

अविस्मरणीय कहानी बनाने के लिए अकसर सावधानीपूर्वक संपादन और संशोधन की आवश्यकता होती है। आपकी कहानी को निखारने की चरण-दर-चरण प्रक्रिया यहाँ दी गई है-

रूपरेखाः अपनी कहानी की स्पष्ट रूपरेखा के साथ शुरुआत करें, जिसमें प्रमुख कथानक बिंदु और पात्र विकास के मील के पत्थर शामिल हों।

पात्र संगतिः यह सुनिश्चित करने के लिए अपने पात्रों की समीक्षा करें कि उनकी प्रेरणाएँ, कार्य और विकास आपके द्वारा उनके लिए स्थापित कथा-प्रवाह के अनुकूल हो।

गतिः अपनी कहानी की गति पर विचार करें। क्या यह पाठक का जुड़ाव बनाए रखती है? यदि आवश्यक हो तो प्रमुख घटनाओं का समय समायोजित करें।

भावनात्मक प्रभावः मूल्यांकन करें कि क्या कहानी पाठकों से वांछित भावनात्मक प्रतिक्रिया प्राप्त करती है। भावनात्मक जुड़ाव बढ़ाने के लिए क्षणों को बेहतर बनाएँ।

सबप्लॉट्सः सबप्लॉट्स और समानांतर कथा-प्रवाह की जाँच करें ताकि यह सुनिश्चित हो सके कि वे मुख्य कथा से ध्यान भटकाने के बजाय उसे बढ़ाते हैं।

पूर्वाभासः प्रभावी पूर्वाभास की जाँच करें। क्या कथा के पहले भागों में भविष्य की घटनाओं का संकेत दिया गया है या उनके लिए तैयारी की गई है?

कथानकः पुष्टि करें कि कथा-प्रवाह आपकी कहानी के विषयों को प्रतिबिंबित और पुष्ट करता है।

मित्र पाठक फीडबैकः मित्र पाठक या समालोचक भागीदारों के साथ अपना काम साझा करें। वे आपकी कहानी की ताकत और कमजोरियों के बारे में बहुमूल्य अंतर्दृष्टि प्रदान कर सकते हैं।

अंतिम पुनरीक्षणः अपने अंतिम पुनरीक्षण में, कहानी को पूर्णता तक ले जाने पर ध्यान केंद्रित करें। सुनिश्चित करें कि वह सामंजस्यपूर्ण, आकर्षक और यादगार हो।

निष्कर्षतः, कथा-प्रवाह विकास, संघर्ष और समाधान की यात्रा के माध्यम से पात्रों और कथानकों का मार्गदर्शन करता है। ये वे माध्यम हैं जिनके माध्यम से पाठक आपकी कथा से गहन स्तर पर जुड़ते हैं। एक लेखक के रूप में, अविस्मरणीय कहानी को गढ़ने की कला एक ऐसा कौशल है जो आपके काम को अलग कर देगी। इसमें पात्र प्रेरणाओं, बाधाओं, परिवर्तन और विषयों को एक सामंजस्यपूर्ण और आकर्षक कथा संरचना में बुनना शामिल है।

तो, अच्छी कहानी बनाने की चुनौती स्वीकार करें, और उसमें अपने पात्रों और कथानकों को अविस्मरणीय मंजिलों की ओर बढ़ने दें। जैसे-जैसे आप इस कौशल को परिष्कृत करना जारी रखेंगे, आप पाएँगे कि आपकी कहानी कहने की शैली अधिक गतिशील हो गई है, आपके पात्र अधिक प्रासंगिक हो गए हैं, और आपके पाठक आपके द्वारा बनाई गई दुनिया में अधिक गहराई से जुड़ गए हैं। अंततः, कहानी के सार में निपुणता एक महान लेखक की पहचान है, जो पाठकों को ऐसी यात्रा पर ले जा सकता है जिसे वे कभी नहीं भूलेंगे।

16

ट्विस्ट और आश्चर्य तैयार करना

कहानी कहने के क्षेत्र में, सबसे रोमांचक और यादगार पहलुओं में से एक अप्रत्याशित मोड़, आश्चर्य या ट्विस्ट है जो पाठकों को विस्मय और भ्रम में छोड़ देता है। एक अच्छे से क्रियान्वित कथा मोड़ एक अच्छी कहानी को महानता तक ले जा सकता है, दर्शकों का ध्यान खींच सकता है और भावनात्मक टेढ़े-मेढ़े घुमाव बना सकता है जो उन्हें शुरू से अंत तक बाँधे रखते हैं।

ट्विस्ट और आश्चर्य की शक्ति को समझना

ट्विस्ट एक कथात्मक तकनीक है जहाँ कहानी एक अप्रत्याशित मोड़ लेती है, जिससे ऐसी जानकारी या घटनाएँ सामने आती हैं जो पाठक की धारणाओं को चुनौती देती हैं और उन्हें कहानी की दिशा का पुनर्मूल्यांकन करने के लिए मजबूर करती हैं। दूसरी ओर, आश्चर्य में अप्रत्याशित घटनाएँ या रहस्योद्घाटन शामिल होते हैं जो पाठक को आश्चर्यचकित कर देते हैं। ये दोनों तत्व दर्शकों को कथा में बाँधे रखने और जुड़े रखने में महत्वपूर्ण भूमिका निभाते हैं। वे कहानी में जीवंतता और साज़िश डालते हैं, जिससे यह अधिक अप्रत्याशित और भावनात्मक रूप से समृद्ध हो जाती है।

मोड़ या आश्चर्य का प्रभाव मजबूत भावनाओं को पैदा करने की क्षमता में निहित होता है—चाहे वह झटका, अविश्वास, खुशी या दुःख हो। एक अच्छी तरह से तैयार किया गया मोड़ पाठकों को कहानी ख़त्म करने के बाद कई दिनों तक, नहीं तो वर्षों तक, कहानी के बारे में बात करने पर मजबूर कर सकता है। हालाँकि, ऐसे तत्वों को लागू करने के लिए एक नाज़ुक संतुलन की आवश्यकता होती है ताकि यह सुनिश्चित किया जा सके कि वे बनावटी होने के बजाय वास्तविक लगें।

पूर्वाभास और परिवेश

एक सफल कथानक में मोड़ या आश्चर्य हवा में नहीं बन जाता। यह पूर्वाभास और सावधानीपूर्वक बने परिवेश की नींव पर बनाया जाता है। पूर्वाभास में संपूर्ण कथा में सूक्ष्म

संकेत और सुराग छोड़ना शामिल है, जो पीछे मुड़कर देखने पर मोड़ को आवश्यक बनाते हैं। यह तकनीक न केवल पढ़ने के अनुभव को समृद्ध बनाती है बल्कि यह भी सुनिश्चित करती है कि रहस्योद्घाटन मनमाना या जबरदस्ती महसूस न हो।

उदाहरण के लिए, यदि आपकी कहानी में किसी पात्र का अचानक विश्वासघात शामिल है, तो आप उनके व्यवहार में छोटी-छोटी विसंगतियाँ या अस्पष्ट बयान पेश कर सकते हैं, जो बाद में, उसके असली इरादों को प्रकट करते हैं। सूक्ष्म पूर्वाभास और आश्चर्य तत्व को बनाए रखने के बीच संतुलन बनाना महत्त्वपूर्ण है।

गलत दिशा का नियम

ट्विस्ट और आश्चर्य गढ़ते समय लेखक के शस्त्रागार में गलत निर्देशन एक शक्तिशाली उपकरण है। पाठकों का ध्यान वास्तविक दिशा से हटाकर उन्हें एक दूसरे रास्ते पर ले जाकर, स्थिति की वास्तविक प्रकृति सामने आने पर आप आश्चर्यजनक प्रभाव पैदा कर सकते हैं।

अपनी कहानी के लिए एक उदाहरण पर विचार करें। साज़िश का जाल रचते हुए, कई पात्रों को संदिग्धों के रूप में दर्शाएँ। हालाँकि, असली अपराधी वह पात्र हो जिस पर सबसे कम संदेह किया गया हो। यह भाव पाठकों को आश्चर्यचकित कर सकता है और उन्हें पूरी कहानी का पुनर्मूल्यांकन करने के लिए मजबूर कर सकता है।

छिपी गहराई का अनावरण

पात्र किसी भी कहानी का दिल होते हैं, और उनका विकास मोड़ और आश्चर्य के लिए उपजाऊ जमीन हो सकता है। किसी पात्र के व्यक्तित्व, इतिहास या प्रेरणाओं के छिपे हुए पहलुओं की खोज से आश्चर्यजनक खुलासे हो सकते हैं जो कहानी के साथ पाठक के जुड़ाव को गहरा करते हैं।

एक ऐसे नायक की कल्पना करें जो शुरू में नम्र और सरल दिखाई देता है लेकिन धीरे-धीरे बहादुरी और बलिदान से भरे अतीत को प्रकट करता है। या एक प्रतिपक्षी जिसके प्रतीत होने वाले द्वेषपूर्ण कार्य उसके अतीत की एक दुखद घटना से प्रेरित हैं। इस तरह के पात्र-चालित आश्चर्य न केवल कथा में जटिलता जोड़ते हैं बल्कि पाठकों को व्यक्तिगत स्तर पर भी प्रभावित करते हैं।

नैतिक दुविधाएँ

अपनी कहानी में नैतिक दुविधाओं को शामिल करने से शक्तिशाली मोड़ पैदा हो सकते हैं जो पाठकों की मान्यताओं और मूल्यों को चुनौती देते हैं। ऐसे पात्रों को ऐसे विकल्पों के साथ प्रस्तुत करना जो स्पष्ट रूप से सही या गलत नहीं हैं, पाठकों को बौद्धिक और भावनात्मक रूप से जुड़ने के लिए मजबूर करते हैं, जिससे नायक और खलनायक के बीच की रेखाएं धुँधली हो जाती हैं।

उदाहरण के लिए, चिकित्सा नैतिकता पर केंद्रित एक कहानी में एक जीवन-रक्षक प्रक्रिया शामिल हो सकती है जिसमें कई अन्य लोगों को बचाने के लिए एक मरीज की बलि देने की आवश्यकता होती है। पात्रों को नैतिक रूप से अस्पष्ट स्थितियों में डालकर, आप

पाठकों को अपने स्वयं के विश्वासों पर विचार करने और मानवीय निर्णयों की जटिलता से जूझने के लिए आमंत्रित करते हैं।

समय और गति

किसी मोड़ या आश्चर्य का समय—उसके प्रभाव के लिए महत्त्वपूर्ण है। बहुत जल्दी कोई आश्चर्य प्रकट करने से इसका भावनात्मक भार कम हो सकता है, जबकि बहुत देर से इसका खुलासा करने से पाठक कहानी से कटा हुआ महसूस कर सकते हैं। सटीक गति—समय पर खुलासे के साथ मिलकर, प्रत्याशा का एक स्थिर निर्माण बनाए रखती है।

रहस्य का धीरे-धीरे खुलना

पहेली का प्रत्येक टुकड़ा अपनी जगह पर फिट बैठता है, जिससे बढ़ते तनाव की भावना पैदा होती है। कहानी का चरमोत्कर्ष सबसे महत्त्वपूर्ण मोड़ को उजागर करने का सबसे उपयुक्त क्षण है, जो कहानी के माध्यम से सदमे की लहरें भेजता है और पाठकों को बेदम कर देता है।

ट्विस्ट के लिए ताज़ा दृष्टिकोण

जबकि ट्विस्ट और आश्चर्य शक्तिशाली उपकरण हैं, घिसी-पिटी बातों या अत्यधिक उपयोग की गई बातों पर भरोसा करना उनके प्रभाव को कमजोर कर सकता है। दर्शक तेजी से समझदार हो रहे हैं और अकसर पारंपरिक मोड़ों के घटित होने से पहले ही उनकी भविष्यवाणी कर सकते हैं। पाठकों को सच में मोहित करने के लिए, अपनी कहानी में मौलिकता और सरलता इनाए रखने का प्रयास करें।

उदाहरण के लिए, "लंबे समय से खोए हुए भाई-बहन" के सामान्य रहस्योद्घाटन के बजाय, आप एक ऐसे मोड़ की रचना कर सकते हैं जो पारिवारिक उम्मीदों को पूरी तरह से चमत्कृत कर देता है। लीक से हटकर सोचकर आप एक ऐसा अनुभव बनाते हैं जो पूर्वानुमान के विपरीत होता है।

भेद्यता को गले लगानाः भावनात्मक अनुनाद

किसी मोड़ या आश्चर्य की सफलता भावनात्मक प्रतिध्वनि उत्पन्न करने की उसकी क्षमता पर निर्भर करती है। चाहे यह हृदय-विदारक विश्वासघात हो या हृदय-विदारक पुनर्मिलन, भावनात्मक प्रभाव वह है जो कहानी समाप्त करने के बाद भी लंबे समय पाठकों के जेहन में ताजा बना रहता है।

अपने पात्रों को भेद्यता प्रदर्शित करने की अनुमति देकर, आप प्रासंगिक और प्रामाणिक अनुभव बनाते हैं जिससे पाठक सहानुभूति रख सकते हैं। जब कोई मोड़ भावनात्मक संतुलन को तोड़ देता है, तो यह गहराई से प्रतिध्वनित होता है, एक स्थायी प्रभाव छोड़ता है जो सुनिश्चित करता है कि आपकी कहानी अविस्मरणीय बनी रहे।

निष्कर्षतः, ट्विस्ट या मोड़ और आश्चर्य गढ़ना एक नाजुक कला है जिसके लिए सावधानीपूर्वक योजना, पात्र मनोविज्ञान की गहरी समझ और अपेक्षाओं को अस्वीकार करने की इच्छा की आवश्यकता होती है। ये कथात्मक तत्व आपके लेखन को अच्छे

से असाधारण तक ऊपर उठाने की शक्ति रखते हैं, जिससे पाठक आपकी कहानी कहने की क्षमता से आश्चर्यचकित हो जाते हैं। पूर्वाभास, गलत निर्देशन, पात्र विकास और भावनात्मक अनुनाद की तकनीकों में महारत हासिल करके, आप एक ऐसी कहानी बना सकते हैं जो आपके पाठकों/दर्शकों को रोमांचित, आश्चर्यचकित करती है और आखिरी पृष्ठ पलटने के बाद भी उनके दिलो-दिमाग में लंबे समय तक बनी रहती है।

17

विचारों को बिक्री योग्य कार्य में बदलना

एक कुशल लेखक बनने की यात्रा में, सबसे महत्वपूर्ण कदमों में से एक है—कच्चे विचारों को परिष्कृत और बिक्री योग्य कार्यों में बदलना। रचनात्मक प्रक्रिया कल्पना, शिल्प कौशल और व्यावहारिकता की एक गतिशील परस्पर क्रिया है। यहाँ हम विचारों को ग्रहण करने, उन्हें सम्मोहक बनाने और बाज़ार के लिए तैयार लेखन में ढालने की चरण-दर-चरण प्रक्रिया का पता लगाएँगे जो आपके लक्षित दर्शकों के साथ प्रतिध्वनित हो।

रचनात्मकता की चिनगारी

साहित्य का हर महान कार्य प्रेरणा की चिनगारी से शुरू होता है। विचार विभिन्न स्रोतों से उभर सकते हैं—व्यक्तिगत अनुभव, अवलोकन, ऐतिहासिक घटनाओं, समसामयिक घटनाओं, सपने, या यहाँ तक कि कला के अन्य कार्य से भी। कुंजी एक जिज्ञासु और चौकस मानसिकता विकसित करना है जो लगातार आपके आस-पास की दुनिया में प्रेरणा तलाशती है।

क्षणभंगुर विचारों, बातचीत के दिलचस्प अंशों या आप पर प्रभाव डालने वाली ज्वलंत छवियों को लिखने के लिए एक नोटबुक साथ रखें या डिजिटल नोट लेने वाले ऐप का उपयोग करें। नियमित रूप से उन गतिविधियों में संलग्न रहें जो आपकी रचनात्मकता को प्रोत्साहित करती हैं, जैसे व्यापक रूप से पढ़ना, विभिन्न लेखन शैलियों की खोज करना और विविध कला रूपों से जुड़ना। समय के साथ यह अभ्यास आपके विचारों को समृद्ध करेगा जिससे आप लिखना सीख सकते हैं।

बीज से कहानी तकः अवधारणा का विकास

एक बार जब आपके पास कोई ऐसा विचार आ जाए जो आपकी खोज के अनुरूप हो, तो इसे एक सुसंगत अवधारणा में विकसित करने का समय आ जाता है। अपने आप से प्रश्न पूछें: आपके विचार का केंद्रीय विषय या संदेश क्या है? किरदार कौन हैं? उन्हें किन चुनौतियों का सामना करना पड़ेगा? आप अपने पाठकों में कौन सी भावनाएँ जगाना चाहते हैं? लक्ष्य

आपके विचार को एक ऐसे ढाँचे में ढालना है जो एक पूर्ण कथा का निर्माण कर सके।

अपनी कहानी के गठन की रूपरेखा तैयार करें, मुख्य कथानक बिंदुओं और पात्र विशेषताओं पर प्रकाश डालें। वह शैली और स्वर निर्धारित करें जो आपकी अवधारणा से मेल खाता हो। यह प्रारंभिक नियोजन चरण आपकी लेखन प्रक्रिया की दिशा के लिए एक रोडमैप प्रदान करता है और यह भी सुनिश्चित करता है कि आपके विचार अपना फोकस और प्रतिध्वनि बनाए रखें।

मजबूत कथानक का निर्माण

एक सम्मोहक कथानक किसी भी बिक्री योग्य कार्य की रीढ़ होता है। यह घटनाओं का क्रम है जो कथा को आगे बढ़ाता है और पाठकों को बाँधे रखता है। एक मजबूत कथानक बनाने के लिए, त्रिआयामी संरचना पर विचार करें—परिचय, टकराव और समाधान। प्रत्येक कार्य में अलग-अलग मोड़ होने चाहिए जो कहानी को नई और अप्रत्याशित दिशाओं में ले जाएँ।

जैसे ही आप कथा आरंभ करें, संघर्ष और तनाव को शामिल करने का प्रयास करें।

जैसे -बलवंत और करण एक समय गहरे दोस्त थे लेकिन आज वे एक-दूसरे के खून के प्यासे हैं।

संघर्ष पात्रों के भीतर आंतरिक संघर्ष या उनके सामने आने वाली बाहरी चुनौतियों से उत्पन्न हो सकता है। तनाव पाठकों को कथा से जोड़े रखता है, वे यह देखने के लिए उत्सुक रहते हैं कि पात्र कैसे बाधाओं को पार करते हैं और आगे बढ़ते हैं।

पात्रों में जीवन फूंकना

अच्छी तरह से विकसित पात्र आपकी कहानी के दिल और आत्मा हैं। उन्हें प्रासंगिक, प्रामाणिक और आपके पाठकों से सहानुभूति प्राप्त करने में सक्षम होना चाहिए। विशिष्ट व्यक्तित्व, प्रेरणा, ताकत और खामियों वाले पात्र तैयार करें। उनके पिछले अनुभवों को समझाने के लिए और उन्होंने अपने वर्तमान व्यवहार को कैसे आकार दिया है, यह समझाने के लिए उनकी पिछली कहानियों में गहराई से जाएँ।

रूढ़ियों और घिसी-पिटी बातों से बचें, क्योंकि वे पात्रों को एक-आयामी महसूस करा सकते हैं। इसके बजाय, ऐसे पात्र बनाएँ जो पाठकों को आश्चर्यचकित करें और उनकी अपेक्षाओं को चुनौती दें। जटिल पात्र भावनात्मक संबंध बनाते हैं, जिससे पाठक उनकी यात्रा और विकास के बारे में चिंतित होते हैं।

सजीव परिवेश तैयार करना

पढ़ने योग्य यादगार अनुभव बनाने में परिवेश महत्त्वपूर्ण भूमिका निभाता है। चाहे आपकी कहानी किसी काल्पनिक क्षेत्र में हो या किसी परिचित शहर में, जीवंत वर्णन आपकी दुनिया को जीवंत कर देते हैं। स्थान की भावना पैदा करने के लिए संवेदी विवरण का उपयोग करते हुए, पाठकों को अपने पात्रों की आँखों के माध्यम से परिवेश दिखाएँ।

प्रामाणिकता के लिए शोध आवश्यक है। यदि आपकी कहानी वास्तविक स्थान या ऐतिहासिक काल पर आधारित है, तो अपने विवरण में सटीकता सुनिश्चित करें। यदि आप एक काल्पनिक दुनिया का आविष्कार कर रहे हैं, तो ऐसे सुसंगत नियम बनाएँ जो इसके भूगोल, संस्कृति और समाज को नियंत्रित करें। अच्छी तरह से तैयार किया गया परिवेश आपकी कहानी की विश्वसनीयता को बढ़ाता है।

संवाद की कला

संवाद—पात्र विकास, कथानक को गति और जानकारी देने का एक शक्तिशाली उपकरण है। प्रामाणिक संवाद वह होता है जो कथा में किसी उद्देश्य की पूर्ति के दौरान पात्रों के स्वाभाविक रूप से बोलने के तरीके को प्रतिबिंबित करे। प्रत्येक पात्र का बोल-चाल का तरीका, शब्दावली और लहजा उसके व्यक्तित्व के अनुरूप होना चाहिए।

संबंधों, भावनाओं और संघर्षों को प्रकट करने के लिए सभी पात्र संवाद का उपयोग करें। बातचीत के माध्यम से दिखाएँ कि पात्र किस प्रकार चुनौतियों का जवाब देते हैं और अपनी इच्छाओं को व्यक्त करते हैं। इसके अतिरिक्त, बातचीत में गहराई जोड़ने के लिए उपपाठ-अंतर्निहित अर्थ और अनकही भावनाओं को शामिल करें।

संशोधनः अपने काम को निखारना

लेखन एक ऐसी प्रक्रिया है जिसमें कई ड्राफ्ट और संशोधन शामिल होते हैं। एक बार जब मसौदा तैयार हो जाए, तो संशोधन करने से पहले कुछ दिन उससे दूरी बना लें। दूरी आपको अपने काम को करने के लिए एक नई दृष्टि प्रदान करती है। पुनरीक्षण प्रक्रिया के दौरान, अपनी भाषा को परिष्कृत करने, अपने गद्य को सुगठित करने और विसंगतियों को दूर करने पर ध्यान केंद्रित करें।

विश्वसनीय मित्र पाठकों या लेखन समूहों से प्रतिक्रिया लें। रचनात्मक आलोचना आपको उन क्षेत्रों की पहचान करने में मदद कर सकती है जिनमें सुधार की आवश्यकता हो सकती है और विभिन्न दृष्टिकोणों से अंतर्दृष्टि प्राप्त हो सकती है। फीडबैक के आधार पर पर्याप्त परिवर्तन करने के लिए तैयार रहें; ये समायोजन आपके काम को पेशेवर स्तर तक बढ़ा सकते हैं।

अंतिम चरणः संपादन और प्रूफरीडिंग

आपके काम को दुनिया के साथ साझा करने के लिए तैयार होने से पहले संपादन और प्रूफरीडिंग अंतिम चरण हैं। संपादन में स्पष्टता, सुसंगतता और निरंतरता के लिए सामग्री की समीक्षा करना शामिल है। व्याकरण संबंधी त्रुटियों, वाक्य संरचना और समग्र प्रवाह की जाँच करें। प्रूफरीडिंग वर्तनी, विराम चिह्न और फॉर्मेटिंग की गलतियों को पहचानने और सुधारने की एक सजग प्रक्रिया है।

पेशेवर संपादकों या प्रूफरीडर्स की मदद लेने पर विचार करें, विशेष रूप से प्रकाशन के लिए इच्छित लंबे कार्यों या परियोजनाओं के लिए। ताज़ा नज़र उन त्रुटियों को पकड़ सकती है जो आपसे छूट गई हों।

प्रकाशन परिदृश्य को नेविगेट करनाः अपना काम साझा करना

आज के डिजिटल युग में, लेखकों के पास अपने काम को व्यापक दर्शकों के साथ साझा करने के लिए विभिन्न विकल्प उपलब्ध हैं। पारंपरिक प्रकाशन, स्व-प्रकाशन और ऑनलाइन प्लेटफॉर्म सभी व्यवहार्य रास्ते हैं। यह निर्धारित करने के लिए प्रत्येक विकल्प पर शोध करें कि कौन सा आपके लक्ष्यों और आपके काम की प्रकृति के अनुरूप है।

यदि पारंपरिक प्रकाशन कर रहे हैं, तो एक आकर्षक प्रश्न पत्र लिखें और उन साहित्यिक एजेंटों या प्रकाशकों पर शोध करें जो आपकी शैली में विशेषज्ञ हैं। यदि स्वयं-प्रकाशन कर रहे हैं, तो सुनिश्चित करें कि आपका काम पेशेवर रूप से तैयार किया गया है और उद्योग मानकों को पूरा करने के लिए डिज़ाइन किया गया है। ऑनलाइन प्लेटफॉर्म का उपयोग करते समय, एक आकर्षक पुस्तक परिचय और कवर तैयार करें जो पाठकों की जिज्ञासा को बढ़ाए।

निष्कर्षतः, विचारों को बिक्री योग्य कार्यों में बदलना एक बहुआयामी प्रक्रिया है जिसमें रचनात्मकता, योजना और शोध की आवश्यकता होती है। अपनी रचनात्मक चिनगारी को पोषित करके, सर्वगुणसंपन्न पात्रों को विकसित करके, आकर्षक कथानक तैयार करके, और सावधानीपूर्वक संपादन के माध्यम से अपने लेखन को निखारकर, आप ऐसी कहानी बना सकते हैं जो पाठकों के साथ गूँजे और प्रतिस्पर्धी साहित्यिक परिदृश्य में अपने दम पर खड़ी हो सके। याद रखें कि प्रत्येक चरण—प्रारंभिक विचार से अंतिम प्रकाशन तक—एक लेखक के रूप में आपके विकास का एक अभिन्न अंग है, जो आपको अपनी आकांक्षाओं को साकार करने और अपनी कहानियों को दुनिया के साथ साझा करने के करीब ले जाता है।

18

प्रकाशन उद्योग की जानकारी

जैसे ही आप एक अच्छे लेखक बनने की अपनी यात्रा शुरू करते हैं, प्रकाशन उद्योग की जटिल दुनिया को समझना आवश्यक हो जाता है। इस परिदृश्य को जानने के लिए रचनात्मकता, व्यावसायिक कौशल और दृढ़ता के मिश्रण की आवश्यकता होती है।

प्रकाशन परिदृश्यः पारंपरिक बनाम आधुनिक

तकनीकी प्रगति और पाठकों की बदलती प्राथमिकताओं के कारण प्रकाशन उद्योग में महत्त्वपूर्ण परिवर्तन हुए हैं। आपके लक्ष्यों के अनुरूप रास्ता चुनने के लिए पारंपरिक और आधुनिक प्रकाशन दृष्टिकोण के बीच अंतर को समझना महत्त्वपूर्ण है।

पारंपरिक प्रकाशन

पारंपरिक प्रकाशन में आपकी पांडुलिपि को साहित्यिक एजेंटों या प्रकाशकों को विचारार्थ प्रस्तुत करना पड़ता है। यदि स्वीकार किया जाता है, तो आपका काम प्रकाशित होने से पहले एक संपादकीय प्रक्रिया से गुजरता है। इस प्रकार के प्रकाशन द्वारा व्यापक वितरण, पेशेवर सहायता और स्थापित बिक्री चैनलों तक पहुँच जैसे लाभ प्राप्त होते हैं। हालाँकि, इस प्रकाशन प्रक्रिया में लंबा वक्त लग सकता है।

आधुनिक प्रकाशन

आधुनिक प्रकाशन में स्व-प्रकाशन और ऑनलाइन प्लेटफॉर्म शामिल हैं। स्व-प्रकाशन में लेखक रचनात्मक नियंत्रण और रॉयल्टी का एक बड़ा हिस्सा बनाए रखते हुए, स्वतंत्र रूप से अपना काम प्रकाशित कर सकते हैं। अमेज़न किंडल डायरेक्ट पब्लिशिंग (केडीपी) जैसे ऑनलाइन प्लेटफॉर्म, लेखकों को पारंपरिक प्रकाशक की आवश्यकता के बिना वैश्विक दर्शकों तक पहुँचने का अवसर प्रदान करते हैं। यद्यपि ये विकल्प अधिक नियंत्रण प्रदान करते हैं, बिक्री और वितरण के लिए अतिरिक्त जिम्मेदारियों की भी माँग करते हैं। यहाँ आपकी रचना 2-3 घंटे में लाइव होकर बिक्री के लिए डिजिटल मार्केट में आ जाती है। साथ ही आप पीओडी (प्रिंट ऑन डिमांड) की पेशकश भी कर सकते हैं।

पांडुलिपि तैयार करना

चाहे पारंपरिक प्रकाशन हो या आधुनिक, एक परिष्कृत और अच्छे से तैयार पांडुलिपि प्रस्तुत करना महत्वपूर्ण है। साहित्यिक एजेंटों और प्रकाशकों को प्रतिदिन कई प्रस्तुतियाँ प्राप्त होती हैं, इसलिए अलग दिखने के लिए विस्तार और व्यावसायिकता पर ध्यान देने की आवश्यकता होती है।

संपादन और प्रूफरीडिंगः अपनी पांडुलिपि जमा करने से पहले, सुनिश्चित करें कि इसे सावधानीपूर्वक संपादित और प्रूफरीड किया गया है। टाइपो (लेखन त्रुटियाँ), व्याकरण संबंधी त्रुटियाँ और विसंगतियाँ आपके पांडुलिपि की विश्वसनीयता को कमजोर कर सकती हैं।

परिचयः पारंपरिक प्रकाशन में, पांडुलिपि के साथ अपना संक्षिप्त परिचय जोड़ना अच्छा होता है। इसमें आपकी कहानी का सार, आपकी लेखन पृष्ठभूमि और आपकी पांडुलिपि उनके लिए उपयुक्त क्यों है, यह संक्षेप में बताना चाहिए।

सारांशः परिचय के साथ, अच्छी तरह से तैयार किया गया सारांश शामिल करें जो आपकी कहानी के मुख्य कथानक बिंदुओं और भावनात्मक मूल को समाहित करे। इसके अतिरिक्त, अपनी लेखन शैली को प्रदर्शित करने और पाठक की रुचि को पकड़ने के लिए अपनी पांडुलिपि का एक हिस्सा, अकसर पहले कुछ पृष्ठ, जमा करें।

सही प्रकाशक ढूँढना

पारंपरिक प्रकाशन में लगे लेखकों के लिए, सही साहित्यिक एजेंट या प्रकाशक ढूँढना एक महत्त्वपूर्ण कदम है। खोजबीन उन पेशेवरों की पहचान करने की कुंजी है जो आपकी शैली में विशेषज्ञ हैं और जिनके पास सफल प्रकाशनों का ट्रैक रिकॉर्ड है।

खोजबीनः उन साहित्यिक एजेंटों या प्रकाशकों की जाँच करें जिनके पास आपके जैसे कार्यों का प्रतिनिधित्व करने या प्रकाशित करने का इतिहास है। इससे पता चलता है कि उन्हें आपकी पांडुलिपि में रुचि हो सकती है।

सबमिशन के दिशानिर्देशः सबमिशन के दिशानिर्देशों का सावधानीपूर्वक पालन करें। एजेंटों और प्रकाशकों को अकसर क्वेरी पत्रों, नमूना अध्यायों और प्रारूप बनाने के लिए विशिष्ट आवश्यकताएँ होती हैं। अनुपालन न करने पर आपके सबमिशन को नज़रअंदाज किया जा सकता है।

अपने सबमिशन को व्यक्तिगत बनाएँः सामान्य प्रश्नों से बचें। एजेंट या प्रकाशक की प्राथमिकताओं और अपने पिछले कार्यों से अपना परिचय दर्शाने के लिए अपने पत्रों को तैयार करें।

सबमिशन प्रक्रिया को समझना

सबमिशन प्रक्रिया घबराहट पैदा करने वाली हो सकती है, लेकिन यह प्रकाशन उद्योग को आगे बढ़ाने का एक महत्त्वपूर्ण पहलू है।

धैर्यः समझें कि प्रतिक्रियाओं में समय लग सकता है। एजेंटों और प्रकाशकों को असंख्य आवेदन प्राप्त होते हैं, इसलिए प्रतीक्षा अवधि लंबी हो सकती है।

अस्वीकृतिः अस्वीकृति प्रक्रिया का एक हिस्सा है। उन्हें विकास और सुधार के अवसरों के रूप में उपयोग करें। यदि रचनात्मक प्रतिक्रिया प्रदान की जाए तो वह अमूल्य हो सकती है।

एकाधिक सबमिशनः यदि आप एक साथ कई एजेंटों या प्रकाशकों को सबमिट कर रहे हैं, तो उन्हें अपने प्रश्न पत्र में सूचित करें। यदि आपको प्रतिनिधित्व या प्रकाशन का कोई प्रस्ताव मिलता है, तो तुरंत सभी पक्षों को सूचित करें।

संपादकीय प्रक्रिया और उससे आगे

एक बार जब आपकी पांडुलिपि पारंपरिक प्रकाशक द्वारा स्वीकार कर ली जाती है, तो यह संपादकीय चरण में प्रवेश करती है। अपने संपादक से संशोधन, सुझाव और प्रतिक्रिया की अपेक्षा करें। इस चरण को खुले दिमाग से स्वीकार करें, क्योंकि सहयोग अकसर एक मजबूत अंतिम उत्पाद की ओर ले जाता है।

स्व-प्रकाशन या ऑनलाइन प्लेटफॉर्म मार्ग चुनने वालों के लिए, संपूर्ण संपादन आवश्यक है। यह सुनिश्चित करने के लिए कि आपका काम उच्चतम गुणवत्ता का है, पेशेवर संपादन सेवा लेने में न हिचकें।

बिक्री और प्रचार

आज के प्रकाशन परिदृश्य में, लेखकों से अपेक्षा की जाती है कि वे अपने काम की बिक्री में सक्रिय रहें—चाहे प्रकाशन का कोई भी तरीका चुना गया हो।

ऑनलाइन उपस्थितिः एक पेशेवर वेबसाइट और सक्रिय सोशल मीडिया प्रोफाइल के माध्यम से एक मजबूत ऑनलाइन उपस्थिति स्थापित करें। संभावित पाठकों और साथी लेखकों के साथ जुड़ें।

कवर और पुस्तक परिचयः पेशेवर रूप से डिज़ाइन किए गए बुक कवर में निवेश करें जो आपकी शैली और लक्षित दर्शकों के अनुरूप हो। एक आकर्षक पुस्तक परिचय तैयार करें जो पाठकों को और अधिक जानने के लिए प्रेरित करे।

नेटवर्किंगः साथी लेखकों, एजेंटों और प्रकाशकों से जुड़ने के लिए लेखन सम्मेलनों, कार्यशालाओं और साहित्यिक कार्यक्रमों में भाग लें। नेटवर्किंग मूल्यवान अंतर्दृष्टि और अवसर प्रदान कर सकती है।

लेखक मंच का निर्माण

एक लेखक मंच आपके लक्षित दर्शकों के भीतर आपकी दृश्यता और प्रभाव को संदर्भित करता है। यह एक ऐसी संपत्ति है जो एजेंटों, प्रकाशकों और पाठकों को आकर्षित कर सकती है।

ब्लॉगिंग और सामग्री निर्माणः एक ब्लॉग बनाए रखें या अपने लेखन क्षेत्र से संबंधित लेखों का योगदान करें। मूल्यवान सामग्री साझा करने से आपकी विशेषज्ञता स्थापित होती

है और दर्शक आकर्षित होते हैं।

पाठकों के साथ जुड़ें: सोशल मीडिया के माध्यम से पाठकों के साथ बातचीत करें, टिप्पणियों और संदेशों का जवाब दें, और अपने काम के आसपास एक समुदाय बनाएँ।

संगतिः एक लेखक मंच बनाने में समय और निरंतरता लगती है। नियमित रूप से सामग्री साझा करें, अपने दर्शकों के साथ जुड़ें और अपनी बातचीत में प्रामाणिक रहें।

लचीला और अनुकूलनीय बने रहना

प्रकाशन उद्योग गतिशील है, और सफलता के लिए अकसर लचीलेपन और अनुकूलनशीलता की आवश्यकता होती है। असफलताओं और चुनौतियों के लिए तैयार रहें, लेकिन उद्योग में नए अवसरों और बदलावों के लिए भी खुले रहें।

फीडबैक से सीखें: फीडबैक को विकास के साधन के रूप में अपनाएँ। अपने लेखन कौशल को निखारने और अपने भविष्य के कार्यों को बेहतर बनाने के लिए रचनात्मक आलोचना का उपयोग करें।

बाज़ार रुझानः मौजूदा बाज़ार रुझानों, पाठकों की प्राथमिकताओं और उभरती शैलियों के बारे में सूचित रहें। बाज़ार की माँग के अनुरूप लेखन से आपको पाठक मिलने की संभावना बढ़ सकती है।

अपने पोर्टफोलियो में विविधता लाएँ: विभिन्न लेखन प्रारूपों, शैलियों और प्लेटफार्मों का अन्वेषण करें। विविधीकरण आपकी पहुँच और रचनात्मक क्षितिज का विस्तार कर सकता है।

निष्कर्षतः, प्रकाशन उद्योग में आगे बढ़ना एक बहुआयामी यात्रा है जिसमें रचनात्मकता, व्यावसायिकता और दृढ़ता के मेल की आवश्यकता होती है। चाहे आप पारंपरिक प्रकाशन, स्व-प्रकाशन, या ऑनलाइन प्लेटफॉर्म चुनें, प्रत्येक दृष्टिकोण की जटिलता को समझना आपको आपके लक्ष्यों के अनुरूप सूचित निर्णय लेने में सशक्त बनाता है। परिष्कृत पांडुलिपियाँ तैयार करके, एजेंटों या प्रकाशकों पर शोध करके, फीडबैक को अपनाकर, एक लेखक मंच का निर्माण करके और चुनौतियों का सामना करने में लचीला रहकर, आप प्रकाशन परिदृश्य को आत्मविश्वास के साथ तलाश सकते हैं और एक लेखक के रूप में सफलता की संभावना बढ़ा सकते हैं। याद रखें, प्रकाशन का मार्ग प्रत्येक लेखक के लिए अद्वितीय है, और अपनी कला को निखारने के प्रति आपका समर्पण अंततः आपकी सफलता का निर्धारण करेगा।

19

विभिन्न शैलियों में आत्मविश्वास के साथ लिखना

एक उभरते लेखक के रूप में, विभिन्न शैलियों की खोज करना आपके कौशल को निखारने, अपनी रचनात्मक सीमाओं का विस्तार करने और अपनी अनूठी शैली की खोज करने का एक शक्तिशाली तरीका हो सकता है। प्रत्येक शैली विशिष्ट चुनौतियाँ और अवसर प्रदान करती है, जिससे आप कहानी कहने के विभिन्न पहलुओं से जुड़ सकते हैं।

शैली को समझना

शैलियाँ साहित्यिक श्रेणियों के रूप में कार्य करती हैं जो पाठकों और लेखकों को किसी कार्य के विषय, भाव और संरचनात्मक तत्वों की पहचान करने में मदद करती हैं। हालाँकि शैलियाँ एक रूपरेखा प्रदान करती हैं, लेकिन उन्हें आपकी रचनात्मकता को सीमित नहीं करना चाहिए। प्रत्येक शैली की अपनी परंपराएं होती हैं, लेकिन कुछ नया और आकर्षक बनाने के लिए इन्हें मोड़ा, मिश्रित या बदला जा सकता है।

विभिन्न शैलियों में लिखने के लाभ

विभिन्न शैलियों में लिखने से कई लाभ होते हैं जो एक सर्वगुणसंपन्न लेखक के रूप में आपके विकास में योगदान करते हैं-

कौशल में विविधताः विभिन्न शैलियों के लिए अलग-अलग कौशल की आवश्यकता होती है। अपने सुविधा क्षेत्र से परे शैलियों की खोज करने से आपको नई तकनीकें और दृष्टिकोण विकसित करने में मदद मिल सकती है।

रचनात्मक अन्वेषणः विभिन्न शैलियों के साथ प्रयोग करके आप उन विषयों, पात्रों और परिवेश का पता लगा सकते हैं जिन पर आपने अन्यथा विचार नहीं किया होगा।

शैली विकासः अपनी लेखन शैली को विभिन्न शैलियों में अपनाकर आपको अपनी लेखकीय शैली और अनुकूलनशीलता को निखारने में मदद मिल सकती है।

दर्शकों तक पहुँचः विभिन्न शैलियाँ अलग-अलग पाठकों को आकर्षित करती हैं। विभिन्न शैलियों में लेखन आपके पाठकों का विस्तार कर सकता है और व्यापक दर्शकों को आकर्षित कर सकता है।

शैलीगत तकनीकें

प्रत्येक शैली की तकनीकों और परंपराओं का अपना सेट होता है। प्रामाणिक और सम्मोहक कहानियाँ गढ़ने के लिए इन बारीकियों को समझना आवश्यक है।

कथानक संरचनाः विभिन्न शैलियाँ अकसर अलग-अलग कथानक संरचनाओं का अनुसरण करती हैं। यह समझने के लिए इन संरचनाओं का अध्ययन करें कि वे शैली के विषयों और कथा प्रवाह को कैसे आगे ले जाती हैं।

स्वर और शैलीः प्रत्येक शैली के विशिष्ट स्वर और शैली पर ध्यान दें। चाहे वह थ्रिलर का रहस्य हो, फंतासी की सनक हो, या साहित्यिक कथा का आत्मनिरीक्षण हो, निजी लेखन शैली को गढ़ना महत्त्वपूर्ण है।

पात्र विकासः विभिन्न शैलियों के पात्र अद्वितीय लक्षण और प्रेरणाएँ प्रदर्शित करते हैं। किसी शैली के आदर्श पात्रों पर शोध करें और उन्हें अपने ट्विस्ट से भरें।

विश्व निर्माणः फंतासी और विज्ञान कथा जैसी शैलियों के लिए, विश्व निर्माण महत्त्वपूर्ण है। पाठक के अनुभव को बढ़ाने वाली गहन और सुसंगत दुनिया बनाएँ।

चुनौतियाँ अपनानाः शैलियाँ बदलना

शैलियों के बीच परिवर्तन चुनौतीपूर्ण हो सकता है, लेकिन अनुभव अविश्वसनीय रूप से फायदेमंद हो सकता है।

अनुसंधानः आप जिस शैली की खोज कर रहे हैं उसमें खुद को डुबो दें। उस शैली की परंपराओं, विषयों और दर्शकों की अपेक्षाओं को समझने के लिए उस शैली को व्यापक रूप से पढ़ें।

परीक्षण और त्रुटिः जब आप किसी नई शैली के साथ प्रयोग करते हैं तो परीक्षण और त्रुटियों को स्वीकार करें। प्रारंभिक कठिनाइयों से निराश न हों; विकास अभ्यास से आता है।

लचीलापनः शैलियों को बदलते समय, अपनी लेखन प्रक्रिया में लचीले रहें। एक शैली में जो काम करता है वह दूसरे में काम नहीं कर सकता है। तदनुसार अपना दृष्टिकोण अपनाएँ।

शैलियों का सम्मिश्रणः नवप्रवर्तन और रचनात्मकता

शैलियों का सम्मिश्रण अद्वितीय और मनोरम कथानक बनाने का एक तरीका है जो पारंपरिक वर्गीकरण को चुनौती देता है।

कथानक पहचानेंः ऐसी शैलियाँ चुनें जो विषयगत रूप से एक-दूसरे की पूरक हों। विभिन्न शैलियों के तत्त्वों को एकीकृत करने से आपकी कहानी की गहराई और जटिलता बढ़ सकती है।

संतुलन परंपराएँ: शैलियों का मिश्रण करते समय, प्रत्येक की परंपराओं के बीच संतुलन बनाए रखें। बहुत सारे अलग-अलग तत्त्वों से पाठकों पर दबाव डालने से बचें।

अपेक्षाओं को नष्ट करें: पाठकों की अपेक्षाओं को नष्ट करने के लिए शैली सम्मिश्रण का उपयोग करें। रूढ़िवादिता को चुनौती दें और आश्चर्यजनक कथात्मक मोड़ प्रदान करें।

आत्मविश्वास पैदा करनाः अपनी शैली को अपनाना

जैसे-जैसे आप विभिन्न शैलियों का पता लगाते हैं, यह आश्चर्य होना स्वाभाविक है कि क्या आप प्रत्येक में "काफी अच्छे" हैं। याद रखें कि आत्मविश्वास अभ्यास और आत्म-आश्वासन से आता है।

शैली की संगतिः एक लेखक के रूप में आपकी अनूठी शैली विभिन्न शैलियों में चमकेगी। प्रत्येक शैली की माँग को अपनाते हुए अपनी प्रामाणिक शैली को बनाए रखने पर ध्यान दें।

प्रतिक्रिया और विकासः मित्र पाठकों या लेखन समूहों से प्रतिक्रिया माँगें। रचनात्मक आलोचना आपको सुधार के क्षेत्रों की पहचान करने और आत्मविश्वास बढ़ाने में मदद कर सकती है।

व्यक्तिगत अन्वेषणः विभिन्न शैलियों में लिखना यह पता लगाना है कि आपके साथ क्या मेल खाता है। आत्म-खोज की यात्रा को अपनाएँ और अपनी प्रगति का जश्न मनाएँ।

अंततः, विभिन्न शैलियों में लिखना एक गतिशील और समृद्ध प्रयास है जो आपको अपनी रचनात्मक सीमाओं को बढ़ाने, नए कौशल विकसित करने और विविध प्रकार के कार्य विकसित करने की अनुमति देता है। शैली-विशिष्ट तकनीकों को समझकर, चुनौतियों को स्वीकार करके, शैलियों का सम्मिश्रण करके और अपनी अनूठी शैली का पोषण करके, आप आत्मविश्वास से विभिन्न साहित्यिक परिदृश्यों का पता लगा सकते हैं। याद रखें कि एक बहुमुखी और कुशल लेखक बनने का मार्ग सीखने, विकास और रचनात्मक अभिव्यक्ति की एक सतत यात्रा है। लेबलों से परे कहानियाँ लिखने के अवसर का लाभ उठाएँ, और विभिन्न शैलियों में लेखन की इस रोमांचक खोज पर निकलते समय अपने जुनून और जिज्ञासा को आपका मार्गदर्शन करने दें।

20

लेखन में भावनाएँ भरना

लेखन के प्रत्येक यादगार अंश के मूल में एक भावनात्मक गूँज मौजूद होती है—पाठकों के भीतर गहरी भावनाओं और संबंधों को जगाने की क्षमता। एक लेखक के रूप में, भावनात्मक रूप से प्रतिध्वनित होने वाली कहानियों को गढ़ने की आपकी क्षमता आपके काम को एक पृष्ठ पर मात्र शब्दों से लेकर आपके दर्शकों के लिए एक परिवर्तनकारी अनुभव तक बढ़ा सकती है।

लेखन में भावनाओं की शक्ति

भावनाएँ सार्वभौमिक मानवीय अनुभव हैं जो सांस्कृतिक विभाजन को पाटती हैं और व्यक्तियों को मौलिक स्तर पर जोड़ती हैं। जब आप भावनाओं के दायरे में प्रवेश करते हैं, तो आप पाठकों को गहराई से जोड़ते हैं, जिससे वे अभिभूत हो जाते है। भावनात्मक गूँज कहानियों को निष्क्रिय उपभोग से सक्रिय जुड़ाव में बदल देती है, और एक स्थायी प्रभाव छोड़ती है।

भावनात्मक वर्णक्रम को समझना

भावनाएँ एक विशाल वर्णक्रम को समाहित करती हैं—खुशी और प्यार से लेकर उदासी और भय तक। एक लेखक के रूप में आपका कौशल इस भावनात्मक वर्णक्रम के साथ चित्रित करने, भावनाओं की एक लय बनाने की आपकी क्षमता में निहित है जो मानव अस्तित्व की जटिलताओं को प्रतिबिंबित करता है।

मूल भावनाओं को पहचानें: उन प्राथमिक भावनाओं को पहचानें जिन्हें आप अपने पाठकों में जगाना चाहते हैं। ये भावनाएँ आपकी कहानी की भावनात्मक यात्रा की नींव के रूप में काम करती हैं।

भावनाओं को स्तरित करना: भावनाओं को स्तरित करना आपके लेखन में गहराई जोड़ता है। विरोधाभासी भावनाओं का अनुभव करने वाला एक पात्र—जैसे कि दुःख के साथ खुशी का अनुभव—अधिक प्रामाणिक और भरोसेमंद लगता है।

भावगत विशेषताएँ: पात्र विशेषताओं के समान, भावगत विशेषताओं में कहानी के दौरान भावनाओं की प्रगति और परिवर्तन शामिल होता है। एक पात्र की भावनात्मक यात्रा उनकी शारीरिक यात्रा को प्रतिबिंबित कर सकती है, प्रतिध्वनि और विकास पैदा कर सकती है।

सहानुभूतिपूर्ण पात्रों का निर्माण

भावनात्मक गूँज के लिए सहानुभूतिपूर्ण पात्र आवश्यक माध्यम हैं। पाठक उन पात्रों से जुड़ते हैं जो उनके स्वयं के संघर्षों, इच्छाओं और कमजोरियों को दर्शाते हैं।

आंतरिक संघर्ष: पात्रों के भीतर आंतरिक संघर्ष—उनकी इच्छाओं, भय और विश्वासों के बीच की लड़ाई—उन आंतरिक संघर्षों को प्रतिबिंबित करती है जिनका पाठक अपने जीवन में सामना करते हैं।

पिछली कहानियाँ और घावः घावों, आघातों और रचनात्मक अनुभवों को उजागर करने के लिए पात्रों के अतीत में उतरें। ये तत्व उनकी भावनाओं और कार्यों को आकार देते हैं, जिससे वे भरोसेमंद और बहुआयामी बनते हैं।

खामियाँ और कमजोरियाँ: खामियों और कमजोरियों वाले पात्र प्यारे होते हैं क्योंकि वे मानवीय खामियों को प्रतिबिंबित करते हैं। पाठक उनके संघर्षों के प्रति सहानुभूति रखते हैं और उनके विकास का समर्थन करते हैं।

दिखाएँ, बताएँ नहीं: विवरण के माध्यम से भावनाएँ उद्घाटित करना

जब आपके लेखन में भावनाओं को जगाने की बात आती है तो कहावत "दिखाएँ, बताएँ नहीं" विशेष रूप से प्रासंगिक है। किसी पात्र की भावनाओं को सीधे तौर पर बताने के बजाय, पाठकों को उन भावनाओं को प्रत्यक्ष रूप से अनुभव कराने के लिए जीवंत विवरण और कार्यों का उपयोग करें।

संवेदी विवरणः पाठकों को भावनात्मक अनुभव में डुबाने के लिए इंद्रियों को संलग्न करें। किसी भावना से जुड़े दृश्य, ध्वनि, गंध, स्वाद और स्पर्श संवेदनाओं का वर्णन करें।

शारीरिक भाषाः किसी पात्र की शारीरिक भाषा-चेहरे के भाव, हावभाव, मुद्रा-स्पष्ट रूप से बताए बिना उनकी भावनात्मक स्थिति को प्रकट कर सकती है।

आंतरिक एकालापः पाठकों को पात्रों के विचारों और आंतरिक एकालाप से परिचित कराएँ। यह उनकी भावनाओं के बारे में जानकारी प्रदान करता है और उनके अनुभव में गहराई जोड़ता है।

भावनात्मक दाँव बनाना

भावनात्मक दाँव वे परिणाम हैं जिनका पात्रों को उनकी भावनाओं के संबंध में सामना करना पड़ता है। पाठक किसी कहानी से तब जुड़ जाते हैं जब वे समझते हैं कि भावनात्मक रूप से जोखिम क्या है।

पहचानें कि क्या मायने रखता हैः निर्धारित करें कि पात्र किन बातों की गहराई से परवाह करते हैं—चाहे वह उनके रिश्ते हों, सपने हों, या सिद्धांत हों। यह आपकी कहानी का भावनात्मक मूल बन जाता है।

दाँव बढ़ाएँ: दाँव बढ़ाकर भावनाओं को तीव्र करें। पात्रों की भावनाओं से जुड़े संभावित लाभ या हानि को बढ़ाएँ, जिससे उनकी पसंद अधिक महत्त्वपूर्ण हो जाए।

दाँव को व्यक्तिगत करें: दाँव को व्यक्तिगत और प्रासंगिक बनाएँ। जब पाठक पात्रों को उन भावनाओं से जूझते हुए देखते हैं जिन्हें वे समझते हैं, तो वे भावनात्मक रूप से जुड़ जाते हैं।

भावनात्मक चरमोत्कर्ष का निर्माण

भावनात्मक चरमोत्कर्ष आपकी कथा की भावनात्मक यात्रा का चरम है। यह वह क्षण है जब भावनाएँ अपने चरम पर पहुँच जाती हैं और पाठकों से तीव्र प्रतिक्रियाएँ प्राप्त होती हैं।

पूर्वाभासः अपनी पूरी कहानी में भावनात्मक चरमोत्कर्ष का पूर्वाभास दें। संकेत और सूक्ष्म संकेत पाठकों को भावनात्मक जुड़ाव के लिए तैयार करते हैं।

पात्र परिवर्तनः भावनात्मक चरमोत्कर्ष को किसी पात्र के परिवर्तन या विकास से जोड़ें। यह भावनात्मक विशेषता को मजबूत करता है और चरमोत्कर्ष को गहरे स्तर पर प्रतिध्वनित करता है।

भाव विरेचनः पाठकों के लिए एक रेचक अनुभव बनाएँ—निर्मित भावनाओं की विदाई जो समापन और संतुष्टि प्रदान करती है।

भावनाओं को जिम्मेदारी से सँभालना

भावनाएँ शक्तिशाली उपकरण हो सकती हैं, लेकिन उनका उपयोग जिम्मेदारी से किया जाना चाहिए। संवेदनशील विषयों को संबोधित करने और भावनाओं को सटीक रूप से चित्रित करने के लिए प्रामाणिकता और संवेदनशीलता के बीच संतुलन की आवश्यकता होती है।

अनुसंधान और प्रामाणिकताः आप जिन भावनाओं, अनुभवों और संस्कृतियों का चित्रण कर रहे हैं, उन पर गहन शोध करें। प्रामाणिकता आपके पाठकों में विश्वास को बढ़ावा देती है।

शोषण से बचें: सतर्क रहें कि वास्तविक दुनिया के आघातों या भावनाओं का आघात के लिए शोषण न करें। संवेदनशील विषयों को सम्मान और जागरूकता के साथ सँभालें।

ट्रिगर चेतावनियाँ: ऐसी सामग्री के लिए ट्रिगर चेतावनियाँ शामिल करने पर विचार करें जो पाठकों में तीव्र प्रतिक्रिया उत्पन्न कर सकती हैं। यह आपके दर्शकों की भलाई के प्रति सहानुभूति को दर्शाता है।

अंत में, भावनात्मक गूँज आपके लेखन की आत्मा है, वह तत्त्व जो आपके पात्रों में जीवन फूँकता है और आपकी कहानियों को अविस्मरणीय बनाता है। भावनात्मक वर्णक्रम को समझकर, सहानुभूतिपूर्ण पात्रों का निर्माण करके, संवेदी विवरणों को नियोजित करके, भावनात्मक दाँव स्थापित करके, भावनात्मक चरमोत्कर्ष का निर्माण करके और भावनाओं को जिम्मेदारी से सँभालकर, आप भावनाओं की शक्ति का उपयोग करके ऐसे कथानक बना सकते हैं जो आपके पाठकों पर एक अमिट छाप छोड़ सकते हैं। याद रखें कि भावनात्मक

गूँज में महारत हासिल करने की यात्रा जारी है—एक ऐसी खोज जो आपके द्वारा बताई गई हर कहानी के साथ आपके शिल्प और आपके पाठकों के साथ आपके संबंध को गहरा करती है।

21

पात्र विकास को बढ़ाना

पात्र किसी भी कहानी का हृदय और आत्मा होते हैं। उनकी यात्राएँ, विकास और बातचीत कथा को आगे बढ़ाती हैं, जिससे पाठक भावनात्मक और बौद्धिक रूप से जुड़ाव अनुभव करते हैं। एक लेखक के रूप में, आकर्षक और यादगार कहानियाँ बनाने के लिए अच्छी तरह से और सम्मोहक पात्रों को गढ़ने की आपकी क्षमता महत्त्वपूर्ण है।

पात्र विकास का महत्व

पात्र विकास—आपके पात्रों को गहराई, प्रामाणिकता और विकास से भरने की प्रक्रिया है। सशक्त पात्र विकास कुशल लेखन की पहचान है, क्योंकि यह पात्रों को मात्र कथानक उपकरणों से ऐसे व्यक्तियों में बदल देता है जिनकी पाठक परवाह करते हैं और जिनसे वे जुड़ते हैं।

पात्रों के मनोविज्ञान को समझना

प्रामाणिक और भरोसेमंद व्यक्तित्व बनाने के लिए पात्रों के मनोविज्ञान को समझना आवश्यक है।

प्रेरणाएँ: परिभाषित करें कि आपके पात्रों को क्या प्रेरित करता है। उनकी इच्छाओं, भय और लक्ष्यों को उजागर करें, क्योंकि ये प्रेरणाएँ उनके निर्णयों और कार्यों को आकार देती हैं।

आंतरिक संघर्ष: पात्र अक्सर आंतरिक संघर्षों से जूझते हैं—उनकी इच्छाओं, मूल्यों और भय के बीच दुविधाएँ। ये संघर्ष गहराई और प्रासंगिकता पैदा करते हैं।

बैकस्टोरी: विस्तृत बैकस्टोरी विकसित करें जो आपके पात्रों के पिछले अनुभवों, आघातों और प्रभावों को समझाए। अच्छे से निर्मित बैकस्टोरी उनके व्यवहार और निर्णयों को सूचित करती है।

बहुआयामी पात्रों का निर्माण

बहुआयामी पात्र वे होते हैं जिनमें अनेक प्रकार के लक्षण, भावनाएँ और जटिलताएँ होती हैं। वे वास्तविक लोगों को शक्तियों, खामियों और विरोधाभासों के साथ प्रतिबिंबित करते हैं।

ताकत और खामियाँ: अपने पात्रों को ताकत और खामियों का मिश्रित आकार दें। पूर्ण पात्र असंबंधित होते हैं, जबकि अपूर्णताओं वाले पात्र प्यारे होते हैं।

विरोधाभास: पात्रों के भीतर विरोधाभासों को अपनाएँ। एक साहसी पात्र में छिपी हुई असुरक्षाएँ हो सकती हैं, जो उसके व्यक्तित्व में बारीकियाँ जोड़ देती हैं।

विकास: कहानी के दौरान पात्रों का विकास होना चाहिए। विकास चुनौतियों, गलतियों और आत्म-खोज से हो सकता है, जिससे पात्र पूर्ण हो सके।

संवाद और कार्य द्वारा पात्र प्रदर्शन

पात्र के लक्षण उनके संवाद और कार्यों के माध्यम से सर्वोत्तम रूप से प्रकट होते हैं। पात्र किस प्रकार दूसरों के साथ बातचीत करते हैं और स्थितियों पर प्रतिक्रिया करते हैं, इससे यह स्पष्ट होता है कि वे कौन हैं।

विशिष्ट संवाद: प्रत्येक पात्र की बोलने की एक अलग शैली होनी चाहिए जो उसके व्यक्तित्व, पृष्ठभूमि और प्रेरणाओं के अनुरूप हो।

क्रियाएँ अधिक ज़ोर से बोलती हैं: क्रियाएँ शब्दों की तुलना में अधिक वजनदार होती हैं। अपने पात्रों के व्यक्तित्व को प्रदर्शित करें कि वे चुनौतियों, संघर्षों और विजयों पर कैसे प्रतिक्रिया देते हैं।

उपपाठ और भावना: संवाद और कार्यों में उपपाठ और भावना को शामिल करें। जो बात अनकही रह जाती है या अप्रत्यक्ष रूप से व्यक्त की जाती है, वह प्रकट बयानों की तरह ही खुलासा करने वाली हो सकती है।

संबंध और गतिशीलता का निर्माण

पात्र एक-दूसरे के साथ जो रिश्ते बनाते हैं, वे उनके व्यक्तित्व में जटिलता और गहराई जोड़ते हैं।

संघर्ष और तनाव: पात्रों की परस्पर विरोधी इच्छाएँ और विश्वास गतिशील अंतःक्रियाओं को जन्म देते हैं जो कथानक को आगे बढ़ाते हैं। ये संघर्ष उनकी असलियत को उजागर करते हैं।

गुणधर्म ओर रिश्ते: जो पात्र गुणधर्म ओर रिश्ते साझा करते हैं, वे आकर्षक गतिशीलता बनाते हैं। ये रिश्ते सहायक, विरोधी या परिवर्तनकारी हो सकते हैं।

रिश्तों के माध्यम से बदलाव: रिश्तों का असर पात्रों के विकास पर पड़ना चाहिए। एक सलाह, दोस्ती, या रोमांटिक भागीदारी गहन परिवर्तनों को उत्प्रेरित कर सकती है।

अंतर्दृष्टि के लिए आंतरिक एकालाप

आंतरिक एकालाप—किसी पात्र के विचारों को प्रकट करना—उनकी भावनाओं और प्रेरणाओं में अंतर्दृष्टि प्रदान करने के लिए एक शक्तिशाली उपकरण है।

आंतरिक उथल-पुथल: आंतरिक एकालाप पाठकों को किसी पात्र की आंतरिक उथल-पुथल में एक खिड़की प्रदान करता है, जिससे उन्हें अपने संघर्षों के साथ सहानुभूति रखने की सीख मिलती है।

निर्णय लेनाः पात्रों को उनके आंतरिक एकालाप के माध्यम से निर्णयों से जूझते हुए दिखाएँ। इससे उनकी पसंद में जटिलता और भावनात्मक गूँज जुड़ जाती है।

सहानुभूति का निर्माणः पाठक पात्रों से तब जुड़ते हैं जब वे उनके विचारों और भय को समझते हैं। आंतरिक एकालाप उस भावनात्मक संबंध को गहरा करता है।

विविधता और प्रतिनिधित्व की खोज

विविध और अच्छी तरह से प्रस्तुत किए गए पात्र आपकी कथा को समृद्ध बनाने में योगदान करते हैं और व्यापक पाठकों के साथ जुड़ते हैं।

अनुसंधान और संवेदनशीलताः अनुसंधान और संवेदनशीलता के साथ विविधता को अपनाएँ। प्रामाणिक प्रतिनिधित्व के लिए विविध व्यक्तियों के अनुभवों को समझने की आवश्यकता होती है।

रूढ़िवादिता से परेः रूढ़िवादिता या प्रतीकात्मकता पर भरोसा करने से बचें। विविध पृष्ठभूमियों और अनुभवों वाले ऐसे पात्र बनाएँ जो संकीर्ण अपेक्षाओं को चुनौती दें।

सूक्ष्म समावेशनः विविध पात्रों को कथा में सहजता से बुना जाना चाहिए, न कि केवल उनके मतभेदों को उजागर किया जाना चाहिए।

पात्र विशेषताओं का निर्माणः विकास और परिवर्तन

जिस कथा-यात्रा से होकर पात्र गुजरते हैं—पात्र विकास और विशेषताओं को बढ़ाने के लिए वह बुनियाद का काम करती है।

आरंभ और अंतः किसी पात्र की शुरुआत और अंत स्पष्ट होना चाहिए। पात्र कुछ मान्यताओं के साथ शुरू होते हैं और नए दृष्टिकोण के साथ समाप्त होते हैं।

चुनौतियाँ और विकासः पात्र विशेषताओं में ऐसी चुनौतियाँ शामिल हैं जो पात्रों को उनकी खामियों और सीमाओं का सामना करने के लिए मजबूर करती हैं। विकास की यह यात्रा भावनात्मक रूप से गुंजायमान होती है।

कथानक के साथ प्रतिध्वनिः पात्रगत विशेषताओं को आपकी कहानी के विषयों के साथ संरेखित होना चाहिए। एक पात्र का परिवर्तन उस व्यापक संदेश को दर्शाता है जिसे आप व्यक्त करना चाहते हैं।

निष्कर्षतः, पात्र विकास को बढ़ाना प्रभावी कहानी कहने की आधारशिला है। पात्रों के मनोविज्ञान को समझकर, बहुआयामी व्यक्तित्वों का निर्माण करके, संवाद और कार्यों के माध्यम से गुणों को प्रदर्शित करके, संबंध बनाकर, आंतरिक एकालाप का उपयोग करके, विविधता की खोज करके, और गुंजयमान पात्र विकास और विशेषताएँ तैयार करके, आप ऐसे पात्र बना सकते हैं जो आपके पाठकों के दिमाग में जीवंत हो जाते हैं। याद रखें कि पात्र वह साधन हैं जिनके माध्यम से पाठक आपकी कथा का अनुभव करते हैं, संबंध बनाते हैं जो कहानियों को यादगार और प्रभावशाली बनाते हैं। जैसे-जैसे आप पात्र विकास की कला में महारत हासिल करते हैं, आप उन कहानियों को गढ़ने की क्षमता को उपलब्ध होते हैं जो गहराई से गूँजती हैं, जिससे आपका लेखन भावना, सहानुभूति और जुड़ाव की एक सशक्त

आवाज बन जाता है।

22

संशोधनः ड्राफ्ट को बेहतर बनाना

लेखन एक ऐसी यात्रा है जिसमें न केवल पहले प्रारूप का निर्माण शामिल है बल्कि पुनरीक्षण की महत्त्वपूर्ण प्रक्रिया भी शामिल है। यह पुनरीक्षण चरण के दौरान है कि आपके कच्चे विचार साहित्य के परिष्कृत, सामंजस्यपूर्ण और आकर्षक कार्यों में बदल जाते हैं।

पुनरीक्षण का महत्त्व

पुनरीक्षण वह जगह है जहाँ जादू होता है। यह वह चरण है जहाँ आप अपने लेखन को परिष्कृत, स्पष्ट और मजबूत करते हैं, इसे एक कच्चे मसौदे से एक चमकदार रत्न में बदल देते हैं। पुनरीक्षण प्रक्रिया न केवल आपके काम की गुणवत्ता में सुधार करती है बल्कि आपके शिल्प के प्रति आपके समर्पण और अपने पाठकों के प्रति आपके सम्मान को भी दर्शाती है।

पहला ड्राफ्टः एक रफ कैनवास

आपका पहला ड्राफ्ट वह कैनवास है जिस पर आपकी कहानी आकार लेती है। यह आपके विचारों और रचनात्मकता की एक कच्ची, अनफिल्टर्ड अभिव्यक्ति है। हालाँकि, अपने पहले ड्राफ्ट को इस समझ के साथ करना महत्त्वपूर्ण है कि यह एक शुरुआती बिंदु है—एक नींव जिस पर आप अंतिम उत्कृष्ट कृति का निर्माण करेंगे।

आत्म-दूरी की कला

संशोधन में उतरने से पहले, अपने आप को अपने पहले ड्राफ्ट से कुछ दिन के लिए दूर कर लें। यह आपको अपने काम को नई नजरों और अधिक वस्तुनिष्ठ दृष्टिकोण से काम करने की अनुमति देता है। जब आप अपने लेखन के बहुत करीब होते हैं, तो उन त्रुटियों या कमजोरियों को नजरअंदाज करना आसान होता है जो पाठक को दिखाई देती हैं।

संरचनात्मक संशोधन

संरचनात्मक संशोधनों में आपकी कहानी के बड़े चित्र तत्वों की जाँच करना शामिल है, यह सुनिश्चित करना कि आपका कथानक, गति और समग्र संरचना सामंजस्यपूर्ण और सम्मोहक है।

कथानक का सामंजस्यः सुनिश्चित करें कि आपका कथानक घटनाओं के बीच स्पष्ट कारण-और-प्रभाव संबंधों के साथ तार्किक रूप से प्रवाहित हो। कथानक की खामियों और विसंगतियों को दूर करें।

गतिः अपनी कहानी की गति की समीक्षा करें। क्या ऐसे अनुभाग हैं जो खींचते हैं? क्या ऐसे क्षण हैं जिनमें साँस लेने के लिए अधिक समय की आवश्यकता होती है? पाठक का जुड़ाव बनाए रखने के लिए गति समायोजित करें।

पात्र विकासः लगातार पात्र विशेषताओं और विकास की जाँच करें। पात्रों के कार्य और निर्णय उनके स्थापित व्यक्तित्व और प्रेरणाओं के अनुरूप होने चाहिए।

आकर्षक गद्य का निर्माण

एक बार जब आप संरचनात्मक पहलुओं पर ध्यान दे लें, तो अपने लेखन की भाषा और शैली पर ध्यान केंद्रित करें। इस चरण में आपके गद्य को आकर्षक, सटीक और विचारोत्तेजक बनाने के लिए उसे परिष्कृत करना शामिल है।

स्पष्टताः सुनिश्चित करें कि आपके वाक्य स्पष्ट और संक्षिप्त हों। अनावश्यक शब्दजाल, जटिल वाक्य-विन्यास और अस्पष्ट विवरण हटा दें जो पाठकों को भ्रमित कर सकते हैं।

विशद विवरणः पाठकों के मन में जीवंत चित्र बनाने के लिए वर्णनात्मक भाषा का उपयोग करें। दृश्यों को जीवंत बनाने के लिए इंद्रियों को शामिल करें और पाठकों को अपनी दुनिया में डुबो दें।

दिखाएँ, बताएँ नहीं: पाठकों को यह बताने के बजाय कि पात्र कैसा महसूस कर रहे हैं या क्या हो रहा है, कार्यों, संवाद और संवेदी विवरणों के माध्यम से दिखाएँ। यह अधिक गहन अनुभव उत्पन्न करता है।

संवाद और प्रामाणिकता

संवाद पात्र विकास और कथानक उन्नति के लिए एक शक्तिशाली उपकरण है। प्रभावी संवाद स्वाभाविक, प्रामाणिक और उद्देश्य पूरा करने वाला होना चाहिए।

पात्र की शैलीः सुनिश्चित करें कि प्रत्येक पात्र का संवाद अलग हो और उनके व्यक्तित्व, पृष्ठभूमि और प्रेरणाओं के अनुरूप हो।

सबटेक्स्टः बातचीत में सबटेक्स्ट डालें—छुपे हुए अर्थ, अंतर्निहित भावनाएँ और अनकहे तनाव, जो बातचीत में गहराई जोड़ते हैं।

प्रदर्शन नियंत्रणः केवल प्रदर्शन के लिए संवाद का उपयोग करने से बचें। इसके बजाय, प्रवाह को बनाए रखने के लिए बातचीत में जानकारी को स्वाभाविक रूप से जोड़ें।

संपादनः विवरण चमकाना

संपादन में व्याकरण, विराम चिह्न, वर्तनी और फॉर्मेटिंग त्रुटियों को सुधारना शामिल है। ये प्रतीत होने वाले मामूली विवरण आपके काम की व्यावसायिकता और पठनीयता में योगदान करते हैं।

प्रूफरीडिंगः टाइपो, वर्तनी त्रुटियों और व्याकरण संबंधी गलतियों के लिए अपने काम को सावधानीपूर्वक प्रूफरीड करें। एक भी त्रुटि पाठकों का ध्यान भटका सकती है और आपकी विश्वसनीयता कम कर सकती है।

संगतिः वर्तनी, अक्षरों और फॉर्मेटिंग में एकरूपता की जाँच करें। अपने पूरे काम के दौरान एक सुसंगत शैली बनाए रखें।

विराम चिह्नः स्पष्टता और लय बढ़ाने के लिए उचित विराम चिह्न सुनिश्चित करें। विराम चिह्न इस बात को प्रभावित करते हैं कि पाठक आपके लेखन की व्याख्या कैसे करते हैं और उसे कैसे समझते हैं।

फीडबैक और मित्र पाठकः ताजा दृष्टिकोण

पुनरीक्षण प्रक्रिया में दूसरों को शामिल करने से अमूल्य अंतर्दृष्टि मिल सकती है। मित्र पाठकों और विश्वसनीय स्रोतों से फीडबैक विविध दृष्टिकोण प्रदान करते हैं जो सुधार के लिए कमजोर स्थानों और क्षेत्रों को उजागर कर सकते हैं।

मित्र पाठकों का चयनः ऐसे मित्र पाठक चुनें जो लेखन या आपकी शैली के बारे में जानकार हों। उनकी प्रतिक्रिया रचनात्मक और आपके लक्ष्यों के अनुरूप होनी चाहिए।

फीडबैक प्राप्त करनाः फीडबैक को खुले दिमाग से और बदलाव करने की इच्छा से स्वीकार करें। याद रखें कि आप अपने काम को निखार रहे हैं, उसका बचाव नहीं कर रहे हैं।

राय को संतुलित करनाः कई राय और दृष्टिकोण पर विचार करें। यदि कई पाठक एक ही मुद्दे का उल्लेख करते हैं, तो संभवतः यह एक ऐसा क्षेत्र है जिस पर ध्यान देने की आवश्यकता है।

एकाधिक पुनरावृत्तियाँ: प्रक्रिया को अपनाना

समझें कि रिवीजन एक बार का काम नहीं है। सफल लेखक अकसर पुनरीक्षण के कई दौर से गुजरते हैं, प्रत्येक पुनरावृत्ति कार्य को और अधिक परिष्कृत करती है।

वृद्धिशील परिवर्तनः पूरे काम को एक बार में संशोधित करने के विचार से अभिभूतता महसूस न करें। एक समय में एक पहलू पर ध्यान केंद्रित करते हुए, प्रक्रिया को प्रबंधनीय भागों में विभाजित करें।

धैर्य और दृढ़ताः दोहराने में समय लग सकता है, लेकिन आप जो धैर्य और प्रयास करेंगे, वह आपके काम को गुणवत्ता के उच्च स्तर तक ले जाएगा।

उद्देश्य के साथ संशोधनः प्रत्येक संशोधन पर एक विशिष्ट फोकस होना चाहिए, चाहे वह संवाद में सुधार करना हो, विवरणों को परिष्कृत करना हो, या प्रतिक्रिया को संबोधित करना हो।

अंत में, अपने ड्राफ्ट को संशोधित करना एक परिवर्तनकारी यात्रा है जो आपके कच्चे विचारों को लेती है और उन्हें कला के परिष्कृत, पॉलिश कार्यों में आकार देती है। पुनरीक्षण को एक बहु-चरणीय प्रक्रिया के रूप में अपनाकर, जिसमें संरचनात्मक समायोजन, भाषा परिशोधन, संवाद संवर्द्धन, संपादन और फीडबैक को शामिल किया जाता है, आप ऐसा

लेखन तैयार करेंगे जो व्यावसायिकता और गहराई के साथ चमकता है। याद रखें कि प्रत्येक संशोधन एक लेखक के रूप में आपकी पूरी क्षमता को साकार करने, शिल्प के प्रति आपकी प्रतिबद्धता और पाठकों को आपकी कहानी का सबसे अच्छा संस्करण पेश करने की संतुष्टि को प्रदर्शित करने की दिशा में एक कदम है।

23

निरंतर लेखन की आदत

निरंतरता एक सफल लेखक बनने की आधारशिला है। यह अपनी कला को निखारने के लिए नियमित रूप से उपस्थित होने का अभ्यास है, जिससे आप अपना कौशल विकसित कर सकते हैं, चुनौतियों से पार पा सकते हैं और अपनी रचनात्मक दृष्टि को परिपक्व कर सकते हैं।

निरंतरता की शक्ति

निरंतरता एक शक्तिशाली शक्ति है जो किसी भी प्रयास में प्रगति और वृद्धि को बढ़ावा देती है। जब लेखन पर लागू किया जाता है, तो यह आपकी आकांक्षाओं को प्राप्त करने योग्य लक्ष्यों में बदल देती है, अनुशासन को बढ़ावी देता है और अंततः सफलता का मार्ग प्रशस्त करती है।

लिखने की आदत को समझना

लेखन की आदतें दिनचर्या और व्यवहार हैं जिन्हें आप एक स्थिर लेखन अभ्यास बनाने के लिए अपने दैनिक जीवन में जोड़ करते हैं। ये आदतें आपकी रचनात्मक प्रक्रिया को सहारा देती हैं, जिससे बाधाओं को दूर करना और गति बनाए रखना आसान हो जाता है।

स्पष्ट लक्ष्य निर्धारित करना

स्पष्ट लक्ष्य निर्धारित करना आपकी लेखन आदतों को दिशा और उद्देश्य प्रदान करता है। चाहे वह उपन्यास पूरा करना हो, साप्ताहिक ब्लॉग पोस्ट लिखना हो, या अपने कहानी कहने के कौशल में सुधार करना हो, लक्ष्य आपको उद्देश्य की भावना देते हैं और आपके प्रयासों का मार्गदर्शन करते हैं।

विशिष्टताः अपने लक्ष्यों को विशिष्ट और मापने योग्य बनाएँ। "अधिक लिखने" का लक्ष्य रखने के बजाय, प्रति दिन 500 शब्द लिखने या प्रत्येक सप्ताह एक अध्याय पूरा करने का लक्ष्य निर्धारित करें।

यथार्थवादी महत्त्वाकांक्षाः महत्त्वाकांक्षा को यथार्थवाद के साथ संतुलित करें। हालाँकि खुद को चुनौती देना अच्छा है, लेकिन अप्राप्य लक्ष्य निर्धारित करने से निराशा और उत्तेजना

हो सकती है।

दीर्घकालिक दृष्टिकोणः अल्पकालिक लक्ष्यों को दीर्घकालिक दृष्टिकोण से जोड़ें। कल्पना करें कि आप अपनी लेखन यात्रा को कहाँ ले जाना चाहते हैं, और उस दृष्टि का उपयोग लगातार प्रयास को प्रेरित करने के लिए करें।

लेखन दिनचर्या बनाना

लेखन दिनचर्या उन क्रियाओं और प्रथाओं का एक समूह है जिनका आप लेखन के लिए अनुकूल वातावरण बनाने के लिए नियमित रूप से पालन करते हैं। दिनचर्या संरचना प्रदान करती है और हर बार जब आप लिखने बैठते हैं तो कलम स्वयं चलने लगती है।

निर्दिष्ट समयः लिखने के लिए दिन का एक विशिष्ट समय समर्पित करें। जब लिखना आपके दैनिक कार्यक्रम का एक अभ्यस्त हिस्सा बन जाता है तो निरंतरता मजबूत होती है।

प्रेरक स्थानः एक लेखन स्थान निर्धारित करें जो रचनात्मकता को प्रेरित करे। भटकाव से मुक्त एक समर्पित क्षेत्र होने से फोकस और उत्पादकता में वृद्धि हो सकती है।

लेखन-पूर्व अनुष्ठानः लेखन-पूर्व अनुष्ठान विकसित करें जो आपके मस्तिष्क को संकेत दें कि यह लिखने का समय है। इसमें एक कप चाय बनाना, जर्नलिंग करना, या शांत संगीत सुनना जैसी गतिविधियाँ शामिल हो सकती हैं।

दैनिक शब्द गणना और लेखन कोटा

दैनिक शब्द गणना या लेखन कोटा निर्धारित करना निरंतरता को मापने और बनाए रखने का एक प्रभावी तरीका है।

शब्द गणना लक्ष्यः एक दैनिक शब्द गणना लक्ष्य निर्धारित करें जो आपके शेड्यूल और उत्पादकता स्तर के अनुरूप हो। यह कम-से-कम 300 शब्द या अधिक से अधिक 2,000 शब्द हो सकते हैं।

लेखन कोटाः केवल शब्द गणना पर ध्यान केंद्रित करने के बजाय, लेखन कोटा पर विचार करें। उदाहरण के लिए, हर दिन न्यूनतम 30 मिनट लिखने का संकल्प लें।

प्रगति पर नज़र रखनाः अपनी प्रगति पर नज़र रखने के लिए ऐप या स्प्रेडशीट जैसे टूल का उपयोग करें। अपनी शब्द संख्या को बढ़ते हुए देखना या लगातार दिनों की श्रृंखला देखना प्रेरणादायक हो सकता है।

अवरोध पर काबू पाना

लेखक की रुकावट एक आम बाधा है, लेकिन लगातार लिखने की आदतें आपको इससे उबरने में मदद कर सकती हैं।

सतत दिनचर्याः एक सतत दिनचर्या रचनात्मकता कम होने पर भी स्थिरता प्रदान करती है। बिना प्रेरणा के भी लिखने के लिए बैठने से सफलता मिल सकती है।

स्वतंत्र लेखनः लेखक अवरोध के दौर में, स्वतंत्र लेखन में संलग्न रहें। बिना निर्णय या अपेक्षा के लिखें, अपने विचारों को स्वतंत्र रूप से प्रवाहित होने दें।

प्रयोगः रचनात्मकता को प्रोत्साहित करने के लिए नए लेखन अभ्यास या संकेत आज़माएँ। विविध लेखन गतिविधियों में लगातार संलग्न रहने से नए विचारों को बढ़ावा मिल सकता है।

जवाबदेही और समर्थन

निरंतर लेखन की आदतों के प्रति अपनी प्रतिबद्धता को दूसरों के साथ साझा करने से जवाबदेही और समर्थन मिल सकता है।

लेखन समूहः समान लक्ष्य साझा करने वाले साथी लेखकों से जुड़ने के लिए, ऑनलाइन या व्यक्तिगत रूप से, लेखन समूहों में शामिल हों। नियमित जुड़ाव और चर्चाएँ आपको प्रेरित रख सकती हैं।

जवाबदेही भागीदारः एक ऐसे लेखन मित्र के साथ जोड़ी बनाएँ जो आपको आपके लक्ष्यों के लिए जवाबदेह बनाता है। नियमित जाँच और प्रोत्साहन से निरंतरता को बढ़ावा मिल सकता है।

सार्वजनिक प्रतिबद्धताः सोशल मीडिया पर या दोस्तों और परिवार के सामने अपने लेखन लक्ष्यों की घोषणा करें। यह ज्ञान कि अन्य लोग आपकी प्रतिबद्धता के बारे में जानते हैं, प्रेरक हो सकता है।

असफलताओं का प्रबंधन

असफलताएँ किसी भी रचनात्मक यात्रा का स्वाभाविक हिस्सा हैं, लेकिन लगातार लिखने की आदतें आपको उनसे निपटने और उनसे उबरने में मदद कर सकती हैं।

लचीलापनः अप्रत्याशित चुनौतियों का सामना करने के लिए अनुकूलनशील बनें। यदि आपकी दिनचर्या बाधित हो गई है, तो लिखने के लिए वैकल्पिक समय या स्थान खोजें।

अपूर्णता को स्वीकार करनाः समझें कि हर लेखन सत्र सही नहीं होगा। शुरुआती चरण के दौरान अपने आप को "खराब" लेखन के लिए तैयार करें। पहले ड्राफ्ट को बाद में सुधारा जा सकता है।

पुनर्प्रतिबद्धताः जब असफलताएँ आती हैं, तो अपने लक्ष्यों और आदतों के प्रति पुनः प्रतिबद्ध हों। अस्थायी बाधाओं को अपनी समग्र प्रगति को बाधित न करने दें।

उपलब्धियों का जश्न

मील के पत्थर और उपलब्धियों का जश्न मनाने से निरंतर लेखन की आदतों के मूल्य को सुदृढ़ किया जा सकता है।

छोटे पुरस्कारः दैनिक या साप्ताहिक लेखन लक्ष्यों को प्राप्त करने के लिए स्वयं को पुरस्कृत करें। यह उतना ही सरल हो सकता है जितना अपने आप को कोई पसंदीदा नाश्ता कराना या इत्मीनान से टहलना।

प्रगति पर चिंतनः नियमित रूप से इस पर चिंतन करें कि आप कितना आगे आए हैं। पिछले काम की समीक्षा करें, लक्ष्यों पर दोबारा गौर करें और अपने लेखन कौशल में वृद्धि को स्वीकार करें।

सफलताएँ साझा करनाः अपने लेखन समुदाय या सोशल मीडिया पर अपने मील के पत्थर साझा करें। दूसरों के साथ उपलब्धियों का जश्न मनाने से उपलब्धि की भावना बढ़ती है।

निष्कर्षतः, लगातार लिखने की आदत विकसित करना एक परिवर्तनकारी अभ्यास है जो विकास, निपुणता और आपकी रचनात्मक आकांक्षाओं की प्राप्ति की ओर ले जाता है। स्पष्ट लक्ष्य निर्धारित करके, एक लेखन दिनचर्या बनाकर, दैनिक शब्द गणना निर्धारित करके, लेखक के अवरोध पर काबू पाकर, जवाबदेही की तलाश करके, असफलताओं का प्रबंधन करके और उपलब्धियों का जश्न मनाकर, आप अनुशासन और समर्पण की नींव बनाते हैं जो आपकी लेखन यात्रा को बनाए रखती है। निरंतरता न केवल एक आदत बन जाती है, बल्कि सशक्तिकरण का एक स्रोत भी बन जाती है, जो चुनौतियों के माध्यम से आपका मार्गदर्शन करती है और आपको सफलता की ओर प्रेरित करती है। जैसे-जैसे आप लगातार लिखने का अभ्यास अपनाते हैं, आप एक ऐसे रास्ते पर चल पड़ते हैं जो न केवल आपकी कला को निखारता है बल्कि एक समर्पित और निपुण लेखक के रूप में आपकी पहचान को भी समृद्ध करता है।

24

प्रतीकवाद और रूपक का उपयोग

लिखने की कला शब्दों से आगे तक फैली हुई है—इसमें अर्थ की परतें तैयार करना शामिल है जो पाठकों के साथ गहराई से जुड़ती हैं। प्रतीकवाद और रूपक शक्तिशाली उपकरण हैं जो विचारों, भावनाओं और विषयों को सूक्ष्म और विचारोत्तेजक माध्यमों से व्यक्त करने योग्य बनाते हैं।

प्रतीकवाद और रूपक का जादू

प्रतीकवाद और रूपक साहित्यिक उपकरण हैं जो पाठकों को कहानी की सतह के नीचे जाने और छिपे हुए अर्थों को उजागर करने के लिए आमंत्रित करते हैं। अपने लेखन को इन तत्वों से जोड़कर, आप एक समृद्ध, अधिक गहन पढ़ने का अनुभव बनाते हैं।

प्रतीकवाद को समझना

प्रतीक—वस्तुएँ, क्रियाएँ या अवधारणाएँ हैं जो अपनी शाब्दिक व्याख्या से परे गहरा अर्थ रखते हैं। वे मूर्त और अमूर्त के बीच एक पुल बनाते हैं, जिससे लेखकों को विषयों, भावनाओं और विचारों को अप्रत्यक्ष रूप से व्यक्त करने में सुविधा होती है।

सांस्कृतिक और सार्वभौमिक प्रतीकः प्रतीक सांस्कृतिक रूप से विशिष्ट या सार्वभौमिक रूप से मान्य हो सकते हैं। ऐसे प्रतीक चुनें जो आपके इच्छित दर्शकों के साथ मेल खाते हों और आपकी कथा को बढ़ाते हों।

आवर्ती प्रतीकः आपके पूरे काम में किसी प्रतीक का बार-बार उपयोग इसके प्रभाव को मजबूत कर सकता है। एक आवर्ती प्रतीक एक धागा बन जाता है जो आपकी कहानी के विषयों को एक साथ जोड़ता है।

पात्र-आधारित प्रतीकः प्रतीकों को पात्रों की यात्रा के साथ संरेखित करें। एक प्रतीक किसी पात्र के विकास, आंतरिक संघर्ष या परिवर्तन का प्रतिनिधित्व कर सकता है।

रूपकों का निर्माण

रूपक ऐसी तुलनाएँ हैं जो दो असंबद्ध प्रतीत होने वाली चीज़ों के बीच समानता को उजागर करते हैं। वे पाठकों को एक चीज़ को दूसरी चीज़ के संदर्भ में देखने के लिए आमंत्रित करके जीवंत कल्पना और भावनात्मक प्रतिध्वनि पैदा करते हैं।

सूक्ष्मता और कल्पनाः रूपक पाठकों को अपनी कल्पना को जोड़ने और शब्द और रूपक के बीच संबंध बनाने के लिए आमंत्रित करते हैं। अप्रत्यक्ष रूप से भावनाओं और अंतर्दृष्टि को जगाने के लिए रूपकों का उपयोग करें।

विविधता और ताजगीः घिसी-पिटी बातों से बचने के लिए अद्वितीय रूपकों को प्रयोग करें। ताज़ा रूपक पाठकों को आश्चर्यचकित करते हैं और उनके दिमाग में ऐसे चित्र बनाते हैं जो परिचित और नये दोनों होते हैं।

विस्तारित रूपकः वाक्य, पैराग्राफ और यहाँ तक कि अध्यायों में भी रूपक का विस्तार करें। इससे तुलना में निरंतरता आती है और कथा में रोचकता बनी रहती है।

प्रतीकवाद और थीम का समावेश

प्रतीकवाद और रूपक तब सबसे शक्तिशाली होते हैं जब वे आपकी रचना के व्यापक विषय के साथ गूँजते हैं।

मुख्य विषयों की पहचानः उन केंद्रीय विषयों को निर्धारित करें जिन्हें आप खोजना करना चाहते हैं। ये विषय आपके प्रतीकों और रूपकों के चयन और उपयोग का मार्गदर्शन करेंगे।

समानताः अपनी कहानी की बाहरी घटनाओं और आंतरिक संघर्षों के बीच समानताएँ बनाने के लिए प्रतीकों और रूपकों का उपयोग करें, विषयगत प्रतिध्वनि को मजबूत करें।

उपपाठ और परतेंः प्रतीक और रूपक आपके लेखन में उपपाठ की परतें जोड़ते हैं। वे उन पाठकों को विषयों के बारे में बताते हैं जो गहन अन्वेषण की सराहना करते हैं।

प्रतीकवाद से पात्र-चित्रण

प्रतीक और रूपक आपके पात्रों के आंतरिक विचारों, प्रेरणाओं और भावनात्मक स्थितियों को प्रकट करके उन्हें समृद्ध कर सकते हैं।

पात्र-विशिष्ट प्रतीकः अलग-अलग पात्रों के लिए अद्वितीय प्रतीक या रूपक निर्दिष्ट करें। ये रूपांकन पात्रों के व्यक्तित्व और विशेषता में खिड़कियाँ बन जाते हैं।

परिवर्तनकारी प्रतीकः जैसे-जैसे पात्र विकसित होते हैं, प्रतीकों के साथ उनका संबंध बदल सकता है। एक प्रतीक जो पहले डर का प्रतिनिधित्व करता है, बाद में साहस का प्रतीक बन सकता है।

विरोधाभासी प्रतीकः पात्रों के बीच अंतर को उजागर करने के लिए विरोधाभासी प्रतीकों का उपयोग करें। प्रकाश के प्रति एक पात्र की आत्मीयता दूसरे के अँधेरे के प्रति जुड़ाव से भिन्न हो सकती है।

माहौल और मूड बनाना

प्रतीक और रूपक आपकी कहानी के माहौल और मनोदशा को स्थापित करने में महत्त्वपूर्ण भूमिका निभाते हैं।

संवेदी जुड़ावः ऐसे प्रतीक और रूपक चुनें जो इंद्रियों को जोड़ते हैं और विशिष्ट भावनाओं को जगाते हैं। यह आपके कथा के समग्र मूड को बढ़ाते हैं।

पूर्वाभासः अपेक्षा और रहस्य का तत्व जोड़ते हुए, घटनाओं का पूर्वाभास करने के लिए प्रतीकों का उपयोग करें। प्रतीकों के माध्यम से पूर्वाभास अनिवार्यता की भावना पैदा करते हैं।

वर्णनात्मक संवर्धनः वर्णनात्मक पैराग्राफ को समृद्ध करने के लिए प्रतीकों और रूपकों का उपयोग करें। ये साहित्यिक उपकरण आपके लेखन को जीवंतता प्रदान करते हैं, जिससे दृश्य अधिक यादगार बन जाते हैं।

सूक्ष्मता और स्पष्टता का संतुलन

प्रतीकों और रूपकों का उपयोग करते समय सूक्ष्मता और स्पष्टता के बीच सही संतुलन खोजना आवश्यक है।

रोचकताः प्रतीकवाद का उपयोग करते समय रोचकता पर ध्यान दें। भारी-भरकम वाक्यों से बचें जो पाठक का ध्यान भंग कर सकते हैं।

पाठक व्याख्याः पाठक व्याख्या के लिए जगह छोड़ें। जुड़ाव और खोज को बढ़ावा देते हुए पाठकों को स्वयं अर्थों को उजागर करने और समझने दें।

प्रासंगिक स्पष्टताः सुनिश्चित करें कि आपकी कहानी के संदर्भ में प्रतीक और रूपक स्पष्ट हों। एक प्रतीक से कई अर्थ निकलने चाहिए, लेकिन उनमें से एक अर्थ आपकी इच्छित व्याख्या के अनुरूप होना चाहिए।

प्रतीकात्मक तत्वों को परिष्कृत करना

प्रतीक और रूपक अकसर पुनरीक्षण प्रक्रिया के दौरान स्वयं को प्रकट करते हैं। संशोधन द्वारा उनके प्रभाव को परिष्कृत और बढ़ाया जा सकता है।

प्रतीक निरंतरताः प्रतीकों के उपयोग में निरंतरता के लिए अपने काम की समीक्षा करें। सुनिश्चित करें कि प्रतीकों का उपयोग उद्देश्यपूर्ण ढंग से और उनके स्थापित अर्थों के अनुरूप किया जाए।

प्रतीक अतिरेकः अपने कथन को बहुत अधिक प्रतीकों से भरने से बचें। कुछ अच्छी तरह से चुने गए प्रतीक बिखरे हुए प्रतीकों की बहुतायत की तुलना में अधिक वजनी होते हैं।

मित्र पाठकः अपने प्रतीकों और रूपकों की प्रभावशीलता का आकलन करने के लिए मित्र पाठकों से प्रतिक्रिया लें। मित्र पाठक इस बात की जानकारी दे सकते हैं कि आपके इच्छित अर्थ सामने आ रहे हैं या नहीं।

अंत में, आपके लेखन में प्रतीकवाद और रूपक का उपयोग गहराई, प्रतिध्वनि और बारीकियों को जोड़ता है जो आपके काम को एक उच्च स्तर पर ले जाता है। प्रतीकवाद के जादू को समझकर, जीवंत रूपों को तैयार करके, इन उपकरणों को विषयों के साथ संरेखित

करके, पात्र-चित्रण को बढ़ाकर, माहौल को सेट करके, और सूक्ष्मता और स्पष्टता के बीच संतुलन बनाकर, आप ऐसे कथानक बना सकते हैं जो पाठकों के दिमाग में लंबे समय तक ताजा बने रहते हैं। याद रखें कि प्रतीकवाद और रूपक कलात्मक अभिव्यक्ति के उपकरण हैं, जो आपको न केवल सतह पर बल्कि भावनाओं, उप-पाठ और सार्वभौमिक मानवीय अनुभवों के दायरे में भी संवाद करने देते हैं। जैसे ही आप इन साहित्यिक उपकरणों को शामिल करने की कला में महारत हासिल कर लेंगे, आपका लेखन एक अद्वितीय प्रतिभा के साथ चमक उठेगा जो आपके दर्शकों को मंत्रमुग्ध और प्रेरित करेगा।

25

सम्मोहक लघु कथाएँ लिखना

लघु कथाएँ कहानी कहने का एक अनूठा रूप है जो लेखकों को एक सीमित स्थान के भीतर गहराई, भावना और प्रभाव को व्यक्त करने की चुनौती देती है। एक सम्मोहक लघु कहानी तैयार करने के लिए चतुराई, सटीकता और कहानी कहने की तकनीकों की गहरी समझ की आवश्यकता होती है।

लघुकथाएँ संक्षिप्त कथाएँ हैं जो एक क्षण, एक भावना या एक विषय को संक्षिप्त रूप में प्रस्तुत करती हैं। संक्षिप्तता के कारण उनकी माँग होती है कि प्रत्येक शब्द और प्रत्येक वाक्य एक उद्देश्य पूरा करे, जिसके परिणामस्वरूप ऐसी कहानियाँ बनती हैं जो पाठकों पर स्थायी प्रभाव छोड़ती हैं।

लघुकथा की संरचना

हालाँकि लघुकथाएँ अपेक्षाकृत संक्षिप्त होती हैं, फिर भी वे एक मौलिक कथा संरचना का पालन करती हैं जिसमें परिचय, बढ़त, चरम, गिरावट और समाधान शामिल हैं।

परिचयः पात्र, परिवेश और प्रारंभिक स्थिति का तेजी से परिचय दें, जिससे पाठक को आगे की कहानी की ओर आकर्षित किया जा सके।

संघर्ष और बढ़ती कार्रवाईः उस केंद्रीय टकराव या चुनौती का परिचय दें जिसका नायक/नायिका सामना करते हैं। टकराव बढ़ने पर धीरे-धीरे तनाव पैदा करें।

चरमोत्कर्षः चरमोत्कर्ष कहानी का महत्त्वपूर्ण मोड़ है, जहाँ नायक टकराव का डटकर मुकाबला करता है। यह सबसे गहन और निर्णायक क्षण होता है।

समाधानः संघर्ष का समाधान प्रदान करें, यह दिखाते हुए कि कहानी की घटनाओं से पात्रों का जीवन कैसे प्रभावित होता है।

एक केंद्रीय कथानक या विचार चुनना

लघुकथाएँ अकसर एक केंद्रीय विषय या विचार के इर्द-गिर्द घूमती हैं जो कथा को संचालित करता है। एक ऐसा विषय चुनें जो आपके अनुरूप हो और कहानी के सीमित दायरे

में इसका गहराई से अन्वेषण करें।

केंद्रित अन्वेषणः लघुकथा में किसी एक विषय या विचार पर कहानी की बुनावट की जाती है। वह चुनें जिसे आप प्रारूप की सीमाओं के भीतर गहराई से समझ सकें।

सार्वभौमिक विषय-वस्तुः ऐसे विषयों का चयन करें जिनकी सार्वभौमिक प्रासंगिकता हो। इससे पाठक व्यक्तिगत और भावनात्मक स्तर पर कहानी से जुड़ पाते हैं।

भावनात्मक प्रभावः लघुकथा के संदर्भ में वे विषय-वस्तु जो मजबूत भावनाओं—प्रेम, हानि, मुक्ति—को उद्घाटित करते हैं, पाठकों पर गहरा प्रभाव डालते हैं।

बाधाओं के भीतर पात्र विकास

लघुकथा के दायरे में सर्वगुणसंपन्न पात्रों का निर्माण करने के लिए सावधानीपूर्वक विचार और रणनीतिक विकल्पों की आवश्यकता होती है।

पात्र विशेषताएं: लघु कथा को सीमित लंबाई में समेटने के लिए पात्र विशेषताएँ सीमित रखें। एक महत्त्वपूर्ण परिवर्तन या अहसास पर ध्यान केंद्रित करें जो पात्र अनुभव करता है।

विशिष्ट लक्षणः ऐसे विशिष्ट गुणों वाले पात्र स्थापित करें जिन्हें तुरंत पहचाना जा सके। कुछ अच्छी तरह से चुने गए लक्षण किसी पात्र के व्यक्तित्व को प्रभावी ढंग से व्यक्त कर सकते हैं।

दिखाएँ, बताएँ नहीं: पात्रों की भावनाओं और प्रेरणाओं को प्रकट करने के लिए कार्य, संवाद और आंतरिक विचारों का उपयोग करें। जो अपने आचरण से अपनी विशेषताएँ दिखाएँ।

आकर्षक आरंभ और अंत

ध्यान आकर्षित करने और स्थायी प्रभाव छोड़ने के लिए लघुकथा का आरंभ और अंत महत्त्वपूर्ण है।

पाठक को बाँधे रखनाः एक सम्मोहक घटना से शुरुआत करें जो पाठकों को आकर्षित करती है और उन्हें कहानी में और गहराई तक जाने के लिए आमंत्रित करती है।

वृत्ताकार अंतः वृत्ताकार अंत, जहाँ कहानी शुरुआत के प्रतिबिंब या संदर्भ के साथ समाप्त होती है, समापन की एक संतोषजनक भावना प्रदान करती है।

गुंजायमान अंतिम पंक्तियाँ: एक लघु कहानी की अंतिम पंक्तियाँ पाठकों के मन में गूँजनी चाहिए, जिससे उन्हें एक शक्तिशाली भावना या विचार करने के लिए प्रेरित किया जा सके।

भाषा की मितव्ययिता

लघुकथा में भाषा की मितव्ययिता आवश्यक है। प्रत्येक शब्द को कहानी के प्रभाव में योगदान देना चाहिए, और अनावश्यक तत्त्वों को हटा देना चाहिए।

अतिरेक समाप्त करें: अनावश्यक विवरण या जानकारी से बचें। यदि कोई विवरण कथा या पात्र-चित्रण में योगदान नहीं देता है, तो उसे हटाने पर विचार करें।

मजबूत क्रियाएँ और विवरणः मजबूत क्रियाएँ और जीवंत विवरण चुनें जो कल्पना पैदा करते हैं और पाठकों को कहानी की दुनिया में डुबो देते हैं।

उपपाठ और निहितार्थः अप्रत्यक्ष रूप से अर्थ व्यक्त करने के लिए उपपाठ और निहितार्थ का उपयोग करें। सबकुछ स्पष्ट करने के बजाय पाठकों को अनुमान लगाने दें। इससे पाठकों का जुड़व बढ़ता है।

भावनाओं और कल्पना का प्रदर्शन

लघुकथाएँ भावनाओं को जगाने और जीवंत कल्पनाएँ बनाने में कामयाब होती हैं जो पाठकों को पसंद आती हैं।

संवेदी विवरणः पाठकों के लिए संवेदी अनुभव बनाने के लिए इंद्रियों को शामिल करें। दृश्य, ध्वनि, गंध, स्वाद और स्पर्श संवेदनाओं का वर्णन करें।

भावनात्मक अनुनादः पात्रों के कार्यों, संवाद और आंतरिक विचारों के माध्यम से भावनाओं को व्यक्त करें। पाठकों को सीधे-सीधे बताने के बजाय दिखाएँ कि पात्र कैसा महसूस करते हैं।

कल्पनाशील भाषाः अद्वितीय और कल्पनाशील विवरण बनाने के लिए भाषा के साथ प्रयोग करें। रूपक, उपमाएँ और रचनात्मक वाक्यांश कहानी के प्रभाव को बढ़ा सकते हैं।

सीमित स्थान में कथानक की जटिलता

लघुकथाओं में जटिल कथानक हो सकते हैं जो पाठकों को मोहित और आश्चर्यचकित कर देते हैं।

एकल फोकसः कथानक का फोकस किसी एक संघर्ष, चुनौती या दुविधा तक सीमित रखें। इस केंद्रीय तत्व की गहराई से खोज करने से जटिल कथानक उत्पन्न हो सकते हैं।

मोड़ और मोड़ः मोड़, मोड़ और अप्रत्याशित घटनाक्रम को शामिल करें जो पाठकों को बाँधे रखते हैं और वे यह जानने के लिए उत्सुक रहते हैं कि आगे क्या होता है।

सबप्लॉटः जबकि सबप्लॉट सीमित हैं, आप पाठकों पर दबाव डाले बिना कथा में गहराई और जटिलता जोड़ने के लिए उन्हें सूक्ष्मता से परतबद्ध कर सकते हैं।

संपादन एवं संशोधन

लघुकथाओं के लिए संपादन प्रक्रिया विशेष रूप से महत्त्वपूर्ण है, जहाँ अधिकतम प्रभाव प्राप्त करने के लिए प्रत्येक तत्व को परिष्कृत किया जाना चाहिए।

परिशुद्धताः परिशुद्धता और स्पष्टता के लिए अपनी कहानी संपादित करें। ऐसे किसी भी बाहरी तत्व को हटा दें जो कहानी के मूल विषयों या कथा में योगदान नहीं देता है।

ज़ोर से पढ़ेंः अजीब वाक्यांशों, गति संबंधी मुद्दों और उन क्षेत्रों की पहचान करने के लिए अपनी कहानी को ज़ोर से पढ़ें जहाँ लय में सुधार किया जा सकता है।

मित्र पाठक फीडबैकः आपकी कहानी दर्शकों के साथ कैसे जुड़ती है, इसकी जानकारी पाने के लिए मित्र पाठक से फीडबैक लें। अपने काम को और बेहतर बनाने के लिए उनके इनपुट का उपयोग करें।

अंत में, सम्मोहक लघु कथाएँ तैयार करना एक संक्षिप्त कथा के भीतर गहराई और भावना को जोड़ने में लेखक के कौशल का प्रमाण है। लघुकथाओं के सार को समझकर, प्रभावी ढंग से कहानियों की संरचना करके, केंद्रीय विषयों को चुनकर, बाधाओं के भीतर पात्रों को विकसित करके, आकर्षक शुरुआत और अंत बनाकर, भाषा की अर्थव्यवस्था को नियोजित करके, भावनाओं और कल्पना को प्रदर्शित करके, जटिल कथानकों को डिजाइन करके और संपादन के माध्यम से परिष्कृत करके, आप कहानियाँ बना सकते हैं वे कहानियाँ पढ़ने के बाद भी पाठकों के दिमाग में लंबे समय तक बनी रहती हैं। याद रखें कि लघुकथाओं की शक्ति एक सीमित स्थान में शक्तिशाली भावनाओं को जगाने और चिंतन को प्रेरित करने की उनकी क्षमता में निहित है। जैसे ही आप सम्मोहक लघु कथाएँ लिखने की कला में महारत हासिल कर लेते हैं, आप अमिट छाप छोड़ने वाली कहानियों से अपने पाठकों को प्रभावित करने और मंत्रमुग्ध करने की क्षमता ग्रहण कर लेते हैं।

26

लेखक की शैली का विकास

एक लेखक की शैली साहित्यिक दुनिया पर उसकी अनूठी छाप होती है—शैली, स्वर और कथा विकल्पों का संयोजन जो उसके काम को अलग करता है। जैसे लेखक समय के साथ बढ़ते और विकसित होते हैं, वैसे ही उनकी शैली भी विकसित होती है।

शैली की गतिशील प्रकृति

एक लेखक की शैली एक स्थिर इकाई नहीं है बल्कि उनके शिल्प का एक तरल और विकासशील पहलू है। जिस तरह लोग बदलते और बढ़ते हैं, उसी तरह एक लेखक की शैली भी अपनी यात्रा के दौरान बदलती है।

प्रारंभिक चरणः अनुकरण और खोज

किसी लेखक की यात्रा के प्रारंभिक चरण में, नकल अकसर केंद्र में आ जाती है। नए लेखक उन लेखकों से प्रभावित होते हैं जिनकी वे प्रशंसा करते हैं, जिससे प्रयोग और अन्वेषण का दौर शुरू होता है।

प्रभावों का अनुकरणः नए लेखक अपने पसंदीदा लेखकों की शैलियों का अनुकरण करते हैं। यह सीखने की प्रक्रिया का एक स्वाभाविक हिस्सा है क्योंकि उन्हें पता चलता है कि उनके साथ क्या मेल खाता है।

शैली की नींवः अनुकरण के माध्यम से, लेखक उन तत्त्वों को समझना शुरू करते हैं जिनसे वे व्यक्तिगत स्तर पर जुड़ते हैं। ये संकेत उनकी निजी शैली की नींव बनाते हैं।

शैली अन्वेषणः प्रारंभिक लेखक अकसर विभिन्न शैलियों और रचना-पद्धतियों के साथ प्रयोग करते हैं। यह अन्वेषण उन्हें उनकी प्राथमिकताओं और शक्तियों को उजागर करने में मदद करता है।

पहचान बनानाः एक आवाज का उद्भव

जैसे-जैसे लेखक अनुभव प्राप्त करते हैं, उनकी अनूठी शैली उभरती है—भाषाई पैटर्न, विषयगत प्राथमिकताओं और कथात्मक झुकाव का संयोजन।

शब्द चयन और वाक्य-विन्यासः लेखक विशिष्ट शब्द विकल्प और वाक्य संरचना विकसित करना शुरू करते हैं जो उनके व्यक्तित्व को दर्शाते हैं।

विषय-वस्तु और विशिष्टताएँ: लेखक के काम में बार-बार विषय-वस्तु और विशिष्टताएँ सामने आती हैं। ये उनकी व्यक्तिगत मान्यताओं और रुचियों की खिड़कियाँ हैं।

स्वर और वातावरणः एक विकसित होती शैली विशिष्ट स्वर और वातावरण को सामने लाती है जो विभिन्न कार्यों में दोहराए जाते हैं।

विविध शैलियों की खोज

लेखक अकसर अपने रचनात्मक क्षितिज का विस्तार करने और अपनी अनूठी शैली को और निखारने के लिए विभिन्न रचना-पद्धतियों के साथ प्रयोग करते हैं।

शैली को अपनानाः लेखक अपनी शैली को विभिन्न रचना-पद्धतियों के अनुरूप ढालना सीखते हैं। प्रत्येक शैली विशिष्ट कथात्मक दृष्टिकोण और भाषाई विकल्पों की माँग के अनुरूप होती है।

नकल और महारतः अनुभवी लेखक अपनी बहुमुखी प्रतिभा दिखाने के लिए जानबूझकर विभिन्न शैलियों की नकल कर सकते हैं। यह प्रक्रिया कथा तकनीकों के बारे में उनकी समझ को गहरा करती है।

नए प्रभावों को शामिल करनाः लेखक नए लेखकों और अनुभवों से प्रभावित होते रहते हैं, जिससे उनकी शैली व्यवस्थित रूप से विकसित होती है।

जीवन अनुभव का प्रभाव

लेखक की शैली में बदलाव के लिए जीवन के अनुभव महत्त्वपूर्ण उत्प्रेरक होते हैं।

व्यक्तिगत विकासः जैसे-जैसे लेखक व्यक्तिगत रूप से विकसित होते हैं, उनकी शैली उनके बदलते दृष्टिकोण और प्राथमिकताओं को प्रतिबिंबित करने के लिए बदल जाती है।

जीवन की चुनौतियाँः कठिन अनुभव एक लेखक के काम को नई भावनात्मक गहराई, प्रभावशाली स्वर और विषयगत फोकस से भर सकते हैं।

सांस्कृतिक एक्सपोज़रः विभिन्न संस्कृतियों और परिवेशों का एक्सपोज़र लेखक के विषयों और परिवेश के चित्रपट को विस्तृत करता है।

प्रतिक्रिया और संशोधन

फीडबैक और पुनरीक्षण की प्रक्रिया किसी लेखक की शैली को आकार देने में महत्त्वपूर्ण भूमिका निभाती है।

बाहरी इनपुटः साथियों, गुरुजन या पाठकों की प्रतिक्रिया लेखक के विकास का मार्गदर्शन करते हुए सुधार के लिए कमजोर क्षेत्रों पर प्रकाश डालती है।

संशोधनः संशोधित करने का कार्य लेखकों को अपने काम को आलोचनात्मक रूप से देखने योग्य बनाता है और अकसर शैलीगत समायोजन की ओर ले जाता है जो कथा को सुधारता है।

वर्णनात्मक तकनीकों को परिष्कृत करनाः बार-बार दोहराए गए संशोधन कथा तकनीकों को तेज करते हैं, जिससे लेखक अपनी अनूठी शैली को बेहतर ढंग से व्यक्त करने में सक्षम होते हैं।

समय और संगति

समय और निरंतर अभ्यास के साथ, लेखक की शैली विकसित होती रहती है।

अवचेतन विकासः लेखक तब भी विकसित होते हैं जब वे सक्रिय रूप से अपनी शैली को बदलने की कोशिश नहीं कर रहे होते हैं। लगातार लेखन अभ्यास समय के साथ उनकी कला को निखारता है।

परिवर्तन के बीच स्थिरताः जबकि लेखक विकसित होते हैं, उनकी शैली के कुछ मूल तत्व सुसंगत रहते हैं। इससे विकास और निरंतरता के बीच संतुलन बनता है।

पहचान को प्रतिबिंबित करनाः एक लेखक की शैली उनकी पहचान का प्रतिबिंब बन जाती है—उनके व्यक्तिगत विकास और कलात्मक यात्रा का एक प्रमाण।

परिवर्तन को अपनानाः अनुकूलनशीलता की शक्ति

परिवर्तन को अपनाना लेखक के विकास और सफलता के लिए आवश्यक है।

परिवर्तन का विरोधः जो लेखक परिवर्तन का विरोध करते हैं वे नए लेखन रुझानों और दर्शकों की प्राथमिकताओं के अनुकूल होने में पीछे छूट सकते हैं।

प्रामाणिकता का सम्मानः परिवर्तन को अपनाने का मतलब प्रामाणिकता का त्याग करना नहीं है। बल्कि, यह लेखकों को अपने विकास को अधिक पूर्णता से व्यक्त करने की अनुमति देता है।

भावनात्मक अनुनादः एक विकसित शैली पाठकों के साथ गहरे स्तर पर जुड़ती है, जो मानवीय अनुभव की जटिलता को दर्शाती है।

निष्कर्षतः, किसी लेखक की शैली का विकास खोज, विकास और अनुकूलन की यात्रा है। अनुकरण के शुरुआती चरणों को पहचानकर, एक विशिष्ट शैली तैयार करके, विविध शैलियों की खोज करके, जीवन के अनुभवों को कथाओं में आकार देने की अनुमति देकर, प्रतिक्रिया और संशोधन का स्वागत करके और समयानुकूलता को अपनाकर, लेखक अपनी रचनात्मक अभिव्यक्ति की पूरी क्षमता को प्रकट करते हैं। किसी लेखक की शैली की गतिशील प्रकृति शिल्प के प्रति उसके समर्पण और परिवर्तन के प्रति उसके खुलेपन का प्रमाण है। जैसे ही आप शैली विकास की अपनी यात्रा शुरू करते हैं, याद रखें कि आपकी शैली अनुभवों, प्रभावों और कलात्मक विकल्पों का एक मिश्रण है—एक लेखक के रूप में आपके विकास और अपने पाठकों के दिल और दिमाग को छूने की आपकी क्षमता का एक प्रमाण।

27

यादगार खलनायक बनाना

खलनायक या प्रतिपक्षी नायक—कहानी की बुनावट में एक महत्त्वपूर्ण तत्त्व है जो कथा को चुनौती देता है, प्रेरित करता है और समृद्ध करता है। एक यादगार कथा के लिए नायक का विरोध करने के लिए सिर्फ एक पात्र से कहीं अधिक की आवश्यकता होती है; यह गहराई, जटिलता और मानवता के स्पर्श की माँग करता है जो पाठकों को पसंद आता है।

कहानी में विरोधियों की भूमिका

विरोधी मात्र बाधाएँ नहीं हैं; वे कहानी में संघर्ष, विकास और परिवर्तन के उत्प्रेरक हैं। वे कथानक को आगे बढ़ाते हैं और नायक की ताकत और कमजोरियों को उजागर करते हैं।

जटिल प्रतिपक्षी को समझना

एक यादगार प्रतिपक्षी एक तिकड़मी खलनायक से कहीं अधिक होता है। गहराई और जटिलता उन्हें सम्मोहक और प्रासंगिक बनाती है।

प्रेरणाएँ और लक्ष्यः अपने प्रतिपक्षी की प्रेरणाएँ और लक्ष्य स्पष्ट बनाएँ जो उनकी अपनी इच्छाओं, भय या अनुभवों से प्रेरित हों।

आंतरिक संघर्षः प्रतिपक्षी के भीतर आंतरिक संघर्ष पैदा करें। वे नैतिक दुविधाओं, पछतावे या कमजोरियों से जूझ सकते हैं।

बैकस्टोरी और ट्रॉमाः एक बैकस्टोरी विकसित करें जो प्रतिपक्षी के कार्यों और निर्णयों को समझाए। दर्दनाक घटनाएँ उनके विश्वदृष्टिकोण और कार्यों को आकार दे सकती हैं।

विरोधी का मानवीकरण

अपने प्रतिपक्षी की मानवीयता उन्हें भरोसेमंद और बहुआयामी बनाती है।

सहानुभूति-प्रेरक गुणः ऐसे गुणों का परिचय दें जो पाठकों में सहानुभूति या समझ पैदा करें। ये असुरक्षा या संबंधित लक्षणों के क्षण हो सकते हैं।

विरोधाभासी गुणः प्रतिपक्षी और नायक के बीच विरोधाभास पैदा करें। प्रतिपक्षी में वे गुण हो सकते हैं जो नायक में नहीं हैं।

धुँधले क्षेत्रः अच्छे और बुरे के बीच की रेखाओं को धुँधला करें। प्रतिपक्षी को सही और गलत की प्रकृति पर सवाल उठाते हुए, नैतिक धुँधले क्षेत्रों में काम करने की अनुमति दें।

प्रेरणाएँ और उद्देश्यः सतह से परे

एक प्रतिपक्षी की प्रेरणाएँ बहुआयामी होनी चाहिए और केवल नायक का विरोध करने की इच्छा से परे होनी चाहिए।

परस्पर विरोधी उद्देश्यः पता लगाएँ कि कैसे प्रतिपक्षी के उद्देश्य नायक के उद्देश्यों से टकराते हैं, तनाव पैदा करते हैं और कथानक को आगे बढ़ाते हैं।

व्यक्तिगत दाँवः प्रतिपक्षी के लिए व्यक्तिगत दाँव विकसित करें। उन्हें अपने कार्यों से क्या लाभ या हानि होने वाली है?

ग़लत इरादेः ऐसे विरोधी बनाएँ जो मानते हैं कि उनके कार्य उचित हैं, भले ही पाठक और नायक असहमत हों।

खलनायक में बदलाव

नायक की तरह, विरोधियों को भी कहानी के दौरान विकास या बदलाव का अनुभव करना चाहिए।

बुरे कामों से तौबाः खलनायक भी बुरे कामों से तौबा कर सकते हैं, विरोधियों से सहयोगियों में बदल सकते हैं या आत्म-खोज के माध्यम से मुक्ति पा सकते हैं।

दुखांतः एक दुखद अंत एक शक्तिशाली कथा तत्व हो सकता है, जो खलनायक की पसंद के परिणामों को प्रकट करता है।

द्वंद्व और परिवर्तनः विरोधी अपने खलनायक स्वभाव और मानवता के क्षणों के बीच झूलते हुए, द्वंद्व का प्रतीक हो सकते हैं।

गतिशील रिश्ते

प्रतिपक्षी और नायक के बीच की गतिशीलता कहानी के संघर्षों और समाधानों को आकार देती है।

कार्बन कॉपीः नायक के पात्र के पहलुओं को प्रतिबिंबित करने के लिए खलनायक का उपयोग करें, एक ऐसी परत बनाएँ जो उनके विकास को उजागर करे।

शक्ति संघर्षः खलनायक और नायक के बीच शक्ति संघर्ष विकसित करें। ये संघर्ष पात्रों की ताकत और कमजोरियों दोनों को प्रकट करते हैं।

सम्मानित खलनायकः खलनायक और नायक को एक-दूसरे की क्षमताओं और दृढ़ संकल्प के प्रति सम्मान की भावना विकसित करने दें।

रूढ़ियों को तोड़ना

अपने विरोधियों को गढ़ते समय रूढ़ियों को चुनौती दें और अपेक्षाओं को नष्ट करें।

घिसी-पिटी बातों से बचेंः रूढ़ीवादी खलनायक गुणों से आगे बढ़ें। उन अप्रत्याशित विशेषताओं पर विचार करें जो पाठक की अपेक्षाओं को अस्वीकार करती हैं।

अपरंपरागत उद्देश्यः अपने खलनायक को अद्वितीय या अपरंपरागत उद्देश्य बताएँ जो उन्हें विशिष्ट खलनायक से अलग दिखाते हैं।

मोड़ और आश्चर्यः अप्रत्याशित मोड़ों को शामिल करें जो प्रारंभिक निर्णयों को धता बताते हुए, प्रतिपक्षी के पात्र की परतों को उजागर करते हैं।

परिवेश के साथ सामंजस्य

कहानी के परिवेश और दुनिया को ध्यान में रखते हुए अपना खलनायक तैयार करें।

सांस्कृतिक संदर्भः ऐसे प्रतिपक्षी विकसित करें जो आपकी कहानी की दुनिया के सांस्कृतिक मानदंडों और मूल्यों के अनुरूप हों।

विरोधी विचारधाराएँ: अपनी कहानी के समाज या दुनिया के भीतर विरोधी विचारधाराओं का प्रतिनिधित्व करने के लिए विरोधियों का उपयोग करें।

पर्यावरणीय प्रभावः विचार करें कि प्रतिपक्षी का वातावरण या परिस्थितियाँ उनकी प्रेरणाओं और कार्यों में कैसे योगदान करती हैं।

प्रतिपक्षी पात्र चित्रण

प्रतिपक्षी पात्र चित्रण से आपको उनकी जटिलता को समझने में मदद मिल सकती है।

शारीरिक लक्षणः उनकी उपस्थिति, व्यवहार और शारीरिक विशेषताओं का वर्णन करें।

मनोवैज्ञानिक लक्षणः उनके व्यक्तित्व, भय, इच्छाओं और आंतरिक संघर्षों को रेखांकित करें।

पिछली कहानी और प्रेरणाएँ: उनके इतिहास, दर्दनाक घटनाओं और उग्र प्रेरणाओं का अन्वेषण करें।

अंत में, यादगार खलनायकों को गढ़ना एक कला है जो गहराई, तनाव और भावनात्मक अनुनाद जोड़कर आपकी कहानी कहने की क्षमता को बढ़ाते है। विरोधियों की भूमिका को समझकर, उन्हें गहराई और जटिलता के साथ मानवीय बनाकर, प्रेरणाओं और उद्देश्यों की खोज करके, गतिशील पात्र चित्रण तैयार करके, गतिशील संबंधों को विकसित करके, अपेक्षाओं को नष्ट करके, और दुनिया के संदर्भ में विरोधियों का निर्माण करके, आप ऐसे विरोधियों का निर्माण करते हैं जो गहन स्तर पर पाठकों के साथ जुड़ते हैं। याद रखें कि प्रत्येक प्रतिपक्षी मानवीय अनुभव का प्रतिबिंब है—इच्छाओं से प्रेरित, अनुभवों से ढला, और विकल्पों से प्रभावित। जैसे-जैसे आप यादगार प्रतिपक्षी बनाने की कला में महारत हासिल करते हैं, आप ऐसे कथानक बुनने की क्षमता में निपुण होते हैं जो लुभाते हैं, चुनौती देते हैं और अंतिम पृष्ठ पलटने के बाद भी लंबे समय तक ताजा रहते हैं।

28

आकर्षक और प्रभावी अंत

एक शक्तिशाली अंत तैयार करना एक लेखक के कौशल की पराकाष्ठा है—एक मास्टरस्ट्रोक जो पाठकों को संतुष्ट, चिंतनशील या प्रेरित करता है। एक आकर्षक और प्रभावी अंत कथा के धागों को एक साथ जोड़ता है, पाठक के भावनात्मक जुड़ाव को संतुष्ट करता है और समापन की भावना प्रदान करता है।

अंत का महत्त्व

अंत वह अंतिम छाप है जो पाठक अपने साथ रखते हैं। वे यह तय करते हैं कि पाठक पूरी कहानी को कैसे समझते हैं और आपके काम के स्थायी प्रभाव को निर्धारित करते हैं।

विभिन्न प्रकार के अंत को समझना

विभिन्न प्रकार के अंत होते हैं, प्रत्येक एक विशिष्ट उद्देश्य को पूरा करता है और अलग-अलग भावनाओं को उद्घाटित करता है।

बंद अंतः ये केंद्रीय संघर्ष का स्पष्ट समाधान प्रदान करते हैं, सवालों के जवाब देते हैं और ढीले सिरे जोड़ते हैं।

खुले अंतः खुले अंत कुछ प्रश्नों को अनुत्तरित छोड़ देते हैं, जिससे पाठकों को कहानी के निष्कर्ष से परे संभावनाओं पर विचार करने का मौका मिलता है।

अस्पष्ट अंतः अस्पष्ट अंत जानबूझकर महत्त्वपूर्ण जानकारी को छिपाते हैं, पाठकों को स्वयं परिणाम की व्याख्या करने के लिए आमंत्रित करते हैं।

अंत निर्माण की कला

एक प्रभावी अंत एक कथात्मक यात्रा का परिणाम है जो एक संतोषजनक निष्कर्ष की ओर बढ़ती है।

संगतिः सुनिश्चित करें कि अंत बाकी कथा के स्वर, विषय और शैली के अनुरूप है।

पूर्वाभासः पूर्वाभास या सूक्ष्म संकेतों के माध्यम से कहानी के आरंभ में अंत के बीज बोएँ जो पाठकों को निष्कर्ष के लिए तैयार करते हैं।

पात्र विशेषताएँ: अंत में पात्रों के विकास और परिवर्तन को प्रतिबिंबित करना चाहिए। पात्र की विशेषताओं को क्रमिक विकसित करें और दिखाएँ कि वे कैसे बदल गए हैं।

भावनात्मक अनुनाद पैदा करना

एक आकर्षक अंत पाठकों की भावनाओं को प्रभावित करता है, और एक स्थायी प्रभाव छोड़ता है जो लंबे समय तक बना रहता है।

भावनात्मक भुगतानः पात्रों और उनकी यात्रा में पाठकों के भावनात्मक जुड़ाव के लिए कहानी में इतनी भावनाएँ उड़ेलें कि उन्हें उचित भावनात्मक भुगतान प्रदान हो।

आकर्षक चिंतनः एक ऐसा अंत तैयार करें जो पाठकों को कहानी के विषयों, पाठों और निहितार्थों पर विचार करने के लिए प्रेरित करे।

अंतः भावनाओं से भरा अंत तनाव का कारण बन सकता है—पाठकों के लिए भावनात्मक राहत वाला अंत पैदा करें।

समापन और संतुष्टि

एक प्रभावी अंत केंद्रीय संघर्ष को हल करता है, जिससे कथा को उचित समापन मिलता है।

प्रश्नों के उत्तर देनाः अनुत्तरित प्रश्नों का समाधान करें और पूर्णता की भावना प्रदान करने के लिए ढीले सिरों को बाँधें।

संतोषजनक समाधानः समाधान को अर्जित और संतोषजनक महसूस करना चाहिए, यह सुनिश्चित करते हुए कि पात्रों के संघर्ष व्यर्थ नहीं थे।

कथा सूत्रः सुनिश्चित करें कि सबप्लॉट और द्वितीयक संघर्षों को इस तरह से हल किया जाता है जो समग्र समापन में योगदान देते हैं।

मोड़ और आश्चर्य

एक अप्रत्याशित मोड़ या आश्चर्यजनक अंत पाठकों पर एक यादगार प्रभाव छोड़ सकता है।

सूक्ष्म सुराग या संकेतः पूरी कहानी में सूक्ष्म सुराग या संकेत पेश करें जो अप्रत्याशित मोड़ की ओर ले जाएँ।

उम्मीद से उलटः सामान्य कथा परंपराओं या शैली की उम्मीद से उलट पाठकों की धारणाओं को चुनौती देना।

संभाव्यता को संतुलित करनाः जबकि आश्चर्य प्रभावी होते हैं, सुनिश्चित करें कि कहानी के संदर्भ में मोड़ प्रशंसनीय बना रहे।

पात्र विकास और परिवर्तन

एक आकर्षक अंत बनाने में पात्र परिवर्तन महत्त्वपूर्ण भूमिका निभाते हैं।

पात्र विकासः अंत में यह प्रदर्शित होना चाहिए कि पूरी कहानी में पात्र कैसे विकसित हुए हैं।

नए दृष्टिकोणः पात्रों के जीवन के प्रति उनके अनुभवों से प्रेरित नए दृष्टिकोण को प्रकट करने के लिए अंत का उपयोग करें।

उपपाठीय प्रतिध्वनिः पात्रों के आंतरिक विकास को अंतिम दृश्यों में उपपाठ और प्रतीकात्मक क्रियाओं के माध्यम से व्यक्त किया जा सकता है।

अस्पष्टता और चिंतन

अस्पष्ट अंत पाठकों को कथा के साथ सक्रिय रूप से जुड़ने और अपने निष्कर्ष निकालने के लिए प्रोत्साहित करते हैं।

एकाधिक व्याख्याएँः एक ऐसा अंत तैयार करें जिसकी व्याख्या विभिन्न तरीकों से की जा सके, जिससे चर्चा और अटकलों को बढ़ावा मिले।

खुले अंत वाले प्रश्नः विचारोत्तेजक प्रश्न पूछें जो पाठकों को पृष्ठ से परे कहानी के निहितार्थों पर विचार करने की चुनौती दें।

स्पष्टता को संतुलित करनाः हालांकि अस्पष्टता शक्तिशाली है, सुनिश्चित करें कि पाठकों के लिए अपने निष्कर्ष निकालने के लिए पर्याप्त स्पष्टता हो।

अंतिम पंक्तिः स्थायी प्रभाव

कहानी की अंतिम पंक्ति अत्यधिक महत्त्व रखती है, जो पाठकों पर अमिट छाप छोड़ती है।

अनुनादी भाषाः ऐसी भाषा चुनें जो कहानी के विषयों, भावनाओं या पात्र विकास को समाहित करती हो।

वृत्ताकार अंतः एक ऐसा अंत जो कहानी की शुरुआत में घूमता है, समरूपता और समापन की भावना पैदा कर सकता है।

उत्तेजक कथनः एक अंतिम पंक्ति तैयार करें जो विचार या भावना को जगाए, जो पढ़ने के बाद पाठकों के दिमाग में लंबे समय तक बनी रहे।

अति-विस्तार से बचना

एक प्रभावी अंत जानता है कि कब निष्कर्ष निकालना है, प्रभाव को कमजोर करने वाले अनावश्यक विस्तारों से बचना चाहिए।

कथात्मक उद्देश्यः सुनिश्चित करें कि अंत का प्रत्येक तत्त्व एक कथात्मक उद्देश्य को पूरा करता है और कहानी की प्रतिध्वनि में योगदान देता है।

सूचना के ढेर से बचनाः अत्यधिक विवरण प्रदान करने या हर छोटे सबप्लॉट को लपेटने से बचना चाहिए।

भावनात्मक चरमः कहानी को भावनात्मक चरम पर समाप्त करें, जिससे पाठकों पर चरमोत्कर्ष का स्पष्ट प्रभाव पड़े।

अंत में, आकर्षक और प्रभावी अंत बनाना एक कला है जो कथा चक्र को पूरा करता है, पाठकों को भावनाओं, प्रतिबिंबों और यादों के साथ छोड़ती है जो कहानी खत्म होने के बाद भी लंबे समय तक बनी रहती है। अंत के महत्व को समझकर, निष्कर्ष की ओर अग्रसर होकर,

भावनात्मक प्रतिध्वनि पैदा करके, संघर्ष को हल करके, अप्रत्याशित मोड़ों को शामिल करके, पात्र परिवर्तन का चित्रण करके, अस्पष्टता को अपनाकर, अंतिम पंक्ति तैयार करके, और यह जानकर कि कब समाप्त होना है, आप अपनी कहानी कहने को मंत्रमुग्ध करने की क्षमता के साथ सशक्त बनाते हैं, प्रेरित करते हैं, और गहराई से प्रतिध्वनित करते हैं। याद रखें कि अंत आपकी धुन का अंतिम स्वर है—एक ऐसा स्वर जो आपके पाठकों के दिल और दिमाग में गूँजता है, आपके द्वारा की गई यात्रा का वर्णन करता है और एक अमिट छाप छोड़ता है।

29

प्रामाणिकता के लिए शोध तकनीकें

लेखन एक यात्रा है जो हमें अलग-अलग समय, स्थानों और वास्तविकताओं तक ले जाती है। इन यात्राओं को विश्वसनीय और प्रभावशाली बनाने के लिए, लेखकों को खुद को ज्ञान से समर्थ करना होगा। शोध आपकी कहानियों को प्रामाणिकता, गहराई और समृद्धि से भरने की कुंजी है।

शोध वह पुल है जो कल्पना को वास्तविकता से जोड़ता है। यह लेखकों, पाठकों को ऐसी दुनिया, युगों और संस्कृतियों तक ले जाने में समर्थ करता है जो मनोरम और विश्वसनीय दोनों हैं।

शोध प्रक्रिया को समझना

शोध एक बहुआयामी प्रक्रिया है जिसमें आपके लेखन में सटीकता और प्रामाणिकता सुनिश्चित करने के लिए कई चरण शामिल होते हैं।

प्रारंभिक अन्वेषणः विषय, समय अवधि या परिवेश से खुद को परिचित करने के लिए एक सामान्य अवलोकन से शुरुआत करें।

गहन अध्ययनः आपकी कहानी से संबंधित विशिष्ट पहलुओं, जैसे ऐतिहासिक घटनाओं, सांस्कृतिक मानदंड, या तकनीकी विवरण में गहराई से उतरें।

संसाधन जुटानाः किताबें, लेख, साक्षात्कार, वृत्तचित्र और ऑनलाइन स्रोतों सहित विभिन्न प्रकार के संसाधन इकट्ठा करें।

जानकारी का सत्यापनः सटीकता और विश्वसनीयता सुनिश्चित करने के लिए कई स्रोतों से क्रॉस-रेफरेंस की जाँच करें।

विश्वसनीय स्रोतों का चयन

आपके लेखन की प्रामाणिकता बनाए रखने के लिए विश्वसनीय स्रोत आवश्यक हैं। सभी स्रोत समान रूप से विश्वसनीय नहीं हो सकते हैं।

शैक्षणिक और विद्वत्तापूर्ण कार्यः सहकर्मी-समीक्षित पुस्तकें और लेख अच्छी तरह से शोधित और विश्वसनीय जानकारी प्रदान करते हैं।

प्राथमिक स्रोतः मूल दस्तावेज़, डायरियाँ, पत्र और कलाकृतियाँ ऐतिहासिक घटनाओं या अनुभवों का प्रत्यक्ष विवरण प्रदान करते हैं।

विशेषज्ञ साक्षात्कारः विषय विशेषज्ञों के साथ बातचीत से अंतर्दृष्टि और बारीकियाँ मिलती हैं जो किताबों में नहीं मिल सकतीं।

ऑनलाइन संसाधनः सुविधाजनक होते हुए भी, ऑनलाइन स्रोतों से सावधान रहें और प्रतिष्ठित वेबसाइटों से जानकारी सत्यापित करें।

पात्रों के अनुरूप कदम

शोध—लेखकों को अपने पात्रों के अनुरूप कदम उठाने में मदद करता है, और उनके अनुभवों पर एक सूक्ष्म दृष्टि प्रदान करता है।

अनुभवात्मक अनुसंधानः जब भी संभव हो गतिविधियों या परिवेश का प्रत्यक्ष अनुभव करें, भले ही इसका मतलब एक नया शौक आज़माना या किसी विशेष स्थान की यात्रा करना हो।

साक्षात्कार और अवलोकनः उन लोगों से बात करें जिन्होंने उस घटना या व्यक्ति का प्रत्यक्ष अनुभव किया है कि जिसके बारे में आप लिख रहे हैं, या वास्तविक जीवन की स्थितियों से विवरण देखें और आत्मसात करें।

संवेदी अन्वेषणः अपने चुने हुए परिवेश या समय अवधि के संवेदी विवरणों-दृश्यों, ध्वनियों, गंधों, स्वादों और बनावटों पर ध्यान दें।

यथार्थ और रचनात्मकता में संतुलन

जबकि शोध प्रामाणिकता जोड़ता है, लेकिन तब भी लेखकों के पास उनकी रचनात्मक स्वतंत्रता होती है।

चयनात्मक विवरणः आपको आपके द्वारा उजागर की गई प्रत्येक जानकारी को शामिल करने की आवश्यकता नहीं है। ऐसे विवरण चुनें जो कहानी के माहौल और प्रामाणिकता में योगदान दें।

अंतराल भरनाः कुछ मामलों में, ऐतिहासिक रिकॉर्ड अधूरे हो सकते हैं। अंतरालों को भरने के लिए अपनी कल्पना का उपयोग करना स्वीकार्य है, जब तक कि यह सूचित अटकलें हों।

संगतिः आपके द्वारा उपयोग किए जाने वाले विवरणों में एकरूपता सुनिश्चित करें। विषय वस्तु से परिचित पाठक सटीकता पर आपके ध्यान की सराहना करेंगे।

शोध योजनाः लेखन से पहले और लेखन के दौरान

रचनात्मकता और तथ्य-जाँच के निर्बाध प्रवाह को बनाए रखने के लिए अपनी लेखन प्रक्रिया में शोध को एकीकृत करें।

लेखन-पूर्व शोधः ज्ञान का एक ठोस आधार विकसित करने के लिए लिखना शुरू करने से पहले गहन शोध करें।

लिखते समय शोधः जैसे ही आपका सामना ऐसे क्षेत्रों से होता है जिनमें तथ्यात्मक सटीकता की आवश्यकता होती है, प्रामाणिकता सुनिश्चित करने के लिए रुकें और उन विशिष्टताओं पर शोध करें।

नोट लेनाः उद्धरणों सहित विस्तृत नोट्स रखें, ताकि आप बाद में आसानी से अपने स्रोतों का संदर्भ ले सकें।

सांस्कृतिक संवेदनशीलता और सम्मान

अपनी संस्कृति और पृष्ठभूमि से भिन्न संस्कृतियों और पृष्ठभूमियों पर शोध करते समय, कार्य को संवेदनशीलता और सम्मान के साथ करें।

रूढ़िबद्ध धारणाओं से बचें: उन रूढ़िबद्ध धारणाओं को चुनौती दें और उनसे बचें जो समझ की कमी के कारण उत्पन्न हो सकती हैं।

सांस्कृतिक विशेषज्ञः अंतर्दृष्टि प्राप्त करने और गलत बयानी से बचने के लिए आप जिस संस्कृति के बारे में लिख रहे हैं, उसके व्यक्तियों से परामर्श लें।

विविध दृष्टिकोणः सांस्कृतिक बारीकियों और अनुभवों की समग्र समझ हासिल करने के लिए कई दृष्टिकोण खोजें।

समय प्रबंधन और कुशल शोध

शोध में समय लग सकता है, इसलिए कुशल तकनीकें आवश्यक हैं।

सीमाएँ निर्धारित करें: जानकारी के ढेर में खोने से बचने के लिए शोध के लिए विशिष्ट समय आवंटित करें।

केंद्रित शोधः अनावश्यक विकर्षणों से बचने के लिए अपना शोध सत्र शुरू करने से पहले आवश्यक विशिष्ट जानकारी की पहचान करें।

खोज ऑपरेटरों का उपयोग करें: ऑनलाइन खोज इंजन ऐसे ऑपरेटर प्रदान करते हैं जो आपको जानकारी अधिक तेज़ी से और सटीक रूप से ढूँढने में मदद कर सकते हैं।

शोध को निर्बाध रूप से शामिल करना

अपने लेखन में शोध को इस तरह से एकीकृत करें जिससे पाठकों पर दबाव डाले बिना कथा को बढ़ाया जा सके।

एकीकृत विवरणः सूचना डंप से बचते हुए, शोध किए गए विवरणों को अपने विवरण और कथा में सहजता से बुनें।

संवाद और बातचीतः सांस्कृतिक मानदंडों, ऐतिहासिक संदर्भ, या तकनीकी विवरणों को व्यक्त करने के लिए पात्र संवाद और बातचीत का उपयोग करें।

दिखाएँ, बताएँ नहीं: तथ्यों को स्पष्ट रूप से बताने के बजाय, यह दिखाएँ कि पात्र अपने परिवेश के साथ कैसे बातचीत करते हैं, पाठकों को दृश्य में खींचते हैं।

निष्कर्षतः, शोध—लेखकों के लिए उनकी कहानियों में जान फूँकने का उपकरण है। अनुसंधान प्रक्रिया को समझकर, विश्वसनीय स्रोतों का चयन करके, गहन तकनीकों को नियोजित करके, कलात्मक रचनात्मकता के साथ यथार्थवाद को संतुलित करके, अनुसंधान की योजना बनाकर, सांस्कृतिक संवेदनशीलता को सम्मान के साथ अपनाकर, समय को कुशलतापूर्वक प्रबंधित करके, और शोध को निर्बाध रूप से शामिल करके, आप ऐसी कहानियाँ बनाते हैं जो न केवल आकर्षक हैं बल्कि प्रामाणिक और गुंजयमान भी। याद रखें कि शोध एक काम से कहीं अधिक है—यह खोज की एक रोमांचक यात्रा है जो आपके लेखन को समृद्ध करती है, आपके क्षितिज का विस्तार करती है, और पाठकों को ऐसी दुनिया में ले जाती है जिसका उन्होंने अन्यथा कभी अनुभव नहीं किया होगा। जैसे-जैसे आप शोध तकनीकों की कला में महारत हासिल करते हैं, आप खुद को ऐसी कहानियाँ बताने के लिए सशक्त बनाते हैं जो जाँच की कसौटी पर खरी उतरती हैं, ऐसे साहित्यिक परिदृश्य बनाते हैं जो समान माप में लुभाने वाले और शिक्षित करने वाले होते हैं।

30

गहन दृष्टिकोण में गोता

दृष्टिकोण (पीओवी या पॉइंट ऑफ व्यू) वह लेंस है जिसके माध्यम से पाठक कहानी की दुनिया और पात्रों का अनुभव करते हैं। डीप पॉइंट ऑफ व्यू (डीप पीओवी) एक कथा तकनीक है जो पाठकों को एक पात्र के दृष्टिकोण में डुबो देती है, जिससे एक जीवंत और अंतरंग पढ़ने का अनुभव बनता है।

गहन दृष्टिकोण को समझना

डीप पॉइंट ऑफ व्यू पाठकों को एक पात्र के विचारों, भावनाओं और संवेदी धारणाओं के माध्यम से एक कहानी का अनुभव करने की अनुमति देकर पारंपरिक कथा दृष्टिकोण से परे जाता है।

अंतरंग संबंध बनाना

डीप पॉइंट ऑफ व्यू पाठकों और पात्रों के बीच एक मजबूत भावनात्मक बंधन पैदा करता है।

फिल्टर हटानाः पाठकों को सीधे पात्र के दिमाग में डुबोने के लिए "उसने सोचा" या "उसने महसूस किया" जैसे फिल्टर हटा दें।

जीवंत भावनाएँ: पात्रों की भावनाओं को कच्चे, तात्कालिक शब्दों में व्यक्त करें जो सहानुभूति और समझ पैदा करें।

साझा अनुभवः पाठकों को दृश्य और ध्वनि से लेकर स्वाद और बनावट तक पात्र के संवेदी अनुभवों को साझा करने दें।

जीवंत दृश्य तैयार करना

संवेदी विवरण डीप पॉइंट ऑफ व्यू की आधारशिला हैं, जो पाठकों को कथा के केंद्र में ले जाते हैं।

दिखाएँ, बताएँ नहीं: यह दिखाने के लिए संवेदी विवरण का उपयोग करें कि पात्र अपने परिवेश, भावनाओं और अंतःक्रियाओं का अनुभव कैसे करते हैं।

भावनाएँ जगाएँ: संवेदी विवरण भावनाएँ जगाते हैं जो पाठकों के साथ गहराई से जुड़ती हैं, जिससे उन्हें कहानी में प्रतिभागियों जैसा महसूस होता है।

जीवंत वातावरणः संवेदी भाषा के माध्यम से, परिवेश को जीवंत वातावरण में बदलें जिसे पाठक कल्पना कर सके और महसूस कर सकें।

आंतरिक एकालाप

डीप पॉइंट ऑफ व्यू पाठकों को पात्र के अनफिल्टर्ड विचारों और आंतरिक एकालाप तक सहज पहुँच प्रदान करता है।

चेतना की धाराः पाठकों को किसी पात्र की चेतना की धारा का अनुभव करने, उसके विचारों के प्रवाह को पकड़ने की अनुमति दें।

प्रामाणिक प्रतिक्रियाएँ: आंतरिक एकालाप के माध्यम से, घटनाओं के प्रति पात्रों की प्रामाणिक प्रतिक्रियाएँ प्रकट करें, भावनात्मक संबंध को बढ़ावा दें।

पात्र जटिलताः आंतरिक विचार पात्रों की जटिलताओं, दुविधाओं और आंतरिक संघर्षों को उजागर करते हैं।

शैली और स्वर

डीप पॉइंट ऑफ व्यू एक पात्र की शैली और अद्वितीय दृष्टिकोण को बढ़ाता है।

विशिष्ट शैलीः पात्रों के आंतरिक एकालाप उनकी व्यक्तिगत शैली को दर्शाते हैं, उनके व्यक्तित्व और पहचान को समृद्ध करते हैं।

स्वर संरेखणः निरंतरता बनाते हुए कथा के स्वर को पात्र की भावनाओं और दृष्टिकोण के साथ संरेखित करें।

पाठक जुड़ावः पाठकों को ऐसा महसूस होता है मानो वे पात्र के दिमाग के अंदर हैं, दुनिया को इस तरह से अनुभव कर रहे हैं जो उनके लिए अद्वितीय है।

पात्र के भीतर रहना

डीप पॉइंट ऑफ व्यू एक समय में एक पात्र के दृष्टिकोण से घनिष्ठ संबंध बनाए रखता है।

सिर हिलाने से बचें: भ्रम को रोकने और तल्लीनता बनाए रखने के लिए एक दृश्य में एक पात्र के दृष्टिकोण पर टिके रहें।

बदलते दृश्यः यदि दृश्य बदलता है, तो स्पष्ट विराम का उपयोग करके किसी अन्य पात्र के दृष्टिकोण में परिवर्तन करें।

कथात्मक संगतिः संपूर्ण कथा में पीओवी चयन में निरंतरता—गहरे और गहन अनुभव को बरकरार रखती है।

संवाद और उपपाठ

डीप पॉइंट ऑफ व्यू में संवाद पात्र की गतिशीलता और सबटेक्स्ट को प्रकट करने के लिए एक शक्तिशाली उपकरण है।

अनकही भावनाएँ: पात्रों के बीच अनकही भावनाओं और तनाव को व्यक्त करने के लिए संवाद और शारीरिक भाषा का उपयोग करें।

सीमित ज्ञानः पात्र केवल वही जानते हैं जो वे समझते हैं या सीखते हैं, जिससे कथा की प्रामाणिकता बढ़ती है।

भावनात्मक प्रभावः संवाद भावनात्मक भार से भर जाते हैं, जो पात्रों के आंतरिक संघर्षों और इच्छाओं को दर्शाते हैं।

सूचना के ढेर से बचना

डीप पॉइंट ऑफ व्यू पात्र के दृष्टिकोण के माध्यम से जानकारी के क्रमिक रहस्योद्घाटन को प्रोत्साहित करता है।

दिखाएँ, समझाएँ नहींः पिछली कहानी या जानकारी को समझाने के बजाय, इसे पात्रों की यादों, प्रतिक्रियाओं या टिप्पणियों के माध्यम से प्रकट करें।

सूक्ष्म सुरागः जानकारी को उजागर करने, पाठक की रुचि और जिज्ञासा को बढ़ावा देने के लिए सूक्ष्म संकेतों और विवरणों का उपयोग करें।

पाठक की भागीदारीः पाठक कहानी की पहेली को जोड़ने, अपनी सहभागिता बढ़ाने में सक्रिय भागीदार बनते हैं।

गहन दृष्टिकोण में निरंतरता

गहन अनुभव को बनाए रखने के लिए गहन दृष्टिकोण में निरंतरता बनाए रखनी चाहिए।

फिल्टर शब्दः "महसूस किया," "सोचा," और "देखा" जैसे फिल्टर शब्दों को हटा दें, जो पाठक और पात्र के बीच दूरी पैदा करते हैं।

सुसंगत पीओवीः यह सुनिश्चित करने के लिए दृश्यों की समीक्षा करें कि आपने पूरे समय एक सुसंगत पीओवी बनाए रखा है।

पात्र की शैलीः संवाद और आंतरिक एकालाप को संशोधित करें ताकि यह सुनिश्चित हो सके कि वे लगातार प्रत्येक पात्र की अनूठी शैली के साथ संरेखित हों।

अंत में, डीप पॉइंट ऑफ व्यू में गोता लगाना एक परिवर्तनकारी तकनीक है जो पाठकों और पात्रों के बीच की दूरी को पाटता है, एक भावनात्मक संबंध बुनता है जो गहरा प्रभाव छोड़ता है। अंतरंग संबंध बनाने, इंद्रियों को शामिल करने, आंतरिक एकालाप को संप्रेषित करने, पात्र की शैली को बढ़ाने, सर्वज्ञता को सीमित करने, संवाद में उप-पाठ को शामिल करने, सूचना डंपिंग से बचने, एक्शन और प्रतिबिंब को संतुलित करने और स्थिरता के लिए संपादन जैसी तकनीकों में महारत हासिल करके, आप जुड़ाव की क्षमता को बढ़ा सकते हैं। याद रखें कि डीप पॉइंट ऑफ व्यू पाठकों के लिए आपके पात्रों के साथ कदम रखने, उनके सुखों, दुखों और परिवर्तनों को प्रत्यक्ष रूप से अनुभव करने का निमंत्रण है।

31

प्रतिक्रिया और आलोचना की भूमिका

लेखन एक एकांत प्रयास है, लेकिन एक कच्चे मसौदे से एक उत्कृष्ट कृति तक की यात्रा एकांत से बहुत दूर है। प्रतिक्रिया और आलोचना किसी लेखक के विकास में महत्त्वपूर्ण भूमिका निभाते हैं। साथियों, गुरुजन और पाठकों से रचनात्मक इनपुट आपके काम को बदल सकता है, जिससे आपको अपने शिल्प को निखारने और अपनी कहानी कहने की क्षमता को बढ़ाने में मदद मिलती है।

बाहरी दृष्टिकोण की शक्ति

प्रतिक्रिया और आलोचना नए दृष्टिकोण पेश करते हैं जिसे लेखक अपने काम के प्रति घनिष्ठ लगाव के कारण चूक सकते हैं।

फीडबैक के लाभ

फीडबैक प्राप्त करना विकास और सुधार के लिए एक मूल्यवान अवसर है।

वस्तुनिष्ठ मूल्यांकनः फीडबैक आपके काम का वस्तुनिष्ठ मूल्यांकन प्रदान करता है, ताकत और सुधार के क्षेत्रों पर प्रकाश डालता है।

ब्लाइंड स्पॉट की पहचान करनाः अन्य लोग आपके लेखन में त्रुटियाँ, विसंगतियाँ या कमियाँ देख सकते हैं जिन पर आपका ध्यान नहीं जाएगा।

सीखने का अवसरः फीडबैक विभिन्न लेखन तकनीकों, शैलियों और कथा दृष्टिकोणों में अंतर्दृष्टि प्रदान करता है।

फीडबैक के प्रकार

विभिन्न प्रकार की प्रतिक्रियाएँ लेखन प्रक्रिया में विभिन्न उद्देश्यों की पूर्ति करती हैं।

रचनात्मक आलोचनाः विस्तृत प्रतिक्रिया जो कथानक, पात्रों, गति और बहुत कुछ पर ध्यान केंद्रित करते हुए सुधार के लिए विशिष्ट सुझाव देती है।

पाठकों की प्रतिक्रियाएँः पाठकों की प्रतिक्रियाएँ आपको यह जानकारी देती हैं कि आपका काम किस प्रकार भावनात्मक रूप से प्रतिध्वनित होता है, जिससे आपको अपने लेखन के

प्रभाव का अनुमान लगाने में मदद मिलती है।

विकासात्मक प्रतिक्रियाः टिप्पणियाँ जो आपकी कहानी की संरचना, विषयों और पात्र विशेषताओं के व्यापक पहलुओं को संबोधित करती हैं।

पंक्ति संपादनः विस्तृत सुझाव जो व्याकरण, विराम चिह्न, वाक्यविन्यास और वाक्य संरचना को संबोधित करते हैं।

आलोचना स्वीकारने के लिए युक्तियाँ

आलोचना को प्रभावी ढंग से प्राप्त करने के लिए एक खुली मानसिकता और कुछ रणनीतियों की आवश्यकता होती है।

अपने आप को अपने काम से अलग करें: आलोचना को अपने लेखन की प्रतिक्रिया के रूप में देखें, न कि एक लेखक के रूप में अपनी योग्यता के निर्णय के रूप में।

प्रतिक्रिया देने से पहले समय लें: यदि कोई आलोचना चुभती है, तो प्रतिक्रिया देने से पहले एक कदम पीछे हटें। भावनाएँ निष्पक्षता को धूमिल कर सकती हैं।

स्पष्टीकरण के लिए पूछें: यदि कोई टिप्पणी अस्पष्ट है, तो प्रतिक्रिया को पूरी तरह से समझने के लिए और स्पष्टीकरण माँगने में संकोच न करें।

फिल्टर करें और प्रतिबिंबित करें: फीडबैक की वैधता और प्रासंगिकता पर विचार करें। इस पर विचार करें कि यह कार्य के प्रति आपके दृष्टिकोण से कैसे मेल खाता है।

उपयोगी प्रतिक्रिया प्रदान करना

प्रतिक्रिया देना अपने आप में एक कला है—लेखन समुदाय को वापस देने का एक तरीका।

विशिष्ट बनें: अस्पष्ट बयानों से बचें और अपनी बातों को स्पष्ट करने के लिए ठोस उदाहरण प्रदान करें।

खूबियों को उजागर करें: सुधार के क्षेत्रों में जाने से पहले सकारात्मक पहलुओं से शुरुआत करें। जो अच्छा काम कर रहा है उसे स्वीकार करें।

सम्मान बनाए रखें: अपनी आलोचना में सम्मानजनक और व्यवहारकुशल रहें, लेखक पर व्यक्तिगत रूप से हमला करने के बजाय काम पर ध्यान केंद्रित करें।

समाधान प्रदान करें: संभावित संशोधन या सुधार का सुझाव दें, जिससे यह पता चले कि आपने समस्या के समाधान के बारे में सोच लिया है।

फीडबैक को संतुलित करना

हालाँकि फीडबैक अमूल्य है, याद रखें कि आपके काम के प्रति आपका दृष्टिकोण सर्वोपरि है।

स्रोत पर विचार करें: कौन से सुझावों को शामिल करना है, यह तय करने से पहले फीडबैक देने वाले की विशेषज्ञता और दृष्टिकोण का आकलन करें।

अपने दृष्टिकोण के प्रति सच्चे रहें: फीडबैक के प्रत्येक भाग को लागू करने के लिए बाध्य महसूस न करें। ऐसे परिवर्तन चुनें जो आपकी रचनात्मक दिशा के अनुरूप हों।

अपनी प्रवृत्ति पर भरोसा रखें: यदि कोई सुझाव आपके अनुरूप नहीं है या आपके कलात्मक इरादे से विरोधाभासी है, तो इसे सम्मानपूर्वक अस्वीकार करना ठीक है।

फीडबैक को एकीकृत करना

फीडबैक का प्रभावी ढंग से उपयोग करने में संशोधन के लिए एक रणनीतिक दृष्टिकोण शामिल है।

बदलावों को प्राथमिकता दें: पहले महत्त्वपूर्ण बदलावों पर ध्यान दें, जैसे कथानक समायोजन, पात्र विकास और गति।

स्तरित दृष्टिकोणः खुद पर हावी होने से बचने के लिए एक-एक करके मुद्दों का समाधान करें। संरचनात्मक परिवर्तनों से लेकर पंक्ति संपादन तक, चरणों में संशोधन करें।

साथी पाठक और विभिन्न चरणः अपने काम के विभिन्न चरणों के लिए साथी पाठकों का उपयोग करें, अपनी लेखन प्रक्रिया में विभिन्न बिंदुओं पर फीडबैक एकत्र करें।

प्रतिक्रिया और लेखक-पाठक संबंध

फीडबैक लेखकों और पाठकों के बीच की दूरी को पाटता है, कहानी कहने के अनुभव को बढ़ाता है।

पाठक सशक्तिकरणः पाठकों की प्रतिक्रिया को महत्त्व देकर, आप उन्हें अपनी लेखन यात्रा में सशक्तता से जोड़ते हैं।

दर्शकों के अनुरूप ढलनाः फीडबैक आपको अपने दर्शकों की प्राथमिकताओं और अपेक्षाओं को समझने में मदद करता है, जिससे आप अपने लेखन को अनुकूलित करने में सक्षम होते हैं।

सहयोगात्मक विकासः फीडबैक को लेखक और पाठक के बीच एक सहयोगात्मक प्रयास के रूप में सोचें, जो आपके काम के विकास में योगदान देता है।

आलोचनात्मक चिंता पर काबू पानाः विकास मानसिकता

आलोचना की चिंता स्वाभाविक है, लेकिन विकास की मानसिकता अपनाकर इसे कम किया जा सकता है।

आलोचना एक अवसर के रूप में: फीडबैक को निर्णय के बजाय सीखने और सुधार करने के अवसर के रूप में देखें।

पुनरावृत्ति को अपनाएँ: समझें कि लेखन एक पुनरावृत्तीय प्रक्रिया है। शुरुआती ड्राफ्ट सुधार की दिशा में कदम बढ़ा रहे हैं।

प्रगति का जश्न मनाएँ: फीडबैक के प्रत्येक दौर के साथ अपनी प्रगति का जश्न मनाएँ, इस बात पर ध्यान केंद्रित करें कि आपका काम कैसे विकसित होता है।

निष्कर्षतः, प्रतिक्रिया और आलोचना अमूल्य उपकरण हैं जो लेखकों को उत्कृष्टता की ओर प्रेरित करते हैं। बाहरी दृष्टिकोण के लाभों को पहचानकर, फीडबैक के प्रकारों को समझकर, आलोचना को शालीनता से संचालित करके, दूसरों को उपयोगी फीडबैक प्रदान करके, अपनी रचनात्मक दृष्टि के साथ फीडबैक को संतुलित करके, रणनीतिक रूप से

संशोधित करके, लेखक-पाठक संबंध को बढ़ावा देकर, और विकास की मानसिकता को अपनाकर अपनी कला को निखारने, सम्मोहक कहानियाँ सुनाने और पाठकों के साथ गहरे स्तर पर जुड़ने के लिए सशक्त होते हैं। याद रखें कि फीडबैक एक पुल है जो आपको साथी लेखकों और पाठकों के समुदाय से जोड़ता है, जो आपकी लेखन यात्रा को अंतर्दृष्टि, प्रेरणा और विकास के साथ समृद्ध करते हैं। जैसे-जैसे आप प्रतिक्रिया और आलोचना के दायरे में आगे बढ़ते हैं, आप सुधार और खोज के निरंतर पथ पर आगे बढ़ते हैं, एक साहित्यिक विरासत बनाते हैं जो प्रामाणिकता के साथ प्रतिध्वनित होती है।

32

आकर्षक गैर-काल्पनिक कथाएँ लिखना

गैर-काल्पनिक या नॉनफिक्शन लेखन तथ्यों को संप्रेषित करने से कहीं आगे जाता है; यह उन्हीं कथा तकनीकों के साथ सच्ची कहानियाँ बताने के बारे में है जो काल्पनिक पाठकों को मंत्रमुग्ध कर देती हैं। आकर्षक गैर-काल्पनिक कथाएँ पाठकों को वास्तविक दुनिया की घटनाओं, विचारों और अनुभवों की ओर आकर्षित करती हैं, और एक स्थायी प्रभाव छोड़ती हैं।

आकर्षक गैर-काल्पनिक कथाओं का सार

मनोरंजक गैर-काल्पनिक कथाएँ एक मनोरम और गहन पढ़ने का अनुभव बनाने के लिए कहानी कहने की तकनीकों के साथ तथ्यात्मक सटीकता को जोड़ती हैं।

सही कहानी का चयन

सही कहानी का चयन एक आकर्षक गैर-काल्पनिक कथा की नींव है।

सम्मोहक विषयः ऐसा विषय चुनें जो जिज्ञासा, भावना या साज़िश जगाता हो।

व्यक्तिगत संबंधः संबंध स्थापित करने के लिए कहानी को पाठकों के अनुभवों या रुचियों से जोड़ें।

अद्वितीय कोणः एक ऐसा कोण या दृष्टिकोण ढूंढें जो आपके कथन को मौजूदा वृत्तांतों से अलग करता हो।

नॉनफिक्शन में कथात्मक संरचना

गैर-काल्पनिक कथाएँ पाठकों को जोड़े रखने के लिए कथात्मक संरचना का उपयोग करती हैं।

परिचयः विषय का परिचय दें और आगे क्या होने वाला है इसका संकेत देकर पाठकों की रुचि जगाएँ।

संघर्ष या तनावः केंद्रीय संघर्ष या तनाव प्रस्तुत करें जो कथा को आगे बढ़ाता है।

बढ़तः घटनाओं, पात्रों और जटिलताओं के माध्यम से कहानी का विकास करें।

चरमोत्कर्षः कथा के उच्चतम बिंदु पर पहुँचें—संघर्ष या रहस्योद्घाटन का सबसे तीव्र क्षण।

समाधानः संघर्ष को हल करके, सभी प्रश्नों के उत्तर देकर, या अंतर्दृष्टि प्रदान करके समाधान प्रदान करें।

लक्षण वर्णन और जुड़ाव

सम्मोहक पात्रों और गहन परिवेश का निर्माण गैर-काल्पनिक कथाओं से जोड़ता है।

पात्र परिचयः वर्णन, संवाद और कार्यों के माध्यम से पात्रों का विकास करें, उन्हें प्रासंगिक और यादगार बनाएँ।

परिवेश/माहौलः पाठकों को कहानी के परिवेश तक ले जाने के लिए, उनकी इंद्रियों को उलझाने के लिए जीवंत विवरणों का उपयोग करें।

भावनात्मक अनुनादः व्यक्तिगत स्तर पर पाठकों के साथ जुड़ने के लिए पात्रों और परिवेश में भावनाओं को शामिल करें।

व्यक्तिगत कहानियाँ

छोटी घटनाएँ और व्यक्तिगत कहानियाँ गैर-काल्पनिक कथाओं का मानवीयकरण करती हैं।

व्यक्तिगत संबंधः विषय वस्तु से संबंधित व्यक्तिगत अनुभव या घटनाएँ साझा करें।

भावनात्मक प्रभावः सहानुभूति और जुड़ाव पैदा करने के लिए व्यक्तिगत कहानियों के माध्यम से भावनाओं को व्यक्त करें।

सार्वभौमिक विषय-वस्तुः व्यापक दर्शकों को प्रभावित करने वाले सार्वभौमिक विषयों का पता लगाने के लिए व्यक्तिगत कहानियों का उपयोग करें।

संवाद और वार्तालाप

संवाद और बातचीत को शामिल करने से गैर-काल्पनिक कथाओं में प्रामाणिकता आती है।

प्रत्यक्ष उद्धरणः साक्षात्कार, भाषण या प्राथमिक स्रोतों से शब्दशः उद्धरण शामिल करें।

प्रामाणिकताः संवाद पात्रों के बीच प्रामाणिकता और गतिशील बातचीत जोड़ता है।

संवादी लहजाः शिल्प संवाद जो स्वाभाविक रूप से पढ़ता है और दर्शाता है कि लोग वास्तव में कैसे बोलते हैं।

अनुसंधान और विश्वसनीयता

गहन शोध से गैर-काल्पनिक कथाओं की विश्वसनीयता और गहराई बढ़ती है।

प्राथमिक और द्वितीयक स्रोतः जानकारी इकट्ठा करने के लिए प्राथमिक स्रोतों (साक्षात्कार, दस्तावेज़) और द्वितीयक स्रोतों (किताबें, लेख) का उपयोग करें।

तथ्य-जाँचः सटीकता सुनिश्चित करने के लिए कई विश्वसनीय स्रोतों से जानकारी सत्यापित करें।

स्रोतों का हवाला देनाः अपने दावों का समर्थन करने और विश्वसनीयता प्रदर्शित करने के लिए उचित उद्धरण और संदर्भ प्रदान करें।

वर्णनात्मक तकनीकें

कथात्मक तकनीकों का उपयोग करें जो पाठकों को शुरू से अंत तक बाँधे रखें।

पूर्वाभासः प्रोत्साहन और जिज्ञासा पैदा करने के लिए भविष्य की घटनाओं का संकेत देना।

उलझनें: पाठकों को बाँधे रखने के लिए अध्यायों या अनुभागों को अनसुलझे प्रश्नों या स्थितियों के साथ समाप्त करें।

समानांतर कहानियाँ: गति बनाए रखने के लिए बीच में बारी-बारी से कई कहानियों को एक साथ बुनें।

विषयों और अंतर्दृष्टियों की खोज

गैर-काल्पनिक कथाएँ व्यापक विषयों और अंतर्दृष्टि का पता लगाने के रास्ते हैं।

सार्वभौमिक प्रासंगिकताः कथा के विषयों को सार्वभौमिक मानवीय अनुभवों से जोड़ें।

चिंतनशील क्षणः चिंतनशील क्षण सम्मिलित करें जहाँ आप कहानी के व्यापक निहितार्थों पर चर्चा करते हैं।

व्यक्तिगत विकासः इस बात पर प्रकाश डालें कि पूरी कहानी में पात्र या विषय कैसे बढ़े या बदले हैं।

सूचना और मनोरंजन में संतुलन

आकर्षक कहानी कहने के साथ तथ्यात्मक जानकारी को संतुलित करना महत्त्वपूर्ण है।

सूचना डंपिंग से बचें: दृश्यों, घटनाओं और संवाद का उपयोग करके जानकारी को स्वाभाविक रूप से कथा में एकीकृत करें।

संवेदी विवरणः तथ्यात्मक जानकारी को अधिक आकर्षक और प्रासंगिक बनाने के लिए संवेदी विवरण का उपयोग करें।

मानवीय कहानियाँ: जटिल अवधारणाओं और विचारों को चित्रित करने के लिए मानवीय कहानियों का उपयोग करें।

अंत में, आकर्षक गैर-काल्पनिक कथाओं को गढ़ना कहानी कहने और तथ्यात्मक सटीकता का एक गतिशील मिश्रण है। सम्मोहक कहानियों को चुनकर, कथानकों को प्रभावी ढंग से संरचित करके, गहन वातावरण बनाकर, व्यक्तिगत कहानियों का उपयोग करके, संवाद को शामिल करके, गहन शोध करके, कथा तकनीकों को नियोजित करके, विषयों की खोज करके और मनोरंजन के साथ जानकारी को संतुलित करके, आप पाठकों को वास्तविक दुनिया की कहानियों से मोहित कर सकते हैं। याद रखें कि गैर-काल्पनिक कथाओं में कल्पना की तरह ही प्रभावी ढंग से शिक्षित करने, प्रेरित करने और भावनाओं को जगाने की क्षमता होती है। जैसे-जैसे आप आकर्षक गैर-काल्पनिक कथाओं को गढ़ने की कला को अपनाते हैं, आप खोज और जुड़ाव की यात्रा पर निकलते हैं, जो उन पाठकों पर स्थायी प्रभाव

छोड़ते हैं जो सच्चाई और मानवता की आपकी कहानियों से जुड़ते हैं।

33

लेखन में सहानुभूति और विविधता

ऐसी दुनिया में जो संबंध और समझ पर पनपती है, इसके लिए सहानुभूति के साथ लिखना और विविधता को अपनाना न केवल एक विकल्प है बल्कि एक जिम्मेदारी भी है। साहित्य में दूरियों को पाटने, सहानुभूति को बढ़ावा देने और मानवीय अनुभवों की विविध बुनावट का प्रतिनिधित्व करने की शक्ति है।

लेखन में सहानुभूति और विविधता का सार

सहानुभूति और विविधता के साथ लेखन में ऐसे कथानक तैयार करना शामिल है जो विभिन्न दृष्टिकोणों और अनुभवों को प्रतिबिंबित करते हैं, समझ और संबंध को बढ़ावा देते हैं।

लेखक के रूप में सहानुभूति विकसित करना

सहानुभूति दूसरों की भावनाओं को समझने और साझा करने की क्षमता है—एक ऐसा कौशल जो आपके लेखन के भावनात्मक प्रभाव को बढ़ाता है।

अपने आप को दूसरों की जगह पर रखें: प्रामाणिक और प्रासंगिक चित्रण बनाने के लिए पात्रों के अनुभवों, भावनाओं और दृष्टिकोणों में गहराई से उतरें।

शोध करें और सुनें: विविध अनुभवों और संस्कृतियों पर शोध करें, और अंतर्दृष्टि और समझ हासिल करने के लिए लोगों की कहानियाँ सुनें।

भावनाओं का अन्वेषण करें: पाठकों के साथ गहरे भावनात्मक स्तर पर जुड़ने के लिए भावनाओं की एक विस्तृत शृंखला के साथ जुड़ें।

पात्रों में विविधता को अपनाना

पात्रों में विविधता आपके लेखन को समृद्ध करती है और आपके पाठक वर्ग का विस्तार करती है।

पात्र रचनाः विभिन्न पृष्ठभूमियों, संस्कृतियों, नस्लों, लिंगों, यौन रुझानों और क्षमताओं से पात्र बनाएँ।

रूढ़िवादिता से बचें: पात्रों को बहुआयामी व्यक्तियों के रूप में चित्रित करके रूढ़िवादिता और घिसी-पिटी बातों को चुनौती दें।

प्रामाणिकताः प्रतीकात्मकता से बचते हुए पात्रों की पहचान को गहराई, सम्मान और संवेदनशीलता के साथ विकसित करें।

सांस्कृतिक संवेदनशीलता और शोध

अपनी संस्कृति से भिन्न संस्कृतियों के बारे में लिखते समय, सांस्कृतिक संवेदनशीलता और गहन शोध के साथ कार्य करें।

सांस्कृतिक विशेषज्ञः सटीकता और प्रामाणिकता सुनिश्चित करने के लिए आप जिस संस्कृति के बारे में लिख रहे हैं, उसके व्यक्तियों से परामर्श लें।

घालमेल से बचें: सांस्कृतिक घालमेल से सावधान रहें—संस्कृतियों का शोषण किए बिना उनका सम्मानपूर्वक चित्रण करें।

भाषा और रीति-रिवाजः सांस्कृतिक अनुभवों को आकार देने वाली भाषा, रीति-रिवाजों, परंपराओं और बारीकियों पर ध्यान दें।

एकाधिक दृष्टिकोण

समावेशी कथानक पाठकों को विभिन्न दृष्टिकोणों से दुनिया को देखने का मौका देते हैं।

एकाधिक दृष्टिकोणः किसी मुद्दे के विभिन्न पक्षों का पता लगाने, सहानुभूति और समझ को बढ़ावा देने के लिए कई दृष्टिकोणों का उपयोग करें।

कम प्रतिनिधित्व वाली शैलीः उन शैलियों को बुलंद करें जिन्हें अकसर साहित्य में हाशिए पर रखा जाता है या खामोश कर दिया जाता है।

गुप्त पहचानः पात्रों की गुप्त पहचान को संबोधित करें—उनकी पहचान के विभिन्न पहलू कैसे टकराते हैं और उनके अनुभवों को प्रभावित करते हैं।

पूर्वाग्रह और रूढ़िवादिता को चुनौती

सहानुभूति के साथ लिखने के लिए अपने स्वयं के पूर्वाग्रहों और चुनौतीपूर्ण रूढ़ियों का सामना करना पड़ता है।

आत्म-चिंतनः अधिक सूक्ष्म और प्रामाणिक पात्र बनाने के लिए अपने स्वयं के पूर्वाग्रहों और मान्यताओं की जाँच करें।

अपेक्षाओं को नष्ट करनाः विशिष्ट कथा परंपराओं को नष्ट करके पाठक की धारणाओं को चुनौती देना।

सहानुभूतिपूर्ण खलनायकः प्रेरणाओं के साथ सर्वगुणसंपन्न खलनायक विकसित करें जिन्हें पाठक समझ सकें, भले ही वे असहमत हों।

वास्तविक दुनिया के मुद्दों का चित्रण

आपके लेखन में वास्तविक दुनिया के मुद्दों को संबोधित करने से बातचीत शुरू हो सकती है और सहानुभूति को बढ़ावा मिल सकता है।

सामाजिक टिप्पणीः सामाजिक, राजनीतिक और नैतिक मुद्दों पर टिप्पणी करने के लिए अपने लेखन का उपयोग करें।

सूक्ष्म अन्वेषणः अत्यधिक सरलीकरण से बचते हुए, जटिल मुद्दों पर जटिल दृष्टिकोण प्रस्तुत करें।

बातचीत बनानाः अलग-अलग दृष्टिकोण प्रस्तुत करने से चर्चाओं को बढ़ावा मिल सकता है जिससे अधिक समझ पैदा होती है।

प्रामाणिकता और जिम्मेदारी का संतुलन

जिम्मेदार कहानी कहने के साथ प्रामाणिकता को संतुलित करना सहानुभूति और विविधता के साथ लिखने की कुंजी है।

शोध और संवेदनशीलताः विविध पात्रों और अनुभवों को प्रामाणिकता और संवेदनशीलता दोनों के साथ देखें।

अपनी शैलीः जब भी संभव हो, अपनी निजी शैली का विकास करें।

लेखक की ज़िम्मेदारीः एक कहानीकार के रूप में अपनी भूमिका और अपनी कहानियों के संभावित प्रभाव को स्वीकार करें।

उच्च उद्देश्य के लिए लेखन

सहानुभूति और विविधता के साथ लिखना एकता, सहानुभूति और समझ को बढ़ावा देकर एक उच्च उद्देश्य को पूरा करता है।

संबंध बनानाः साहित्य में पाठकों को विभिन्न संस्कृतियों, पृष्ठभूमियों और अनुभवों से जोड़ने की शक्ति है।

सहानुभूति का तरंगीय प्रभावः जब पाठक विविध पृष्ठभूमि के पात्रों से जुड़ते हैं, तो उनकी वास्तविक लोगों के साथ सहानुभूति की अधिक संभावना होती है।

दर्पण और खिड़की के रूप में साहित्यः साहित्य पाठकों के अपने अनुभवों को प्रतिबिंबित करता है और साथ ही अन्य जीवन और दृष्टिकोण में खिड़कियाँ भी प्रदान करता है।

निष्कर्षतः, सहानुभूति के साथ लिखना और विविधता को अपनाना एक सचेत विकल्प है जिसमें साहित्य के माध्यम से सकारात्मक बदलाव लाने की अपार संभावनाएँ हैं। सहानुभूति विकसित करके, पात्रों में विविधता को अपनाकर, सांस्कृतिक संवेदनशीलता का अभ्यास करके, कई दृष्टिकोण पेश करके, पूर्वाग्रह और रूढ़िवादिता को चुनौती देकर, वास्तविक दुनिया के मुद्दों को संबोधित करके, जिम्मेदारी के साथ प्रामाणिकता को संतुलित करके और अधिक अच्छे के लिए लिखकर, आप खुद को सीमाओं से परे कथाएँ गढ़ने के लिए सशक्त बनाते और परिवर्तन को प्रेरित करते हैं। याद रखें कि आपके द्वारा बताई गई प्रत्येक कहानी में दिल और दिमाग को खोलने की क्षमता होती है, और पाठकों को जीवन के सभी क्षेत्रों के पात्रों की भूमिका निभाने के लिए आमंत्रित करती है। जैसे-जैसे आप सहानुभूति और विविधता के साथ लेखन के मार्ग पर आगे बढ़ते हैं, आप एक साहित्यिक परिदृश्य में योगदान करते हैं जो मानवीय अनुभवों की समृद्ध बुनावट को दर्शाता है।

34

लचीलेपन की शक्ति

एक कुशल और निपुण लेखक बनने की यात्रा में लचीलापन एक दृढ़ साथी के रूप में खड़ा है। लेखन का मार्ग चुनौतियों, अस्वीकृतियों, आत्म-संदेह और असफलताओं से भरा है, लेकिन यह विकास, रचनात्मकता और अपनी कहानियों को दुनिया के साथ साझा करने की पूर्ति से भी चिह्नित है।

लेखन यात्रा में लचीलेपन को समझना

लचीलापन विपरीत परिस्थितियों से उबरने, असफलताओं के बावजूद ध्यान केंद्रित बनाए रखने और कठिनाइयों के बावजूद डटे रहने की क्षमता है।

असफलता की स्वीकृति

असफलता लेखन प्रक्रिया का एक अंतर्निहित हिस्सा है, जो मूल्यवान सबक प्रदान करती है जो आपके विकास में योगदान करती है।

अस्वीकृति और स्वीकृतिः समझें कि अस्वीकृति काम प्रस्तुत करने का एक स्वाभाविक हिस्सा है और एक लेखक के रूप में आपके मूल्य को परिभाषित नहीं करती है।

गलतियों से सीखनाः गलतियाँ सीखने और आपके कौशल को निखारने का अवसर हैं, जो आपको सुधार की ओर धकेलती हैं।

लचीली मानसिकताः ऐसी मानसिकता अपनाएँ जो असफलताओं को सफलता की ओर बढ़ने वाली सीढ़ी के रूप में देखती है।

आत्म-विश्वास पैदा करना

लचीलापन आपकी क्षमताओं और आपके काम के मूल्य पर विश्वास करने से शुरू होता है।

आलोचना के बीच आत्मविश्वासः आलोचना या आत्म-संदेह का सामना करते हुए भी, अपने लेखन में आश्वस्त रहें।

सकारात्मक आत्म-चर्चाः सकारात्मक विचारों के साथ नकारात्मक विचारों का मुकाबला करें जो एक लेखक के रूप में आपके मूल्य को सुदृढ़ करते हैं।

आत्म-प्रभाव को मजबूत करनाः आत्म-प्रभाव की भावना विकसित करें—यह विश्वास कि आपके पास अपने लेखन लक्ष्यों को प्राप्त करने का कौशल है।

आलोचना और प्रतिक्रिया को अपनाना

लचीलापन आपको आलोचना और प्रतिक्रिया को रचनात्मक ढंग से अपनाने में मदद करता है।

अहंकार से अलग होनाः अपनी व्यक्तिगत पहचान को अपने लेखन से अलग करें, जिससे आप निष्पक्ष रूप से प्रतिक्रिया प्राप्त कर सकें।

रचनात्मक इनपुट को महत्व देनाः फीडबैक को विकास के लिए एक मूल्यवान उपकरण के रूप में देखें, विफलता के प्रतिबिंब के रूप में नहीं।

आलोचना की फिल्टरिंगः अपने काम के लिए अपने दृष्टिकोण की वैधता और प्रासंगिकता निर्धारित करने के लिए फीडबैक का मूल्यांकन करें।

रचनात्मक बाधा पर काबू

लचीलापन आपको रचनात्मक बाधाओं को दूर करने और आपकी रचनात्मकता को फिर से जागृत करने में मदद करता है।

सतत रचनात्मकताः रुकावटों या सूखे के दौर का सामना करते हुए भी लगातार रचनात्मकता का पीछा करें।

नए रास्ते तलाशनाः नए विचारों को अपनाने और अपने जुनून को फिर से जगाने के लिए नई शैलियों, रचना-पद्धतियों या संकेतों को आज़माएँ।

रणनीतियों को अपनानाः रुकावटों को दूर करने के लिए विभिन्न रणनीतियों के साथ प्रयोग करें, जैसे कि अपने लेखन के माहौल को बदलना या लक्ष्य निर्धारित करना।

अस्वीकृति और निराशा से निपटना

लचीलापन आपको अस्वीकृति और निराशा को शालीनता से सँभालने में सक्षम बनाता है।

प्रक्रिया के भाग के रूप में अस्वीकृतिः समझें कि अस्वीकृति लेखकों के लिए एक सामान्य अनुभव है न कि आपकी प्रतिभा का प्रतिबिंब।

मुकाबला तंत्रः निराशा से निपटने के लिए स्वस्थ मुकाबला तंत्र विकसित करें, जैसे साथी लेखकों से बात करना या आत्म-देखभाल में संलग्न होना।

दृष्टिकोण बनाए रखनाः बड़ी तस्वीर को ध्यान में रखें और खुद को अपनी उपलब्धियों और प्रगति की याद दिलाएँ।

दीर्घकालिक चुनौतियाँ

लचीलापन आपको दीर्घकालिक चुनौतियों और असफलताओं के बावजूद टिके रहने में मदद करता है।

असफलताएँ और धैर्यः पहचानें कि लेखन में प्रगति अकसर अरेखीय होती है और इसके लिए धैर्य की आवश्यकता होती है।

परिवर्तन को अपनानाः अपनी लेखन यात्रा में परिवर्तनों को अपनाना, चाहे वह लक्ष्य बदलना हो या सफलता को फिर से परिभाषित करना हो।

प्रतिबद्ध बने रहनाः संदेह या अनिश्चितता के दौर में भी अपने लेखन के प्रति प्रतिबद्ध रहें।

छोटी जीत का जश्न

लचीलेपन में आपकी लेखन यात्रा में सबसे छोटी जीत का भी जश्न मनाना शामिल है।

प्रगति को पहचाननाः अपनी उपलब्धियों को स्वीकार करें और उनका जश्न मनाएँ, चाहे वे कितनी भी छोटी क्यों न लगें।

प्रेरणा को बढ़ावाः छोटी जीत का जश्न मनाने से बड़े लक्ष्यों की दिशा में काम करना जारी रखने की प्रेरणा मिलती है।

सकारात्मकता को बढ़ावा देनाः सकारात्मकता आपके लचीलेपन को मजबूत करती है, जिससे विकास और उपलब्धि का एक चक्र बनता है।

सहायक नेटवर्क का निर्माण

सहायक लेखन समुदाय से जुड़ने से लचीलापन मजबूत होता है।

पारस्परिक प्रोत्साहनः साथी लेखक—प्रोत्साहन, सलाह और साझा अनुभव प्रदान कर सकते हैं।

संघर्षों को साझा करनाः साथियों के साथ अपनी चुनौतियों को साझा करके आपको यह एहसास करने में मदद मिलती है कि बाधाओं का सामना करने में आप अकेले नहीं हैं।

सफलताएँ साझा करनाः अपने लेखन समुदाय के साथ सफलताओं का जश्न मनाने से उपलब्धि की खुशी बढ़ जाती है।

दृढ़ता की शक्ति

अंततः, लचीलापन दृढ़ता का पर्याय है—आगे बढ़ते रहने का दृढ़ संकल्प।

लगातार अभ्यासः लगातार लिखने का अभ्यास समय के साथ लचीलापन बनाता है।

अनुकूलन और विकासः परिवर्तन को अपनाएँ, अपनी रणनीतियों को अपनाएँ और एक लेखक के रूप में विकसित हों।

लेखक की यात्रा को जीनाः लचीलापन आपको लेखक की यात्रा के उतार-चढ़ाव को पूरी तरह से अपनाने में सक्षम बनाता है।

अंत में, लचीलापन वह नींव है जिस पर लेखक विकास, रचनात्मकता और उपलब्धि की अपनी यात्रा का निर्माण करते हैं। विफलता को विकास के रूप में स्वीकार करके, आत्म-विश्वास विकसित करके, आलोचना से निपटकर, रचनात्मक अवरोधों पर काबू पाकर, अस्वीकृति से निपटकर, चुनौतियों से जूझते हुए, छोटी जीत का जश्न मनाकर, एक सहायक नेटवर्क बनाकर, विपरीत परिस्थिति का सामना करते हुए और दृढ़ता की शक्ति को समझकर, आप एक लेखक के रूप में आगे बढ़ने के लिए खुद को सशक्त बनाते हैं। याद रखें कि लचीलापन केवल तूफानों का सामना करने के बारे में नहीं है—यह चुनौतियों को उच्च

उपलब्धियों के लिए कदम के रूप में उपयोग करने, असफलताओं को सीखने के अवसर के रूप में स्वीकार करने और बाधाओं को प्रेरणा के स्रोतों में बदलने के बारे में है। जैसे ही आप लचीलेपन की शक्ति का उपयोग करते हैं, आप ताकत, दृढ़ संकल्प और रचनात्मकता का प्रतीक बन जाते हैं।

35

अविश्वसनीय कथावाचकों के साथ प्रयोग

कहानी कहने के विशाल परिदृश्य में, कुछ तकनीकें पाठकों को उतने ही प्रभावी ढंग से आकर्षित करती हैं जितना कि अविश्वसनीय कथावाचक। यह कथा उपकरण अपेक्षाओं को नष्ट कर देता है, धारणाओं को चुनौती देता है, और पाठकों को सच्चाई और धोखे की परतों को खोलने के लिए आमंत्रित करता है।

अविश्वसनीय कथावाचक

अविश्वसनीय कथावाचक वे पात्र होते हैं जिनके दृष्टिकोण और घटनाओं की व्याख्याएँ विषम, पक्षपातपूर्ण या भ्रामक होती हैं। उनकी अविश्वसनीयता कथा में जटिलता और साज़िश जोड़ती है।

अविश्वसनीय कथावाचकों का निर्माण

एक अविश्वसनीय कथावाचक को तैयार करने के लिए सावधानीपूर्वक विचार और योजना की आवश्यकता होती है।

वर्णनात्मक आशयः निर्धारित करें कि आप एक अविश्वसनीय कथावाचक का उपयोग क्यों करना चाहते हैं—आप किन विषयों या प्रभावों को प्राप्त करना चाहते हैं।

पात्र पृष्ठभूमि की कहानीः पात्र की प्रेरणाओं, पूर्वाग्रहों और मनोवैज्ञानिक संरचना का विकास करें जो उनकी अविश्वसनीयता में योगदान करते हैं।

पाठक जुड़ावः पाठकों को कहानी पर सवाल उठाने और उसकी व्याख्या करने के लिए प्रोत्साहित करके उन्हें शामिल करें, जिससे सक्रिय भागीदारी हो सके।

अविश्वसनीय कथावाचकों के प्रकार

अविश्वसनीय कथावाचक विभिन्न रूपों में आते हैं, प्रत्येक के अलग-अलग गुण होते हैं।

भोला कथावाचकः समझ या अनुभव की कमी उन्हें घटनाओं की गलत व्याख्या करने के लिए प्रेरित करती है।

चालाक कथावाचकः जानबूझकर पाठकों को धोखा देते हैं—अकसर व्यक्तिगत लक्ष्यों को प्राप्त करने के लिए।

मानसिक रूप से अस्थिर कथावाचकः मनोवैज्ञानिक मुद्दे वास्तविकता की उनकी धारणा को प्रभावित करते हैं, जिससे वे एक अविश्वसनीय मार्गदर्शक बन जाते हैं।

ईमानदार कथावाचकः कुछ सच्चाइयों को उजागर करता है जबकि कुछ सच्चाइयों को छोड़ देता है या विकृत कर देता है।

सत्य और धोखे का संतुलन

अविश्वसनीय कथावाचकों का उपयोग करके अर्थ की कई परतों वाले कथानक बनाए जा सकते हैं।

पाठक की व्याख्याः पाठक सक्रिय रूप से संलग्न होते हैं, कथावाचक के दृष्टिकोण से सच्ची कहानी को समझते हैं।

रहस्य और तनावः अविश्वसनीय कथावाचक महत्त्वपूर्ण जानकारी को छिपाकर रहस्य पैदा करते हैं।

पात्र अन्वेषणः पात्र की विकृतियों के माध्यम से उसके मनोविज्ञान और प्रेरणाओं का अन्वेषण करते हैं।

दृष्टिकोण और धारणा के साथ खेलना

अविश्वसनीय कथावाचकों के साथ प्रयोग करने में दृष्टिकोण और धारणा में हेरफेर करना शामिल है।

बदली हुई वास्तविकताः घटनाओं की वास्तविकता को विकृत करना, पाठकों को प्रश्न पूछने पर मजबूर करना कि क्या सच है।

गलत व्याख्याः कथावाचक संवाद, कार्यों या स्थितियों की गलत व्याख्या कर सकते हैं, जिससे भ्रम पैदा हो सकता है।

पाठक जुड़ावः पाठकों को कथावाचक के स्थान पर रखें, जिससे उन्हें कथा के धोखे का प्रत्यक्ष अनुभव हो सके।

विश्वास और विश्वासघात का निर्माण

अविश्वसनीय कथावाचक पाठकों के साथ विश्वास और विश्वासघात का नृत्य है।

आरंभिक विश्वासः पाठकों को कथावाचक के दृष्टिकोण में आकर्षित करने के लिए विश्वास का एक नमूना स्थापित करें।

धीरे-धीरे सुलझनाः पाठकों की धारणाओं को चुनौती देते हुए धीरे-धीरे कथावाचक की अविश्वसनीयता को प्रकट करें।

पाठक का संदेहः पाठकों को कथावाचक की विश्वसनीयता पर सवाल उठाने और उसका पुनर्मूल्यांकन करने के लिए प्रोत्साहित करें।

संरचनात्मक प्रयोग

अविश्वसनीय कथावाचकों के साथ प्रयोग करने में कथा संरचना के साथ खिलवाड़ करना शामिल है।

एकरूपता का अभावः अतीत और वर्तमान के बीच कूदें, पाठकों को कथा को एक साथ जोड़ने के लिए मजबूर करें।

खंडित कथानकः अविश्वसनीय कथावाचक घटनाओं का खंडित, असंबद्ध विवरण प्रदान कर सकते हैं।

एकाधिक दृष्टिकोणः अविश्वसनीय कथावाचक के दृष्टिकोण के विपरीत विभिन्न पात्रों के दृष्टिकोण प्रस्तुत करें।

सत्य और नैतिकता का अंतर्विरोध

अविश्वसनीय कथावाचक सत्य और नैतिकता के धुँधले क्षेत्रों में गहराई से उतरते हैं।

नैतिक अस्पष्टताः अविश्वसनीय कथावाचक के इरादे नैतिक सीमाओं को धुँधला कर सकते हैं।

पाठक चिंतनः पाठकों को यह विचार करने के लिए प्रेरित करें कि वे समान स्थितियों से कैसे निपटेंगे।

मनोवैज्ञानिक अन्वेषणः कथावाचक के अपराधबोध, तर्कशक्ति और आंतरिक संघर्षों का अन्वेषण करें।

अविश्वसनीय कथन की नैतिकता

अविश्वसनीय कथावाचकों को गढ़ने से पाठकों के विश्वास में हेरफेर के बारे में नैतिक प्रश्न उठते हैं।

कलात्मक स्वतंत्रताः लेखकों को प्रयोग करने की स्वतंत्रता है, लेकिन कलात्मक अभिव्यक्ति और पाठक के विश्वास के बीच संतुलन बनाए रखना महत्त्वपूर्ण है।

पाठक की अपेक्षाएँः पाठकों की अपेक्षाओं पर विचार करें और क्या कहानी में हेरफेर किसी उद्देश्य की पूर्ति करता है।

पारदर्शिताः कुछ लेखक अविश्वसनीयता को पहले ही प्रकट करना चुनते हैं, जिससे पाठक पूरी जागरूकता के साथ कथा की व्याख्या कर सकते हैं।

अनिश्चितता की परिवर्तनकारी शक्ति

अविश्वसनीय कथावाचकों के साथ प्रयोग कहानी कहने को एक गतिशील, आकर्षक अनुभव में बदल देता है।

आकर्षक रहस्यः पाठक जासूस बन जाते हैं, जो कथावाचक के मुखौटे के पीछे की सच्चाई को जोड़ते हैं।

चुनौतीपूर्ण धारणाः पाठकों को पात्रों और घटनाओं के बारे में उनकी धारणाओं पर सवाल उठाने के लिए प्रोत्साहित करें।

विचारोत्तेजक विषय-वस्तुः अविश्वसनीय वर्णन सत्य, धोखे, स्मृति और मानवीय विषय-वस्तु के विषयों को उठाता है।

निष्कर्षतः, अविश्वसनीय कथावाचकों के साथ प्रयोग करना धारणा, विश्वास और हेरफेर की गहराई में एक रोमांचक यात्रा है। जानबूझकर अविश्वसनीयताएँ बनाकर, विभिन्न प्रकार के अविश्वसनीय कथावाचकों की खोज करके, सच्चाई और धोखे को संतुलित करके, दृष्टिकोण के साथ खेलकर, विश्वास और विश्वासघात का निर्माण करके, कथा तकनीकों के साथ प्रयोग करके, नैतिक अस्पष्टता में गहराई से जाकर, नैतिक विचारों को अपनाकर और अनिश्चितता की परिवर्तनकारी शक्ति को गले लगाकर, आप क्षमता का उपयोग करते हैं ऐसे कथानक गढ़ने के लिए जो चुनौती दें, उकसाएँ और लुभाएँ। याद रखें कि अविश्वसनीय कथावाचक केवल कथानक उपकरणों से कहीं अधिक हैं—वे मानवीय अनुभव की जटिलताओं में खिड़कियाँ हैं, जो सत्य के धुँधले क्षेत्रों और धारणा और वास्तविकता के बीच के नाजुक नृत्य को दिखाते हैं।

36

माहौल और मनोदशा की रचना

हर सम्मोहक कहानी के केंद्र में एक माहौल और मनोदशा होती है जो पाठकों को भावनाओं, संवेदनाओं और अनुभवों की दुनिया में घेर लेती है। माहौल और मनोदशा को उजागर करने का कौशल एक लेखक के शस्त्रागार में एक शक्तिशाली उपकरण है—जो पृष्ठ पर शब्दों और पाठक की कल्पना के बीच एक आंतरिक संबंध बनाता है।

माहौल और मनोदशा का सार

माहौल और मनोदशा भावनात्मक और संवेदी बुनावटें हैं जो पाठकों को घेरती हैं, उन्हें कहानी की दुनिया में डुबो देती हैं।

माहौल और मनोदशा की परिभाषा

माहौलः समग्र भावना या भावनात्मक गुणवत्ता जो किसी दृश्य, परिवेश या संपूर्ण कार्य में व्याप्त होती है।

मनोदशाः वातावरण से प्रभावित पाठक की भावनात्मक प्रतिक्रिया और धारणा।

माहौल और मनोदशा की भूमिका

किसी कथा के साथ पाठकों के जुड़ाव को आकार देने में माहौल और मनोदशा महत्त्वपूर्ण हैं।

पाठक जुड़ावः माहौल और मनोदशा पाठकों और पात्रों के बीच एक गहरा भावनात्मक बंधन बनाते हैं।

परिवेश संवर्धनः सही माहौल परिवेश को समृद्ध बनाता है, इसे एक जीवंत, साँस लेने वाली इकाई बनाता है।

कथानक सुदृढ़ीकरणः माहौल और मनोदशा केंद्रीय विषयों और रूपांकनों को सुदृढ़ कर सकते हैं।

विवरण के माध्यम से माहौल बनाना

वर्णनात्मक भाषा माहौल निर्माण का प्राथमिक साधन है।

जीवंत कल्पनाः एक जीवंत मानसिक चित्र चित्रित करने के लिए विचारोत्तेजक और संवेदी-समृद्ध विवरणों का उपयोग करें।

संवेदी विवरणः पाठकों को दृश्य में डुबोने के लिए पाँचों इंद्रियों से अपील करें।

प्रतीकवादः ऐसे प्रतीकात्मक तत्त्वों को शामिल करें जो कहानी के माहौल से मेल खाते हों।

शब्द चयन और स्वर

शब्दों और स्वर का सावधानीपूर्वक चयन कथा के भावनात्मक स्वर को निर्धारित करता है।

शब्द चयनः ऐसे शब्द चुनें जो वांछित माहौल से मेल खाते हों—उदाहरण के लिए, शांति के लिए नरम या तनाव के लिए कठोर।

वाक्य संरचनाः गति और मनोदशा को नियंत्रित करने के लिए वाक्य की लंबाई और संरचना में बदलाव करें।

लय और प्रवाहः एक ऐसी लय तैयार करें जो वांछित मनोदशा को प्रतिबिंबित करे—चिंतन के लिए धीमी, उत्साह के लिए तेज़।

मौसम और प्राकृतिक तत्व

मौसम और प्राकृतिक तत्व माहौल में महत्त्वपूर्ण योगदान देते हैं।

दयनीय भ्रांतिः मौसम को पात्रों की भावनाओं या कहानी के लहजे से मिलाएँ।

प्रतीकात्मक मौसमः विषयों के अनुरूप उपमा देते हुए मौसम का उपयोग करें।

परिवेश का एकीकरणः माहौल को बेहतर बनाने के लिए परिवेश के साथ मौसम और प्राकृतिक तत्वों को एकीकृत करें।

पात्र दृष्टिकोण

पात्र दृष्टिकोण किसी दृश्य के माहौल और मनोदशा में रंग भरते हैं।

अविश्वसनीय कथावाचकः अविश्वसनीय कथावाचक अपनी विकृत भावनाओं को दर्शाने के लिए माहौल को विकृत कर सकते हैं।

एकाधिक पीओवीः विभिन्न पात्रों के दृष्टिकोण विपरीत भावनात्मक परतें बनाते हैं।

सहानुभूतिपूर्ण संबंधः पाठक पात्रों की भावनाओं को साझा करके भावनात्मक रूप से जुड़ते हैं।

संवाद और बातचीत

संवाद और बातचीत माहौल और मनोदशा में योगदान करते हैं।

उपपाठीय संवादः संवाद में अंतर्निहित तनाव या भावनाएँ माहौल को आकार देती हैं।

बातचीत का लहजाः सकारात्मक या नकारात्मक बातचीत समग्र मनोदशा में योगदान करती है।

भावनात्मक रूप से आवेशित आदान-प्रदानः नाटकीय टकराव तनाव और माहौल को बढ़ाते हैं।

साहित्यिक उपकरणों का उपयोग

साहित्यिक उपकरण कलात्मक हेरफेर के माध्यम से माहौल और मनोदशा को बढ़ाते हैं।

पूर्वाभासः भविष्य की घटनाओं के संकेत जो प्रत्याशा की भावना में योगदान करते हैं।

रूपक और उपमाएँ: तुलनाएँ दृश्य और भावनात्मक प्रतिध्वनि पैदा करती हैं।

वैयक्तिकरणः निर्जीव वस्तुओं को मानवीय गुण देकर किसी दृश्य को भावनाओं से भर दिया जा सकता है।

गति और कथा प्रवाह

गति कहानी के मूड और माहौल को प्रभावित करती है।

धीमी गतिः जानबूझकर, धीमी गति से चलने से तनाव और आत्मनिरीक्षण होता है।

तेज़ गतिः तेज़ गति उत्तेजना, तात्कालिकता और अराजकता को बढ़ाती है।

गति में भिन्नताः धीमी और तेज़ गति के बीच परिवर्तन से मूड में गतिशील बदलाव आता है।

शैली और मूड कनेक्शन

विभिन्न शैलियाँ विशिष्ट मनोदशा और माहौल उत्पन्न करती हैं।

थ्रिलर और सस्पेंसः इन शैलियों में तनाव और बेचैनी व्याप्त है।

रोमांसः भावनात्मक तीव्रता और जुड़ाव रोमांस की विशेषता है।

फंतासी और विज्ञान-कल्पनाः कल्पनाशील परिवेश माहौल को प्रभावित करता है।

मनोदशा परिवर्तन की शक्ति

मनोदशाओं के बीच निर्बाध परिवर्तन गहराई और जटिलता जोड़ते हैं।

विपरीत मनोदशाएँ: एक मनोदशा से दूसरे में जाना नाटकीय प्रभाव पैदा करता है।

स्तरित मनोदशाएँ: विभिन्न मनोदशाओं का एक साथ सह-अस्तित्व जटिलता जोड़ता है।

सूक्ष्म मनोदशा परिवर्तनः धीरे-धीरे परिवर्तन सूक्ष्म भावनात्मक परिदृश्य का निर्माण करते हैं।

पाठक व्याख्या और सहभागिता

माहौल और मनोदशा पाठक को व्याख्या और जुड़ाव के लिए आमंत्रित करते हैं।

व्यक्तिगत प्रतिध्वनिः पाठक माहौल की व्याख्या करने के लिए अपनी भावनाओं और अनुभवों का उपयोग करते हैं।

सक्रिय भागीदारीः मनोदशा के साथ जुड़ने से पाठकों की तल्लीनता बढ़ती है।

भावनात्मक प्रभावः गहरा भावनात्मक जुड़ाव एक स्थायी प्रभाव छोड़ता है।

निष्कर्षतः, माहौल और मनोदशा को जगाना भावनाओं और संवेदनाओं को उकेरने की कला है जो पृष्ठ से आगे बढ़कर पाठकों के दिल और दिमाग को छू जाती है। वर्णनात्मक भाषा, शब्द चयन, मौसम और प्राकृतिक तत्व, पात्र दृष्टिकोण, संवाद, साहित्यिक उपकरण, गति, शैली विचार, मनोदशा परिवर्तन और पाठक जुड़ाव का उपयोग करके, आप ऐसे

कथानकों को तैयार करने की क्षमता का उपयोग करते हैं जो पाठकों को आपकी कहानी के भावनात्मक सार में डुबो देते हैं। याद रखें कि माहौल और मनोदशा केवल रचनात्मक विकल्प नहीं हैं—वे आपके पात्रों की आत्मा में खिड़कियाँ हैं, आपके विषयों के प्रतिबिंब हैं, और पुल हैं जो आपको अपने पाठकों से जोड़ते हैं। जैसे ही आप माहौल और मनोदशा को उजागर करने की कला को अपनाते हैं, आप गहरी भावनात्मक अनुनाद की यात्रा पर निकल पड़ते हैं।

37

विभिन्न आयु समूहों के लिए लेखन

लेखन की कला एक बहुमुखी कला है जो उम्र की बाधाओं को पार कर विभिन्न पीढ़ियों के पाठकों से जुड़ सकती है। प्रत्येक आयु समूह अलग-अलग रुचियों, जरूरतों और पढ़ने की प्राथमिकताओं के साथ आता है, और इन अंतरों के अनुरूप अपने लेखन को तैयार करके आपके कहानी कहने के प्रभाव में काफी वृद्धि हो सकती है।

आयु समूहों की विविधता को समझना

जब पढ़ने की बात आती है तो विभिन्न आयु समूहों में अद्वितीय विशेषताएँ, अनुभव और अपेक्षाएँ होती हैं।

बच्चों के लिए लेखन

बच्चों के लिए लिखने में उनकी कल्पना को लुभाना और कहानियों के प्रति उनके प्रेम को विकसित करना शामिल है।

आकर्षक भाषाः जीवंत, वर्णनात्मक भाषा का प्रयोग करें जो एक स्पष्ट मानसिक छवि चित्रित करती है।

अन्वेषण के विषयः बच्चे जिज्ञासु होते हैं; साहसिक कार्य, मित्रता और खोज के विषयों का अन्वेषण करें।

दृश्य तत्वः चित्र पुस्तकें अकसर कथा को जीवंत चित्रों के साथ पूरक करती हैं।

मध्य-श्रेणी के लिए लेखन

मध्य-श्रेणी के पाठक अधिक जटिल विषयों और भावनाओं की ओर बढ़ रहे होते हैं।

प्रासंगिक पात्रः ऐसे पात्र जो उनके संघर्षों और आकांक्षाओं को प्रतिबिंबित करते हैं, गहराई से प्रतिबिंबित होते हैं।

वास्तविक जीवन की चुनौतियाँः दोस्ती, परिवार, पहचान और आत्म-खोज के विषयों का अन्वेषण करें।

सूक्ष्म पाठः जीवन के पाठों और नैतिक विकल्पों को सूक्ष्मता से व्यक्त करने के लिए कथानकों का उपयोग करें।

युवाओं के लिए लेखन

युवा साहित्य पहचान, विकास और आत्म-खोज के विषयों पर प्रकाश डालता है।

प्रामाणिक शैलीः संबंध स्थापित करने के लिए पात्र की शैली में प्रामाणिकता महत्त्वपूर्ण है।

जटिल मुद्दों से निपटनाः युवा उपन्यास/कहानी प्रेम, आत्म-स्वीकृति और सामाजिक चुनौतियों जैसे विषयों का पता लगाते हैं।

विविध प्रतिनिधित्वः पाठकों की एक विस्तृत श्रृंखला को प्रतिबिंबित करने के लिए विविध पात्रों और अनुभवों को शामिल करें।

वयस्कों के लिए लेखन

वयस्कों के लिए लेखन भावनाओं, रिश्तों और विषयों की अधिक जटिल खोज की अनुमति देता है।

बहुआयामी पात्रः स्तरित प्रेरणाओं और जटिलताओं वाले पात्र बनाएँ।

दार्शनिक अन्वेषणः वयस्क कथा साहित्य अकसर गहरे दार्शनिक और नैतिक प्रश्नों से जुड़ा होता है।

विस्तृत शैलीः वयस्क साहित्य विविध रुचियों को ध्यान में रखते हुए विभिन्न शैलियों तक फैला हुआ है।

लेखन अनुकूलन की रणनीतियाँ

विभिन्न आयु समूहों के लिए कहानियाँ तैयार करने के लिए रणनीतिक विचारों की आवश्यकता होती है।

भाषा और शब्दावली

बच्चेः युवा पाठकों को संलग्न करने के लिए जीवंत कल्पना के साथ सरल भाषा का प्रयोग करें।

मध्य-श्रेणीः पहुँच और स्पष्टता बनाए रखते हुए शब्दावली का विस्तार करें।

युवाः इस वर्ग से जुड़ने के लिए प्रामाणिक संवाद और वर्तमान बोली को प्रतिबिंबित करें।

वयस्कः ऐसी परिष्कृत भाषा का प्रयोग करें जो परिपक्व पाठकों को पसंद आए।

विषय-वस्तु और सामग्री

बच्चेः आश्चर्य, दोस्ती और खोज के विषयों पर जोर दें।

मध्य-श्रेणीः इस उम्र से संबंधित विषयों और चुनौतियों पर लिखें।

युवाः पहचान, प्रेम, अपनेपन और सामाजिक मुद्दों के विषयों का अन्वेषण करें।

वयस्कः जटिल विषयों, नैतिक दुविधाओं और वयस्क जीवन की जटिलताओं को संबोधित करें।

कथा संरचना और गति

बच्चेः पाठकों का ध्यान आकर्षित करने के लिए आकर्षक कथानकों के साथ गति को तेज़ रखें।

मध्य-श्रेणीः आगे बढ़ने वाले कथानक को बनाए रखते हुए आत्मनिरीक्षण की अनुमति दें।

युवाः इस आयु वर्ग के अनुरूप पात्र विकास और कथानक विकास को संतुलित करें।

वयस्कः विविध रुचियों को पूरा करने के लिए विभिन्न कथा संरचनाओं और गति शैलियों को अपनाएँ।

पात्र विकास और पठनीयता

बच्चेः बच्चों जैसी मासूमियत और जिज्ञासा के साथ संबंधित पात्र बनाएँ।

मध्य-श्रेणीः इस आयु वर्ग के सामने आने वाली वास्तविक भावनाओं और चुनौतियों वाले पात्र विकसित करें।

युवाः किशोरावस्था की जटिलताओं को समझते हुए बहुआयामी पात्र तैयार करें।

वयस्कः जटिल प्रेरणाओं और आंतरिक संघर्षों वाले पात्र विकसित करें।

मनोरंजन और अर्थ को संतुलित करना

बच्चे और मध्यम श्रेणीः मनोरंजन को सूक्ष्म पाठों और मूल्यों से जोड़ें।

युवाः पहचान और विकास की सार्थक खोज के साथ मनोरंजन को संतुलित करें।

वयस्कः मनोरंजन को दार्शनिक चिंतन और भावनात्मक अनुनाद के साथ मिलाएँ।

निष्कर्षतः, विभिन्न आयु समूहों के लिए लिखना अनुकूलनशीलता और रचनात्मकता की यात्रा है। बच्चों, मध्य-श्रेणी के पाठकों, युवा और वयस्कों की विशेषताओं और प्राथमिकताओं को समझकर, और अपनी भाषा, विषयों, कथा संरचना, पात्र विकास और मनोरंजन और अर्थ के संतुलन को तैयार करके, आप उन कहानियों को गढ़ते हैं जो सभी उम्र के पाठकों के साथ गहराई से प्रतिध्वनित होती हैं। याद रखें कि कहानी कहने की शक्ति पीढ़ीगत विभाजनों को पार करने, दिलों को छूने वाले संबंध बनाने, दिमागों को चुनौती देने और साझा मानवीय अनुभव की भावना पैदा करने की क्षमता में निहित है। जैसे ही आप विभिन्न आयु समूहों के लिए लिखने की कला को अपनाते हैं, आप एक रचनात्मक यात्रा पर निकल पड़ते हैं जो विभिन्न पीढ़ियों के पाठकों को कल्पना, भावना और स्थायी प्रभाव के जाल में एकजुट करती है।

38

प्रभावशाली संवाद लिखने की कला

लेखक के टूलकिट में संवाद एक शक्तिशाली उपकरण है, जो पात्रों को उनकी बातचीत और विचारों के आदान-प्रदान के माध्यम से कहानी को जीवंत बनाने की ताकत देता है। अच्छी तरह से तैयार किए गए संवाद में पाठकों को मोहित करने, पात्र लक्षण प्रकट करने, कथानक को आगे बढ़ाने और पात्रों के बीच प्रामाणिक संबंध बनाने की क्षमता होती है।

प्रभावी संवाद का सार

प्रभावी संवाद एक पृष्ठ पर केवल शब्दों से कहीं अधिक है—यह संचार का एक गतिशील रूप है जो पात्र को प्रकट करता है, कथानक को आगे बढ़ाता है और पाठकों को बाँधे रखता है।

प्रभावी संवाद

प्रभावी संवाद वास्तविक बातचीत की प्रामाणिकता को दर्शाता है, जिससे पात्र प्रासंगिक और विश्वसनीय बनते हैं।

प्राकृतिक प्रवाहः संवाद सुचारू रूप से प्रवाहित होना चाहिए, जो वास्तविक भाषण की लय को प्रतिबिंबित करता हो।

उपपाठः पात्र अकसर एक बात कहते हैं जबकि दूसरे का संकेत देते हैं, अंतर्निहित तनावों और भावनाओं को प्रकट करते हैं।

अद्वितीय शैलीः पात्रों के लिए विशिष्ट शैली विकसित करें, जो उनके व्यक्तित्व, पृष्ठभूमि और उद्देश्यों को दर्शाती हों।

कथानक का विकास

संवाद कथानक के विकास का एक साधन है, जो कहानी को आगे बढ़ाता है।

जानकारी साझा करनाः पात्र बातचीत के माध्यम से आवश्यक जानकारी को व्यवस्थित रूप से साझा कर सकते हैं।

खुलासेः सही समय पर बातचीत के माध्यम से कथानक में मोड़ और खुलासे हो सकते हैं।

संघर्ष और समाधानः संवाद से संघर्ष, टकराव और समाधान हो सकता है।

संवाद और पहचान

संवाद पात्रों की आंतरिक दुनिया, प्रेरणाओं और विकास में एक खिड़की प्रदान करता है।

विचार और भावनाएँः पात्रों के विचार, भय, आशाएँ और सपने संवाद के माध्यम से प्रकट किए जा सकते हैं।

परिवर्तनः पात्र दूसरों के साथ संवाद करने के तरीके के माध्यम से विकसित हो सकते हैं।

बातचीत के पैटर्नः संवाद के पैटर्न रिश्तों, शक्ति की गतिशीलता और विकसित होते संबंधों को दर्शाते हैं।

प्रभावी संवाद की तकनीकें

सम्मोहक संवाद लिखने के लिए कौशल और रणनीतिक तकनीकों के संयोजन की आवश्यकता होती है।

उपपाठ और अनकहा संचार

उपपाठीय सुरागः पात्र गैर-मौखिक संकेतों, विरामों या इशारों के माध्यम से अंतर्निहित भावनाओं को प्रकट कर सकते हैं।

दोहरे अर्थः पात्र एक बात कह सकते हैं जबकि दूसरी बात की ओर इशारा करते हुए तनाव और साज़िश पैदा कर सकते हैं।

पंक्तियों के बीच पढ़नाः पाठकों को पात्रों के शब्दों से गहरे अर्थ निकालने के लिए आमंत्रित करें।

रुकावटें और ओवरलैप्स

बाधित भाषणः वास्तविक बातचीत के उतार-चढ़ाव की नकल करने के लिए रुकावटों का उपयोग करें।

ओवरलैपिंग संवादः पात्रों को अराजक या भावनात्मक क्षणों को प्रतिबिंबित करते हुए एक-दूसरे के बारे में बोलने की अनुमति दें।

आंतरिक संवाद और एकालाप

आंतरिक विचारः पात्रों की आंतरिक उथल-पुथल को प्रकट करने के लिए आंतरिक एकालाप को बोले गए संवाद के साथ मिलाएँ।

आंतरिक संघर्षः पात्र अपने विचारों से जूझ सकते हैं, जिससे आकर्षक आंतरिक बहसें हो सकती हैं।

संवाद और विशेषताएँ

न्यूनतम टैगः प्रवाह को बाधित करने से बचने के लिए संवाद (उदाहरण के लिए, "उसने कहा," "उसने पूछा") का कम से कम उपयोग करें।

एक्शन टैगः संवाद को पात्र की क्रियाओं से बदलें जो इंगित करते हैं कि कौन बोल रहा है।

पात्र की पहचानः विशिष्ट कार्यों या लहजे के माध्यम से पात्र-संवाद को विशेषता दें, जिससे टैग कम आवश्यक हो जाएँ।

गति और लय

अलग-अलग लंबाईः संवाद में प्राकृतिक भाषा लय को प्रतिबिंबित करने के लिए वाक्य की लंबाई अलग-अलग होती है।

विराम और मौनः तनाव पैदा करने या भावनात्मक क्षणों को प्रतिबिंबित करने के लिए विराम और मौन डालें।

प्रामाणिक बनाम यथार्थवादी संवाद

संवाद गढ़ते समय शाब्दिक यथार्थवाद की अपेक्षा प्रामाणिकता का प्रयास करें।

फिलर्स को हटा दें: अत्यधिक फिलर शब्दों ("उम," "उह") को हटा दें जो गति को धीमा कर देते हैं।

दोहराव को हटा दें: दोहराए जाने वाले या अनावश्यक संवाद को काटें करें जो पात्र-चित्रण या कथानक में योगदान नहीं देता है।

प्रभावी संवाद लिखने में चुनौतियाँ

प्रभावी संवाद तैयार करना चुनौतियों और विचारों के साथ आता है।

यथार्थ पठनीयता को संतुलित करना

भाषण को सुव्यवस्थित करनाः वास्तविक बातचीत में ठहराव, झिझक और स्पर्शरेखाएँ शामिल होती हैं, जिन्हें पठनीयता के लिए सुव्यवस्थित करने की आवश्यकता हो सकती है।

स्पष्टताः पूर्ण यथार्थवाद पर स्पष्टता को प्राथमिकता दें, यह सुनिश्चित करें कि पाठक पात्रों के इरादों को समझें।

दिखावे से बचना

प्राकृतिक एकीकरणः संवाद के भीतर प्रदर्शन और पृष्ठभूमि की जानकारी को सहजता से एकीकृत करें।

अप्राकृतिक जानकारीः अप्राकृतिक वार्तालापों से बचें जो केवल पाठकों तक जानकारी पहुँचाने का काम करते हैं।

प्रामाणिक शैली अपनाना

विविध पात्रः विभिन्न पृष्ठभूमि, उम्र और जीवन के क्षेत्रों के पात्रों के लिए अलग-अलग शैली विकसित करें।

रूढ़िवादिताः रूढ़िवादिता पर भरोसा करने से बचें, वास्तविक पात्र लक्षणों पर ध्यान केंद्रित करें।

अतिशयोक्ति के बिना भावना व्यक्त करना

सूक्ष्म भावनाः भावनाओं को व्यक्त करने और सनसनी से बचने के बीच संतुलन खोजें।

आंतरिक संवादः गहरी भावनाओं को अधिक सूक्ष्म तरीके से व्यक्त करने के लिए आंतरिक विचारों का उपयोग करें।

अंत में, प्रभावी संवाद एक कथा की दिल की धड़कन है; जो प्रामाणिकता, पात्र विकास और कथानक की प्रगति के साथ स्पंदित होती है। संवादी यथार्थवाद के सिद्धांतों को अपनाकर, उपपाठ, गतिशील व्यवधान, आंतरिक संवाद, सावधानीपूर्वक संवाद संतुलन, गति और प्रामाणिक संवाद क्राफ्टिंग जैसी तकनीकों का उपयोग करके, आप उन वार्त्तालापों को बनाने में सक्षम होते हैं जो पाठकों के साथ गहराई से जुड़ते हैं। याद रखें कि प्रभावी संवाद केवल शब्दों के बारे में नहीं है—यह जुड़ाव, रहस्योद्घाटन और शैली की परस्पर क्रिया के बारे में है जो आपकी कहानी का दिल और आत्मा बनाते हैं। जैसे-जैसे आप प्रभावी संवाद लिखने की कला में उतरते हैं, आप एक रचनात्मक यात्रा पर निकलते हैं जो आपके पात्रों को जीवन से, आपके कथानक को गति से, और आपकी कथा को मानव संचार की परिवर्तनकारी शक्ति से भर देती है।

39

संवाद और कथा में संतुलन

कहानी कहने के क्षेत्र में, संवाद और कथा के बीच परस्पर क्रिया एक नाजुक नृत्य है जो कथा की बनावट और लय को आकार देती है। संवाद और कथा दोनों ही कहानी में अलग-अलग तत्त्वों का योगदान करते हैं, जो पात्रों के विचारों, भावनाओं और कार्यों में अंतर्दृष्टि प्रदान करते हैं। इन दो घटकों को प्रभावी ढंग से संतुलित करना कुशल लेखन की पहचान है, क्योंकि यह पात्र विकास को बढ़ाता है, कथानक को आगे बढ़ाता है और पाठकों को कई स्तरों पर संलग्न करता है।

संवाद और कथा में संतुलन का सार

संवाद और कथा को संतुलित करने के लिए पात्र की बातचीत और कहानी के बीच संतुलन बनाना शामिल है।

संवाद का महत्त्व

संवाद पात्रों के व्यक्तित्व, भावनाओं और प्रेरणाओं में एक सीधी खिड़की प्रदान करता है।

विचारों का खुलासाः पात्रों के आंतरिक एकालाप और बोले गए शब्द उनके विचारों को प्रकट करते हैं।

भावनात्मक अनुनादः पाठक अपनी मौखिक भावनाओं के माध्यम से पात्रों से गहराई से जुड़ते हैं।

उपपाठीय संकेतः अनकहे संकेत और उपपाठीय संकेत पात्र की गतिशीलता को समृद्ध करते हैं।

कथा की भूमिका

कथावस्तु कहानी को संदर्भ, विवरण और संरचना प्रदान करती है।

मंच की स्थापनाः वर्णनात्मक कथा कहानी की दुनिया की एक जीवंत मानसिक तस्वीर पेश करती है।

निर्बाध परिवर्तनः कथा—संवाद दृश्यों के बीच अंतराल को पाटती है और समयरेखा को आगे बढ़ाती है।

कथानक उन्नतिः कथा—संवाद से परे प्रदर्शनी, बैकस्टोरी और घटनाओं की खोज की अनुमति देती है।

संतुलन प्राप्त करने की तकनीकें

संवाद और कथा का सामंजस्यपूर्ण मिश्रण तैयार करने के लिए रणनीतिक तकनीकों की आवश्यकता होती है।

वैकल्पिक पैटर्न

गतिशील बदलावः भारी दृश्यों और वर्णनात्मक कथा दृश्यों के बीच संवाद के जरिए बदलाव लाना।

गति में विविधताः संवाद गति को तेज करता है, जबकि कथा प्रतिबिंब और विवरण के क्षण प्रदान करती है।

गति और जोर

गति नियंत्रणः विभिन्न दृश्यों में संवाद और कथा के अनुपात को संशोधित करके गति को समायोजित करें।

तीव्र भावनाः पाठक के जुड़ाव को बढ़ाने के लिए भावनात्मक चरम के दौरान संवाद का उपयोग करें।

संवाद के भीतर वर्णनात्मक विवरण

एकीकृत विवरणः एक सहज मिश्रण बनाने के लिए संवाद में वर्णनात्मक विवरण बुनें।

पात्रगत अवलोकनः पात्रों के विवरण से उनकी धारणाओं और दृष्टिकोण का पता चलता है।

पात्र क्रियाओं का उपयोग

पात्र क्रियाएँः संवाद और कथा के बीच परिवर्तन के लिए संवाद के बजाय पात्र क्रियाओं का उपयोग करें।

भावनाओं को व्यक्त करनाः पात्र क्रियाएँ प्रवाह को बाधित किए बिना भावनाओं और उप-पाठ को व्यक्त करती हैं।

विचार और चिंतन

आंतरिक एकालापः पात्रों के विचारों को कथा में एकीकृत करें, बोले गए शब्दों से परे अंतर्दृष्टि प्रदान करें।

भावनात्मक गहराईः आंतरिक एकालाप पात्रों के संघर्ष, संदेह और विकास को प्रकट करते हैं।

लंबाई और प्रभाव का संतुलन

संक्षिप्त और तीव्रः संक्षिप्त संवादों का आदान-प्रदान प्रभावशाली क्षण बना सकते हैं।

कथा की गहराईः कथा भावनाओं, प्रेरणाओं और वातावरण की गहन खोज की अनुमति देती है।

संतुलित एकीकरण के लाभ

संवाद और कथा को संतुलित करने से कई प्रकार के लाभ मिलते हैं जो पढ़ने के अनुभव को समृद्ध करते हैं।

पाठक संलग्नता और जुड़ाव

जुड़ावः एक सामंजस्यपूर्ण मिश्रण पाठकों को जानकारी की विभिन्न परतें प्रदान करके बाँधे रखता है।

गहन अनुभवः पाठक बातचीत और प्रतिबिंब दोनों के माध्यम से कहानी की दुनिया में डूब जाते हैं।

सूक्ष्म लक्षण वर्णन एवं विकास

उपपाठीय विकासः पात्र मौखिक बातचीत और आंतरिक प्रतिबिंबों के माध्यम से विकसित होते हैं।

बहुआयामी पात्रः संवाद और कथा पात्रों के व्यक्तित्व के विभिन्न पहलुओं को उजागर करते हैं।

दृश्य विविधता और लय

गतिशील दृश्यः संवाद और कथा के बीच परिवर्तन से लय और विविधता पैदा होती है।

विकसित होता माहौलः संतुलन कहानी के भावनात्मक माहौल को प्रभावित करता है।

चुनौतियाँ और विचार

संवाद और कथा को संतुलित करना एक कौशल है जो चुनौतियों और विचारों के साथ आता है।

जानकारी-डंपिंग से बचना

एकीकृत प्रदर्शनीः पृष्ठभूमि की कहानी और जानकारी को धीरे-धीरे वितरित करने के लिए संवाद और कथा का उपयोग करें।

प्राकृतिक संदर्भः जब जानकारी बातचीत या विवरण में स्वाभाविक रूप से सामने आए तो उसकी स्पष्ट व्याख्या करें।

दोहराव से बचना

कथात्मक प्रतिध्वनिः सुनिश्चित करें कि कथा केवल संवाद के माध्यम से बताई गई जानकारी को न दोहराए।

कथात्मक उन्नतिः कहानी को आगे बढ़ाने और विभिन्न पहलुओं का पता लगाने के लिए कथा का उपयोग करें।

स्वर और शैली की समानता

पात्र संगतिः पात्रों की शैली और स्वर संवाद और कथा दोनों में एक समान रहना चाहिए।

वर्णनात्मक स्वरः समग्र कथा स्वर कहानी की शैली और मनोदशा के अनुरूप होना चाहिए।

अंत में, संवाद और कथा को संतुलित करना एक लयबद्ध उपक्रम है, जिसमें प्रत्येक तत्व एक गतिशील और गुंजायमान कथा बनाने के लिए सामंजस्य स्थापित करता है। पात्र की शैली और आंतरिक दुनिया, कथा प्रवाह और वर्णनात्मक शक्ति की भूमिकाओं को समझकर, और वैकल्पिक पैटर्न, गति और जोर, एकीकृत विवरण, पात्र क्रियाएँ, विचार और प्रतिबिंब, और लंबाई और प्रभाव को संतुलित करने जैसी तकनीकों को नियोजित करके, आप इस कला में महारत हासिल करते हैं। याद रखें कि संवाद और कथा को संतुलित करना केवल संरचना के बारे में नहीं है—यह एक बहुआयामी अनुभव बनाने के बारे में है जो पाठकों के दिल और दिमाग को जोड़ता है। जैसे ही आप इस कला की जटिलताओं को अपनाते हैं, आप एक रचनात्मक यात्रा पर निकलते हैं जो शब्दों को भावनाओं में, पात्रों को लोगों में बदल देती है।

40

लेखन में हास्य और बुद्धि का संचार

हास्य और बुद्धि ऐसे शक्तिशाली तत्त्व हैं जो लेखन को मात्र पाठ से एक आकर्षक, यादगार अनुभव तक बढ़ा सकते हैं। जब कुशलता से शामिल किया जाता है, तो हास्य और बुद्धि कथा में गहराई, प्रासंगिकता और मानवता का स्पर्श जोड़ते हैं, पाठकों का ध्यान आकर्षित करते हैं और उन पर एक स्थायी प्रभाव छोड़ते हैं।

हास्य और बुद्धि का सार

लेखन में हास्य और बुद्धि का समावेश करने में ऐसे तत्त्वों को शामिल किया जाता है जो गुदगुदाते हैं, मनोरंजन करते हैं और विचार को प्रेरित करते हैं।

हास्य जोड़ता है

हास्य सांस्कृतिक सीमाओं को पार करता है, पाठकों को आनंद और मनोरंजन के साझा अनुभवों के माध्यम से जोड़ता है।

प्रासंगिकताः हास्यपूर्ण क्षण तब गूँजते हैं जब पाठक उनमें अपने स्वयं के अनुभवों को टटोलते हैं।

मानवीय संबंधः हास्य साझा मानवीय विचित्रताओं और कमज़ोरियों को उजागर करके दूरियों को पाटता है।

गहराई के बीच हल्कापनः हास्य भारी कथानकों में राहत प्रदान करता है, जिससे भावनात्मक संतुलन बनता है।

विचारोत्तेजक बुद्धि की शक्ति

बुद्धि पाठकों को बौद्धिक रूप से संलग्न करती है, हँसी जगाती है और साथ ही चिंतन को भी आमंत्रित करती है।

बौद्धिक जुड़ावः बुद्धि पाठकों की बुद्धिमत्ता को आकर्षित करती है, विचार और चिंतन को प्रेरित करती है।

दोहरे अर्थः मजाकिया टिप्पणियों में अकसर अर्थ की परतें होती हैं, जो पाठकों को उन्हें सुलझाने के लिए आमंत्रित करती हैं।

मौखिक चंचलताः शब्दों का खेल, वाक्य और चतुर वाक्यांश मजाकिया लेखन में योगदान करते हैं।

हास्य और बुद्धि गढ़ने की तकनीकें

हास्य और बुद्धि को शामिल करने के लिए रचनात्मकता, समय और आपके दर्शकों की समझ का संयोजन आवश्यक है।

सामान्य हास्य

रोजमर्रा की बेतुकी बातेंः सामान्य स्थितियों के विनोदी पहलुओं को उजागर करें।

अतिशयोक्तिः हास्य प्रभाव के लिए रोजमर्रा की घटनाओं को बेतुके स्तर तक बढ़ा-चढ़ाकर बताना।

परिस्थितिजन्य विडंबनाः ऐसी स्थितियाँ उत्पन्न करें जहाँ परिणाम अपेक्षा के विपरीत हों।

पात्र-आधारित हास्य

विचित्र लक्षणः विशिष्ट विचित्रता या हास्य गुणों वाले पात्र बनाएँ।

बेमेल व्यक्तित्वः हास्यपूर्ण बातचीत के लिए विपरीत व्यक्तित्व वाले पात्रों को जोड़ें।

आत्म-जागरूकताः पात्रों की आत्म-जागरूकता प्रासंगिक और विनोदी स्थितियों को जन्म दे सकती है।

शब्दों का खेल और वाक्य

दोहरे अर्थः शब्दों का खेल और हास्य अस्पष्टता के लिए एकाधिक अर्थ वाले शब्दों का उपयोग करें।

समानार्थी शब्दः उन शब्दों के साथ खेलें जो सुनने में एक जैसे लगते हैं या एक जैसे दिखते हैं लेकिन उनके अर्थ अलग-अलग होते हैं।

व्यंग्य और सामाजिक टिप्पणी

अतिरंजित आलोचनाः समाज में खामियों, गैरबराबरी या विरोधाभासों को उजागर करने के लिए व्यंग्य का उपयोग करें।

बेतुकेपन के माध्यम से आलोचनाः हास्य प्रभाव के लिए वास्तविक दुनिया के मुद्दों को बेतुके स्तर तक बढ़ा-चढ़ाकर पेश करें।

समय और वितरण

गतिः सही समय पर हास्य तत्व हास्य क्षणों के प्रभाव को बढ़ाते हैं।

तकिया कलामः शब्दों के माध्यम से प्रत्याशा बनाएँ, उसके बाद एक आश्चर्यजनक तकिया कलाम।

विडंबना और कटाक्ष

परिस्थितिजन्य विडंबनाः वर्तमान परिस्थितियाँ जहाँ वास्तविकता अपेक्षाओं के विपरीत है।

व्यंग्यात्मक टिप्पणियाँ: पात्रों की व्यंग्यात्मक टिप्पणियाँ उनकी मनोवृत्ति और दृष्टिकोण को प्रकट करती हैं।

हास्य और बुद्धि के लाभ

लेखन में हास्य और बुद्धि को शामिल करने से कई प्रकार के लाभ मिलते हैं जो पाठक के अनुभव को समृद्ध करते हैं।

पाठक जुड़ाव

आनंदः हास्य पाठकों को मंत्रमुग्ध कर देता है, उन्हें कहानी में भावनात्मक रूप से जुड़ने के लिए प्रोत्साहित करता है।

साझा हँसीः हास्य लेखक और पाठक के बीच एक बंधन बनाता है, सौहार्द की भावना को बढ़ावा देता है।

यादगार पात्र और क्षण

पात्र प्रतिध्वनिः हास्य पात्र अकसर सबसे यादगार और प्यारे होते हैं।

स्थायी प्रभावः हास्यप्रद क्षण पाठकों के दिमाग में बने रहते हैं, जिससे कहानी अविस्मरणीय बन जाती है।

हल्केपन और गहराई का संतुलन

भावनात्मक संतुलनः हास्य तीव्र भावनाओं को नियंत्रित करता है, कथा के भारीपन को रोकता है।

जटिल विषय-वस्तुः हास्य जटिल विषयों का पता लगा सकता है। हास्य दृष्टिकोण के माध्यम से सूक्ष्म अंतर्दृष्टि प्रदान करता है।

चुनौतियाँ और विचार

लेखन में हास्य और बुद्धि का समावेश करने के लिए संभावित चुनौतियों पर सावधानीपूर्वक विचार और जागरूकता की आवश्यकता होती है।

सांस्कृतिक संवेदनशीलता

रूढ़िवादिता से बचें: सांस्कृतिक रूढ़िवादिता से सावधान रहें जो पूर्वाग्रह या पक्षपात को कायम रख सकती है।

पाठक जागरूकताः अपने पाठकों के सांस्कृतिक संदर्भों और संवेदनशीलता को समझें।

स्वर की संगति

संतुलन बनाए रखें: सुनिश्चित करें कि हास्य तत्व कथा के समग्र स्वर के साथ संरेखित हों।

कथा प्रवाहः हास्य और गंभीर क्षणों के बीच परेशान करने वाले बदलाव से बचें।

हास्य पर अत्यधिक निर्भरता

गहराई बनाए रखें: जबकि हास्य मूल्यवान है, सुनिश्चित करें कि यह महत्त्वपूर्ण विषयों या पात्र विशेषताओं पर हावी न हो।

पात्र की प्रामाणिकताः हास्य को जबरन सम्मिलित करने के बजाय पात्रों के व्यक्तित्व से स्वाभाविक रूप से उत्पन्न होना चाहिए।

अंत में, लेखन में हास्य और बुद्धि का समावेश करना एक कला है जो मनोरंजन और विचारों का मेल कराते हैं, पाठकों को साझा आनंद और बौद्धिक जुड़ाव के माध्यम से जोड़ते हैं। हास्य और बुद्धि की शक्ति को समझकर, सामान्य हास्य, पात्र-आधारित हास्य, शब्दों के खेल, व्यंग्य, समय और प्रस्तुति, विडंबना और कटाक्ष जैसी तकनीकों में महारत हासिल करके, आप ऐसे कथानक गढ़ने में सक्षम हो जाते हैं जो गहराई से गूँजते हैं और मुस्कराहट और चिंतन को प्रेरित करते हैं। याद रखें कि हास्य और बुद्धि सिर्फ उपकरण नहीं हैं—वे मानवीय संबंध के प्रवेश द्वार हैं, जटिलता के बीच में हल्केपन के क्षण हैं, और मानव अनुभव की आनंददायक विचित्रताओं के प्रतिबिंब हैं। जैसे ही आप लेखन में हास्य और बुद्धि को शामिल करने की कला को अपनाते हैं, आप एक रचनात्मक यात्रा पर निकलते हैं जो शब्दों को हँसी में, पात्रों को दोस्तों में बदल देती है।

41

लेखन कौशल को लगातार मजबूत करना

एक कुशल लेखक बनना एक ऐसी यात्रा है जो समर्पण, अभ्यास और विकास के प्रति दृढ़ प्रतिबद्धता की माँग करती है। लेखन एक कला और शिल्प दोनों है, और किसी भी कौशल की तरह, इसमें सुधार और उत्कृष्टता के लिए लगातार प्रयास की आवश्यकता होती है।

लेखन कौशल को लगातार मजबूत करना

अपने लेखन कौशल में लगातार सुधार करना एक कुशल और प्रभावशाली लेखक बनने की आधारशिला है।

विकास की मानसिकता को अपनाना

निरंतर सीखनाः पहचानें कि लेखन कौशल गतिशील है और इसे हमेशा परिष्कृत किया जा सकता है।

लचीलापनः चुनौतियों और असफलताओं को विकास के अवसर के रूप में स्वीकार करें।

फीडबैक के प्रति खुलापनः अपनी कला को बढ़ाने के साधन के रूप में फीडबैक के प्रति ग्रहणशील रहें।

अभ्यास की शक्ति

कौशल निखारः नियमित अभ्यास से आपकी लेखन तकनीक और शैली में निखार आता है।

रचनात्मक प्रवाहः अभ्यास आपकी रचनात्मकता को प्रवाहित रखता है और आपकी कल्पना को सक्रिय रखता है।

सहनशक्ति का निर्माणः निरंतरता आपके लेखन की सहनशक्ति और धैर्य का निर्माण करती है।

लेखन कौशल की रणनीतियाँ

सतत लेखन अभ्यास विकसित करने में रणनीतियों और तकनीकों का जानबूझकर उपयोग शामिल है।

स्पष्ट लक्ष्य निर्धारित करें

विशिष्ट उद्देश्यः लेखन लक्ष्य निर्धारित करें जो आपकी विकास आकांक्षाओं के अनुरूप हों।

मापने योग्य मील के पत्थरः अपने लक्ष्यों को छोटे, प्राप्त करने योग्य मील के पत्थर में विभाजित करें।

दिनचर्या

समर्पित समयः आदतन अभ्यास बनाते हुए लिखने के लिए नियमित समय आवंटित करें।

जवाबदेहीः अतिरिक्त प्रतिबद्धता के लिए अपनी दिनचर्या को किसी लेखन मित्र या गुरु के साथ साझा करें।

लेखन अभ्यास में विविधता

शैली अन्वेषणः अपने रचनात्मक क्षितिज का विस्तार करने के लिए विभिन्न शैलियों के साथ प्रयोग करें।

संकेत और चुनौतियाँः रचनात्मकता को जगाने के लिए संकेत या लेखन चुनौतियों के लिए तत्पर रहें।

अध्ययन

साहित्यिक प्रदर्शनः अपने दृष्टिकोण को व्यापक बनाने के लिए विविध शैलियों, रचना-पद्धतियों और लेखकों को पढ़ें।

आलोचनात्मक विश्लेषणः विश्लेषण करें कि अन्य लेखकों की रचनाओं में क्या काम करता है और क्या नहीं।

संशोधन और पुनर्लेखन

पुनरावृत्तीय प्रक्रियाः अपने काम को परिष्कृत करने के लिए संशोधन और पुनर्लेखन की प्रक्रिया को अपनाएँ।

फीडबैकः अपने लेखन और कहानी कहने को बेहतर बनाने के लिए फीडबैक लागू करें।

लगातार फीडबैक

लेखन समुदायः नियमित प्रतिक्रिया प्राप्त करने के लिए लेखन समूहों या कार्यशालाओं में शामिल हों।

साथी पाठकः अपने काम पर नए दृष्टिकोण प्राप्त करने के लिए साथी पाठकों को शामिल करें।

लेखन कौशल को लगातार मजबूत करने के लाभ

निरंतर कौशल वृद्धि के लिए प्रतिबद्ध रहने से कई लाभ मिलते हैं जो आपकी लेखन यात्रा को बढ़ाते हैं।

कौशल निपुणता

प्रगतिः निरंतरता से विभिन्न लेखन तकनीकों में क्रमिक महारत हासिल होती है।

आत्मविश्वासः मजबूत कौशल आपकी लेखन क्षमताओं में आपका आत्मविश्वास बढ़ाता है।

शिल्प कौशल और विशिष्ट शैली

परिष्कृत शिल्पः मजबूत कौशल आपके शिल्प कौशल को परिष्कृत करते हैं, पॉलिश किए गए काम का निर्माण करते हैं।

अद्वितीय शैलीः जैसे-जैसे कौशल विकसित होता है, आपकी अद्वितीय लेखन शैली अधिक मजबूती से उभरती है।

बहुमुखी प्रतिभा और अनुकूलनशीलता

शैली में लचीलापनः मजबूत कौशल आपको विभिन्न शैलियों में लिखने में सक्षम बनाता है।

अनुकूलनशीलताः विकसित होते कौशल आपको बदलते लेखन रुझानों के प्रति अधिक अनुकूल बनाते हैं।

चुनौतियाँ और विचार

अपने लेखन कौशल को लगातार बढ़ाना एक पुरस्कृत प्रयास है, लेकिन यह चुनौतियों से रहित नहीं है।

समय प्रबंधन

प्राथमिकताः अन्य प्रतिबद्धताओं के साथ लेखन अभ्यास को संतुलित करने के लिए प्रभावी समय प्रबंधन की आवश्यकता होती है।

निरंतरताः समय की कमी होने पर भी अपनी दिनचर्या बनाए रखें।

निराशा का प्रबंधन

पठारः पहचानें कि सुधार हमेशा रैखिक नहीं हो सकता; पठार यात्रा का हिस्सा हैं।

आत्म-तुलनाः अपनी प्रगति की तुलना दूसरों से करने से बचें, अपने विकास पर ध्यान केंद्रित करें।

थकान से बचना

सतत गतिः लेखन की स्थायी गति बनाए रखते हुए अत्यधिक परिश्रम से बचें।

रचनात्मक आरामः थकान से बचने और अपनी रचनात्मकता को फिर से सक्रिय करने के लिए कुछ दिन आराम करें।

निष्कर्षतः, अपने लेखन कौशल को लगातार मजबूत करना आपके स्वयं के विकास और आपकी कला के विकास के प्रति प्रतिबद्धता है। विकास मानसिकता के सार को अपनाकर, स्पष्ट लक्ष्य निर्धारित करने, एक दिनचर्या स्थापित करने, विविध लेखन अभ्यासों में संलग्न होने, व्यापक रूप से पढ़ने, पुनरीक्षण को अपनाने, लगातार प्रतिक्रिया प्राप्त करने और कौशल वृद्धि के लाभों का अनुभव करने जैसी रणनीतियों को लागू करके, आप एक सफल लेखक बनने की क्षमता को खोलते हैं। लेखक जो लगातार विकसित होता है, नवप्रवर्तन करता है और पाठकों के दिल और दिमाग को छूता है। याद रखें कि एक लेखक

की यात्रा समर्पण, अभ्यास और सुधार की निरंतर खोज से चिह्नित होती है। जैसे-जैसे आप अपने लेखन कौशल को लगातार मजबूत करते हैं, आप एक रचनात्मक यात्रा पर निकल पड़ते हैं जो आपके जुनून को एक संपन्न शिल्प में बदल देती है, और साहित्यिक दुनिया पर एक अमिट छाप छोड़ती है।

42

आजीवन लेखन यात्रा को अपनाना

एक अच्छा लेखक बनना कोई मंजिल नहीं है; यह एक सतत यात्रा है जो जीवन भर चलती है। लेखन एक रचनात्मक प्रयास है जो व्यक्ति और कलाकार के रूप में विकसित होने, चुनौती देने और हमें समृद्ध करने का काम करता है।

आजीवन लेखन यात्रा को अपनाना

आजीवन लेखन यात्रा को अपनाने का मतलब यह स्वीकार करना है कि लेखन एक गतिशील, निरंतर विकसित होने वाली प्रक्रिया है।

विकास और अनुकूलन की मानसिकता

सतत सीखनाः पहचानें कि प्रत्येक लेखन अनुभव सीखने और सुधार करने का एक अवसर है।

लचीलापनः बदलती लेखन प्रवृत्तियों, शैलियों और रचनात्मक आवेगों के अनुकूल बनें।

एक लेखक और व्यक्ति के रूप में विकसित होना

व्यक्तिगत विकासः लेखन आत्म-खोज, चिंतन और व्यक्तिगत विकास का माध्यम बन जाता है।

रचनात्मक विकासः जैसे-जैसे आप जीवन के अनुभव प्राप्त करते हैं, आपकी लेखन शैली, रचनात्मकता और कथानक विकसित होते हैं।

आजीवन लेखन यात्रा को अपनाने की रणनीतियाँ

आजीवन यात्रा को आगे बढ़ाने में कुछ रणनीतियों और दृष्टिकोणों को अपनाना शामिल है।

जिज्ञासा पैदा करें

जिज्ञासु प्रकृतिः जिज्ञासा नए विषयों, शैलियों और रचनाओं की खोज को बढ़ावा देती है।

अंतहीन प्रेरणाः एक जिज्ञासु मानसिकता यह सुनिश्चित करती है कि आपके विचारों की कभी कमी न हो।

प्रामाणिकता के साथ लिखें

व्यक्तिगत संबंधः अपने लेखन में प्रामाणिकता लाने के लिए अपने अनूठे अनुभवों को अपनाएँ।

ईमानदार अभिव्यक्तिः प्रामाणिक रूप से लिखना पाठकों के साथ अधिक गहराई से जुड़ता है।

असफलता और प्रयोग को गले लगाना

असफलता का डरः असफलताओं को सीढ़ी के रूप में देखें, रुकावट के रूप में नहीं।

साहसिक प्रयोगः नई तकनीकों, शैलियों और प्रारूपों को आज़माने का साहस करें।

चुनौतियों के बावजूद डटे रहें

रुकावटों पर काबू पानाः लेखक की रुकावट और रचनात्मक राहों को दृढ़ संकल्प के साथ पार करें।

लचीलापनः चुनौतियों के बीच लेखन मजबूत होता है और विपरीत परिस्थितियों से उबरने की आपकी क्षमता में बढोतरी होती है।

आजीवन लेखन यात्रा को अपनाने का पुरस्कार

लेखन की आजीवन यात्रा के लिए प्रतिबद्ध रहने से अनेक आंतरिक और बाह्य पुरस्कार मिलते हैं।

व्यक्तिगत पूर्ति

रचनात्मक पूर्तिः लेखन आत्म-अभिव्यक्ति और रचनात्मक पूर्ति के लिए एक अवसर प्रदान करता है।

आंतरिक खुशीः लिखने का कार्य स्वयं खुशी और संतुष्टि का स्रोत बन जाता है।

विरासत और प्रभाव

साहित्यिक विरासतः आपके लिखे शब्द भावी पीढ़ियों पर अमिट प्रभाव छोड़ते हैं।

पाठकों से जुड़नाः आपके लेखन में पाठकों को छूने, प्रेरित करने और उनके साथ जुड़ने की क्षमता है।

निरंतर विकास और सुधार

महारतः आजीवन समर्पण से लेखन तकनीक और कहानी कहने में महारत हासिल होती है।

निरंतर सीखनाः यात्रा ही आपके दिमाग को व्यस्त रखती है और आपके कौशल को तेज बनाती है।

चुनौतियाँ और विचार

हालाँकि आजीवन लेखन यात्रा बेहद फायदेमंद है, लेकिन इसमें चुनौतियाँ भी शामिल हैं।

आत्म-संदेह और तुलना

आत्म-संदेहः अपनी अनूठी शैली और यात्रा को पहचानकर आत्म-संदेह पर काबू पाएँ।

तुलना से बचेंः दूसरों से अपनी तुलना करने के बजाय अपनी प्रगति पर ध्यान दें।

अपेक्षाओं को संतुलित करना

यथार्थवादी उम्मीदें: अवास्तविक लक्ष्य या समयसीमा निर्धारित किए बिना यात्रा को अपनाएँ।

प्रक्रिया का आनंद लेना: केवल अंतिम परिणाम के बजाय लिखने के कार्य में आनंद ढूँढें।

थकान का प्रबंधन

सतत गति: संतुलित और टिकाऊ लेखन दिनचर्या बनाए रखकर थकान से बचें।

आराम और चिंतन: नियमित ब्रेक रचनात्मक थकावट को रोकता है और नए दृष्टिकोण को बढ़ावा देता है।

निष्कर्षतः, आजीवन लेखन यात्रा को अपनाना इस बात की स्वीकृति है कि लेखन केवल एक कौशल नहीं है, बल्कि रचनात्मकता, विकास और आत्म-खोज के प्रति आजीवन प्रतिबद्धता है। विकास की मानसिकता अपनाकर, एक लेखक और एक व्यक्ति दोनों के रूप में विकसित होकर, जिज्ञासा पैदा करना, प्रामाणिक रूप से लिखना, विफलता को गले लगाना, चुनौतियों से जूझना और व्यक्तिगत पूर्ति, विरासत और निरंतर विकास के पुरस्कार प्राप्त करने जैसी रणनीतियों को लागू करके, आप एक नई राह पर आगे बढ़ते हैं। परिवर्तनकारी मार्ग जो आपको एक लेखक के रूप में ऊपर उठाता है और आपके जीवन को समृद्ध बनाता है। याद रखें कि यह यात्रा आपके समर्पण, जुनून और शब्दों की शक्ति में अटूट विश्वास का प्रमाण है। जैसे-जैसे आप आजीवन लेखन यात्रा को अपनाते हैं, आप कहानी कहने की शाश्वत परंपरा का हिस्सा बन जाते हैं, और मानवता की साहित्यिक छवि पर एक अमिट छाप छोड़ते हैं।

अंत एक नई शुरुआत...

यह उपसंहार अंत नहीं है, बल्कि एक परिवर्तकाल है—एक पुल जो सीखने की यात्रा से सृजन के साहसिक कार्य की ओर ले जाता है। जिन पन्नों को आपने पढ़ा है उनमें ज्ञान और प्रेरणा के बीज हैं, लेकिन उस ज्ञान के साथ आप जो करते हैं वह वास्तव में एक लेखक के रूप में आपके पथ को परिभाषित करता है। इस उपसंहार में, हम आपके द्वारा की गई यात्रा, आपके द्वारा अपनाए गए परिवर्तन और एक लेखक के रूप में आप जो विरासत गढ़ रहे हैं, उस पर विचार करते हैं।

आपकी यात्रा पर चिंतन

जिस क्षण से आप इस साहित्यिक यात्रा पर निकले हैं, आप अपनी कथा के सूत्र बुन रहे हैं। आपने पात्रों को गढ़ने, संवाद को बेहतर बनाने, पाठकों को ट्विस्ट के साथ जोड़ने और अपने लेखन को प्रामाणिकता से भरने की बारीकियों का पता लगाया है। जब आप अपनी यात्रा पर विचार करें, तो निम्नलिखित पर विचार करें-

एक लेखक के रूप में विकास

वापस सोचें कि आपने कहाँ से शुरुआत की थी—आकांक्षाओं वाला एक लेखक, जो मार्गदर्शन चाहता है। अब, आपने जो विकास अनुभव किया है उस पर विचार करें। आपने अपने कौशल को निखारा है, चुनौतियों को स्वीकार किया है और अपनी कला में बदलाव किया है। जो शब्द एक समय कठिन लगते थे, वे आपकी अभिव्यक्ति के उपकरण बन गए हैं।

अंतर्दृष्टि के क्षण

अंतर्दृष्टि के उन क्षणों को याद करें जब कोई अवधारणा सफल हुई या कोई तकनीक प्रतिध्वनित हुई। वे "अहा" क्षण विकास के उत्प्रेरक हैं, जो आपको अपने लेखन को नई स्पष्टता और उद्देश्य के साथ देखने योग्य बनाते हैं।

विजय और चुनौतियाँ

अपनी जीत का जश्न मनाएँ—पूर्ण किए गए ड्राफ्ट, साझा की गई कहानियाँ और ऐसे शब्द जो पाठकों से जुड़े हों। अपनी चुनौतियों को स्वीकार करें—वह समय जब आपको लेखक की रुकावट का सामना करना पड़ा था या आत्म-संदेह से जूझना पड़ा था। प्रत्येक जीत और चुनौती आपके समर्पण और लचीलेपन का प्रमाण है।

अपने लेखक की पहचान बनाना

इस पुस्तक के अध्यायों के माध्यम से, आपने तकनीकों और अंतर्दृष्टि की खोज की है, लेकिन आप अपनी अद्वितीय लेखक की पहचान बनाने की यात्रा भी शुरू कर चुके हैं। एक लेखक के रूप में अपनी पहचान के निम्नलिखित पहलुओं पर विचार करें-

अपनी शैली की खोज

आपकी शैली आपके लेखन का सार है—यही आपको अलग करती है। इस पर विचार करें कि आपकी शैली आपके अनुभवों, प्रभावों और आपके द्वारा बताई गई कहानियों से कैसे विकसित हुई है।

अपने विषयों की खोज

उन विषयों के बारे में सोचें जो आपके साथ मेल खाते हैं—ऐसे विषय जो आपके काम से जुड़े हुए हैं और दुनिया पर आपके दृष्टिकोण को दर्शाते हैं। ये विषय वे आधार हैं जो आपके लेखन को प्रामाणिकता प्रदान करते हैं।

रचनात्मकता से जुड़ना

रचनात्मक अभिव्यक्ति आपकी यात्रा के मूल में है। प्रयोग करने की स्वतंत्रता, सृजन की खुशी और अज्ञात क्षेत्र की खोज को अपनाएँ। आपकी रचनात्मकता वह इंजन है जो आपकी कहानी कहने को आगे बढ़ाती है।

अंत और शुरुआत को अपनाना

लेखन में, अंत और शुरुआत एक-दूसरे से जुड़े होते हैं, जैसे वे जीवन में होते हैं। जैसे-जैसे आप आगे बढ़ें, अपनी यात्रा में अंत और शुरुआत की भूमिका पर विचार करें-

शुरुआत के रूप में अंत

प्रत्येक अंत—एक पूर्ण मसौदा, एक प्रकाशित कार्य, या एक अध्याय का समापन—एक नई शुरुआत करता है। अपनी यात्रा के अगले चरण के लिए प्रत्येक अंत को लॉन्च पैड के रूप में अपनाएँ।

अस्वीकृति से सबक

यदि आपको अस्वीकृति का सामना करना पड़ा है, तो याद रखें कि यह अंत नहीं है। अस्वीकृति लचीलापन सिखाती है और विकास को बढ़ावा देती है। अस्वीकृति का अपने काम को निखारने और आगे बढ़ने के अवसर के रूप में उपयोग करें।

एक लेखक की विरासत

जैसे ही आप अपनी लेखन यात्रा के अगले अध्याय का पन्ना पलटते हैं, उस विरासत पर विचार करें जो आप अपने शब्दों के माध्यम से छोड़ रहे हैं-

पाठकों को प्रभावित करने वाला

आपके लेखन में पाठकों के साथ जुड़ने, उन्हें अंतर्दृष्टि, आराम, मनोरंजन या एक नया दृष्टिकोण प्रदान करने की क्षमता है। आपके शब्द भावनाएँ जगा सकते हैं, विचार भड़का सकते हैं और संबंध बना सकते हैं।

साहित्य में योगदान

आप जो भी कहानी लिखते हैं, उससे आप साहित्य की विशाल शृंखला में योगदान करते हैं। आपका काम उन शैली के समूह में शामिल हो गया है जिन्होंने पूरे इतिहास में मानवीय अभिव्यक्ति को आकार दिया है।

विकास की यात्रा

एक लेखक के रूप में आपकी यात्रा एक सतत विकास है—सीखने, बनाने, परिष्कृत करने और साझा करने का एक चक्र। यह यात्रा समय से बँधी नहीं है; यह एक सतत प्रवाह है जो जीवन भर चलता है।

एक नई शुरुआत

जैसे ही आप इस पुस्तक को बंद करें, याद रखें कि प्रत्येक अंत एक नई शुरुआत का प्रवेश द्वार है। आपने जो अंतर्दृष्टि प्राप्त की है, जो तकनीकें आपने सीखी हैं, और जो कहानियाँ आपने तैयार की हैं, वे एक लेखक के रूप में आपके भविष्य के लिए महत्त्वपूर्ण कदम हैं। खाली पन्ने को उत्साह के साथ स्वीकार करें, क्योंकि इसमें नए पात्रों, दुनियाओं और खोजे जाने वाले रोमांचों का वादा है।

आपकी यात्रा जारी है

एक अच्छा लेखक बनने की यात्रा किसी एक किताब, पाठों के एक विशिष्ट सेट या एक निश्चित गंतव्य तक सीमित नहीं है। यह एक निरंतर, सतत विकसित होने वाली प्रक्रिया है—एक आजीवन यात्रा जिसमें विकास, चुनौतियाँ, आत्म-खोज और उत्कृष्टता की अटूट खोज शामिल है।

जैसे ही आप इन पन्नों से दूर और अपने अगले लेखन प्रयास में जाते हैं, याद रखें कि आप इस यात्रा में अकेले नहीं हैं। आपके द्वारा पढ़े गए शब्द, जो तकनीकें आपने आत्मसात की हैं, और जो अंतर्दृष्टि आपने प्राप्त की है वे आपके साथी हैं, जो रचनात्मकता की भूलभुलैया में आपका मार्गदर्शन करते हैं। आपके द्वारा लिखी गई प्रत्येक कहानी, आपके द्वारा लिखा गया प्रत्येक शब्द, और आपके द्वारा छुआ गया प्रत्येक पाठक उस विरासत का हिस्सा बन जाता है जिसे आप पीछे छोड़ रहे हैं—अक्षरों की दुनिया पर एक स्थायी छाप।

एक लेखक के रूप में आपकी यात्रा आपके समर्पण, जुनून और शब्दों की परिवर्तनकारी शक्ति में विश्वास का प्रतिबिंब है। आपका मार्ग खोज से भरा हो, आपका गद्य प्रामाणिकता से, और आपकी विरासत उन कहानियों से भरी हो जो समय-समय पर गूँजती रहती हैं।

शुभ लेखन, और आपकी यात्रा अनंत संभावनाओं से भरी हो।
